本专著为重庆市教委高校人文社科 2018 年研究项目"基于正确历史观的文化自信培育研究"（课题编号：18SKSJ068）阶段性成果。

新时代中国优秀传统文化的传承与应用

杨 莎 著

北京工业大学出版社

图书在版编目（CIP）数据

新时代中国优秀传统文化的传承与应用 ／ 杨莎著．——
北京 ： 北京工业大学出版社，2021.5（2022.10重印）
ISBN 978-7-5639-8012-3

Ⅰ．①新… Ⅱ．①杨… Ⅲ．①中华文化－研究 Ⅳ.
① K203

中国版本图书馆 CIP 数据核字（2021）第 111796 号

新时代中国优秀传统文化的传承与应用

XINSHIDAI ZHONGGUO YOUXIU CHUANTONG WENHUA DE CHUANCHENG YU YINGYONG

著　　者：杨　莎
责任编辑：张　娇
封面设计：知更壹点
出版发行：北京工业大学出版社
　　　　　（北京市朝阳区平乐园 100 号　邮编：100124）
　　　　　010-67391722（传真）　bgdcbs@sina.com
经销单位：全国各地新华书店
承印单位：三河市元兴印务有限公司
开　　本：710 毫米 ×1000 毫米　1/16
印　　张：12.5
字　　数：250 千字
版　　次：2021 年 5 月第 1 版
印　　次：2022 年 10 月第 2 次印刷
标准书号：ISBN 978-7-5639-8012-3
定　　价：75.00 元

作者简介

杨莎,女,1981年6月出生,四川洪雅人,毕业于重庆大学,硕士,现为重庆人文科技学院教师、副教授。研究方向:马克思主义中国化、思想政治教育。主持重庆市教委高校人文社科项目2项,主持重庆市高等教育教研教改研究项目1项,主研重庆市教委高校人文社科项目2项,主研重庆市高等教育教研教改研究项目3项,发表论文10余篇,出版专著1部。

前　言

一个国家、一个民族的强盛，总是以文化兴盛为支撑的。没有文明的继承和发展，没有中国优秀传统文化的弘扬和繁荣，就谈不上中国梦的实现。中华民族具有五千多年连绵不断的文明历史，创造了源远流长、博大精深的中国传统文化，为人类文明进步做出了不朽的贡献。中国优秀传统文化积淀着中华民族最深沉的精神追求，包含着中华民族最根本的精神基因，代表着中华民族独特的精神气质，是中华民族生生不息、发展壮大的丰富源泉。为适应新时代的发展，实现伟大复兴的中国梦，促进中国优秀传统文化的现代传承与发展应用变得尤为重要。

本书共五章。第一章为中国优秀传统文化概述，主要阐述了中国优秀传统文化的内涵及相关内容，发展历程、前景及基本特征，重要思想与基本精神等内容；第二章为中国优秀传统文化的当代价值，包括新时代中国传统文化的扬弃与发展、中国优秀传统文化的当代价值等内容；第三章为新时代中国优秀传统文化的传承，主要阐述了中国优秀传统文化传承的内涵、特征与意义，我国传承弘扬传统文化的历史进程与基本经验，新时代中国优秀传统文化传承面临的发展机遇与挑战及继承的必要性等内容；第四章为新时代中国优秀传统文化的创新发展，主要阐述了中国优秀传统文化创新发展的基本内涵、时代背景及可能性、必要性与作用，以及弘扬与创新中国优秀传统文化的原则及有效策略等内容；第五章为新时代中国优秀传统文化的应用，主要阐述了中国优秀传统文化在教育教学、艺术设计、企业管理、思想政治教育及影视传媒领域的应用等内容。

为了确保研究内容的丰富性和多样性，笔者在写作过程中参考了大量理论与研究文献，在此向涉及的专家、学者表示衷心的感谢。

最后，由于笔者水平有限，加之时间仓促，书中难免存在一些不足之处，在此恳请同行专家和读者朋友批评指正！

目　录

第一章　中国优秀传统文化概述

中国优秀传统文化，绝非所谓餐饮、书画、武术、古玩、服饰、歌舞这些表面形式所能代表，也非几个名词概念所能囊括。真正的优秀传统文化一定是人类智慧的结晶、民族精神的血脉。我们今天提倡继承和弘扬中国优秀传统文化，决不能停留在展览式的观赏层面，而是要深入学理层面，走进大门，登堂入室。

第一节　中国优秀传统文化的内涵及相关内容

一、中国优秀传统文化的内涵

每一个名词都包含着其独特的意义，每一个既定的概念都是为了帮助我们更加清楚地认识和分辨各种事物本质与特征。正如黑格尔所说："真正的思想和科学的洞见，只有通过概念所做的劳动才能获得。"由此可见，对于研究对象的概念的明确与否，在很大程度上影响着我们对其内涵的深入剖析。华夏民族作为一个拥有上下五千年历史并在实践中愈发繁荣兴盛的国家，谈及文化，必定有丰富精深的内容。要理解中国优秀传统文化的概念，首先要明确文化、传统文化及中国传统文化的含义。

（一）文化

1. 文化的内涵

迄今为止，中外学者关于文化的概念有几百种之多。总体上看，文化有广义和狭义之分。广义的文化也称"大文化"，主要从人与动物本质上的区别来界定，内容非常丰富，"是人类所创造的物质的和精神的所有成果"，可以说在人类社会中，文化无处不在，无时不有。狭义的文化，"不包括物质创造及其成果，只包括精神创造及其成果，故而又称为'小文化'"。本书所用"文化"

1

指"小文化",即相对于人类社会中的政治、经济结构的文化,是人类在社会实践和意识活动过程中化育出来的价值观念、精神心理、思维方式等。在文化的诸多层次之中,精神上的文化对人类的生活来说才具有根本上的意义。

2.文化的特征

第一,具有继承性,世代相传。中国传统文化在某些短暂的历史时期内有所中断,在不同的历史时期多少有所改变,但总体上没有被中断,变化不大。

第二,具有可传播性。可传播性是文化的一个重要特性,文化可以通过各种媒介和手段进行传播,在国家和民族之间进行交流、融合。

第三,具有独特的民族特色。文化的种类、形式等丰富多样,各不相同,每个国家和民族都有与自身的生产、生活方式相符合的文化传统,区别于其他的民族和种群。

(二)传统文化与中国传统文化

1.传统文化的内涵

随着人类由蒙昧期进入文明期,文化逐渐有了过去和现在的区分,特别是在历史长河中,那些体现过去时代性的文化被称为传统文化。而每个民族文化中都存在一些反映自我民族性格和文化特征的精神成分,我们称之为传统文化。

传统文化在一定程度上可以说是人类对社会存在的情感表达,每个国家的社会发展状况不一样,所形成的文化也必定不一样。在众多的国家中,每个国家的文化都是独特的,尤其是作为四大文明古国之一的中国。赵玉华认为:"传统文化是能够真实反映、表达和体现我国传统社会经济、政治关系的封建的思想文化。"田广林教授说:"所谓传统文化,是指在长期的历史发展过程中形成和发展起来的,保留在每一个民族中间具有稳定形态的文化。它是一个民族的历史遗产在现实生活中的展现,有着特定的内涵和占主导地位的基本精神。"

如果说文化有广义和狭义之分,那么传统文化也是如此。广义的传统文化可以说是从人类历史上流传下来的物质文明和精神文明的总和,而狭义的传统文化则主要指历史流传下来的精神文化和观念文化。当然,本书所研究的传统文化是指狭义的传统文化。传统文化作为历史上流传下来的具有独特风格和时代特色的文化,其特点主要表现在鲜明的民族性和独特性。由此可见,本书研究的传统文化,是指在特定的历史条件下形成的并且流传下来的具有鲜明的民族性和独特性的精神文化和观念文化。

2. 传统文化的功能

传统文化是人类精神传统和价值传统的文化形态，可以从以下三个方面认识理解。

（1）传统文化是人类社会发展的遗传基因

美国人类学家拉尔夫·林登认为："社会遗传即文化"。就是说传统文化是人类社会的遗传基因，没有传统文化，也就没有现实社会。反过来讲，传统文化是引导社会合理发展的最终准则。泰勒认为："文化或文明从一种广泛的人种学的意义上是一个复杂的整体，它包括知识、信仰、道德、法律、习俗以及其他所有人作为社会成员所获得的一切能力和习惯。"因此，人类社会是人类文化的体现，文化传统对现实社会具有规范和导向作用。

（2）传统文化是一个民族的存在根基

美国文化学者希尔斯在《论传统》中提道："传统是新信仰和行动范型的出发点，就是其注脚。"在希尔斯看来，一个社会离开文化传统，也就离开了前进的方向和行动的准则。一个民族的文化品质，是在文化传承中确立的。英国当代学者吉姆·麦克盖根讲："文化指形成意义的实践和习俗。"没有特定的文化传统，也就没有特定的文化形态。丧失文化传统，也就意味着一个民族的退场。

（3）传统文化是人类的终极身份证

人的社会属性来源于文化属性。因此，传统文化是人作为有思想的动物的源价值和终极身份证。中国五四新文化运动思潮中的个性解放精神，就与中国传统诗学中的狂狷品格相关联。郭沫若就十分倾慕屈原放浪不羁的诗风。现实总是对作为社会深层意识形态的传统文化的折射与回应，而具有高度精神遗传特征的人类，无论如何是不能彻底超越传统文化对它的影响的。20世纪初，罗素就向世人急呼："中国至高无上的伦理品质中的一些东西，现代世界极为需要。"罗素的呼吁是我们重新认识中国传统文化的一个基本高度。

3. 中国传统文化

（1）中国传统文化的内涵

中国传统文化，就是指有中国特点的传统文化。"中国"突出了文化具有的民族属性，体现了中华民族的创造性。"传统文化"则体现文化的历史继承性。对中国传统文化的定义，学术界有多种理解。

顾冠华指出，中国传统文化主要是指中国几千年文明发展过程中在特定的自然环境、经济形式、政治结构、意识形态作用下形成的积累和流传下来并且至今仍在影响着当代文化的"活"的中国古代文化；学者张俊伟在总结他人观点基础上得出自己的看法，他对中国传统文化进行了时间的规定，认为中国的传统文化是指"在明清前，在历史长期发展和演进的过程中由不同民族、不同地域的人民共同创造出来的，对现在乃至未来社会人民的生活都将产生影响和作用的精神文化和物质文化的总和"；有的学者认为，中国传统文化是从过去发展起来的文化，是现代文化的反映；还有的学者认为，中国传统文化是存在于民族土壤中的稳定的东西，但又是动态的，是过去与现在的交融，渗入了各个不同时代的新思想、新血液。

综上所述，笔者认为，中国传统文化主要指中华民族在历史发展过程中传承下来的、能够影响整个社会的、具有相对稳定性的精神成果的总和。中国传统文化中既有精华也有糟粕，在继承发展过程中要秉持"扬弃"的态度。

（2）中国传统文化的价值体系结构

中国传统文化价值目标集中表现为对"内圣"和"外王"的追求，即成就道德人生和建立道德社会；"修身"和"德治"是其主要的文化价值手段；"礼"是传统文化价值规则体系。

"内圣"指的是理想的道德人格和道德理性。"外王"指的是治国平天下的事功。在儒家总的价值趋向中，"内圣"是占主导地位的。《大学》篇非常明确地表达了中国传统文化体系的价值目标和手段，曰："大学之道在明明德，在亲民，在止于至善。"又曰："自天子以至于庶人，壹是皆以修身为本。"《大学》所提出的"修身"旨在达到"内圣"之境，治国平天下属广义的"外王"。"内圣"而"外王"的过程就是从"修身"到"德治"的过程，是道德向政治生活扩充的过程。

伦理道德政治化是中国传统政治文化的鲜明特点之一。孔子早就说过："为政以德，譬如北辰，居其所而众星共之。"朱熹更将王道、德行的价值调控作用从政治扩大到历史、生活等广阔领域。他说："古之圣人，致诚心以顺天理，而天下自服，王者之道也。"又说："能行其道，则不必有其位，而固已有其德矣。"这样的人，"用之则为王者之佐，伊尹大公是也；不用则为王者之学，孔孟是也"。从中国社会的文化发展历史来看，当"德治"不能发挥作用时，便会辅之以"刑""以刑配德""礼正其始，刑防其失"。"德""刑"两手并用，是中国传统文化价值手段系统的重要特点。

中国传统文化也是一种"礼治"文化，"礼"是传统文化价值规则体系。"礼"规范、约束着人的行为，维护着社会对道德的追求，成为"成德""治世"的有力保障。

（三）中国优秀传统文化

1. 中国优秀传统文化的概念

关于中国优秀传统文化的概念，学术界有多种定义，常见的总共三种。第一种，从时间和内容角度出发，认为中国优秀传统文化就是中华民族1840年以前创造的，并能够经过现代意义上的创造性转换而服务于中国现代化建设的文化，包含物质形态层面。第二种，从价值角度进行考量，认为所谓中国优秀传统文化，就是中华民族长期发展过程中形成的、有着积极的历史作用、至今具有重要价值的思想文化。第三种，从传承的角度进行探究，认为中国优秀传统文化是指那些经过了实践检验、时间检验和社会择优继承检验而保留下来并能传之久远的文化。

学术界关于中国优秀传统文化定义的表述都具有自己的依据和优点。时间当然是传统文化必不可少的判断标准。"任何一种民族文化，都有它发生、发展的历史，都有它的昨天、今天和明天。"传统文化自然是指昨天的文化，与现代文化相对。但是优秀传统文化的概念核心应该集中于"优秀"二字之上，所以中国优秀传统文化基于上述三种表述。第一，中国优秀传统文化首先是中国传统文化，是指19世纪40年代以前的中国文化。第二，中国优秀传统文化是中国文化中的优秀部分，是指传承至今且对当今世界发展有积极意义的文化，对于解决中国特色社会主义面临的现实问题有重要帮助的文化，是中国特色社会主义文化的来源和重要组成部分。第三，中国优秀传统文化是经过现代实践检验的并对人类的未来发展有积极影响的文化。

根据专家、学者们对中国传统文化以及中国优秀传统文化给出的定义，笔者认为，中国优秀传统文化是在历史发展过程中，中华民族对存在的物质生活以及精神生活的总结与反馈，是通过历史的传承与发展，经过不断的淘汰与选择，那些能够促进社会发展、推进人类进步的一切思想、道德、风俗。

中国优秀传统文化的主要内容随实践的变化而发展，与马克思主义先进文化和中国革命文化同铸一炉，彰显出伟大的时代价值。习近平指出："深入挖掘和阐发中华优秀传统文化讲仁爱、重民本、守诚信、崇正义、尚和合、求大同的时代价值，使中华优秀传统文化成为涵养社会主义核心价值观的重要源泉。"这六点揭示了中国优秀传统文化的核心内涵。

2. 中国优秀传统文化内涵的主要表现

关于中国优秀传统文化的内涵，有学者认为："优秀中华传统文化凝聚着中华民族自强不息的精神追求和历久弥新的精神财富，是发展社会主义先进文化的深厚基础，是建设中华民族共有精神家园的重要支撑。"对于中国优秀传统文化的内涵的研究，主要从以下三个方面进行分析，分别从个人层面、社会层面和国家层面来展开。

（1）个人层面

中国优秀传统文化在个人层面的主要内涵表现为：诚信与正义。其一，诚信是做人之本。诚信不仅是做人之基，更是办事之本。其二，正义是做人的基本道德。正义感是难能可贵的高贵品质，更是当前社会所提倡的社会公众道德。其三，诚信与正义都属于中华民族悠久的历史文化，其厚重感极为突出，彰显了历代中华儿女优良的思想道德品质和强大的时代精神力量，更让中华民族成为世界东方最为璀璨的民族之一，并在国际舞台上享有美誉。

（2）社会层面

中国优秀传统文化在社会层面的内涵主要表现为：和谐与仁义。一方面，和谐是民生之大计，唯有和谐才能谋发展、促合作。和谐，即和气，社会和谐民心才能齐，才能实现中华民族伟大复兴的中国梦。和谐不仅是人与人之间的和谐，也是家与家之间的和谐，更是国与国之间的和谐。可见，和谐共生才是人民实现美好生活的必备条件。另一方面，孔子讲到仁义时说道："仁者爱人，有礼者敬人。"也就是说，"仁"是维系人与人之间友好关系的重要因素。我们要建设富强、民主、文明、和谐、美丽的社会主义现代化强国，更离不开"仁"。从现实考量，仁义是中华民族优良的传统美德。例如，儒家文化的集大成者——孔子，更是用其毕生来宣传仁、义、礼、智、信。和谐与仁义作为社会层面的表现，是值得后人学习和借鉴的。

（3）国家层面

中国优秀传统文化在国家层面的内涵主要表现为人本与道义方面。人本即以人为本。人民群众是社会历史的建设者，也是拥护者。所谓"得民心者得天下"，人类的发展是以"人"为中心的。回望中国改革开放至今，无论是经济、政治、文化、社会、科技等各个方面都取得了可人的成就，而这些成绩背后的原因离不开中国政府始终贯彻"以人为本"的重要理念。

另外，当今世界是一个多极化的发展趋势，并非过去"一超多强"的被动局面。中国作为世界超级大国之一，履行着维护世界和平与稳定的责任与义务。中国自古以来讲求"以和为贵"的民本思想，这种思想后来也被纳入儒家思想体系，从而深深影响着历代中华儿女。尤其是在当今世界舞台上，由以美国为首的资本主义大国对社会主义国家所构成的危害无不瓦解着当今世界和平统一的构想。作为新时代的新青年更要懂得，共同营造繁荣共生的世界环境是每一位世界公民的义务与责任。

二、中国优秀传统文化的主要内容

从系统角度看，一种文化是由若干文化要素组成的具有一定结构和功能的文化系统。组成文化系统的文化要素复杂多样，在系统中具有不同特征和功能。如果以特征和功能的相似性为标准，可以对复杂多样的文化要素进行分类，区分出精神、制度和物质三个层面的文化要素。这三个层面的文化要素相互影响、有机结合，共同构成整个文化系统。中国优秀传统文化也是由精神、制度和物质三个层面文化要素构成的文化系统。为了深入研究中国优秀传统文化当代价值，下面分别对这三个层面的文化要素进行简要梳理和阐释。

（一）精神层面文化

精神层面文化是以精神形式存在的文化，代表着人类认识世界的精神成果，如世界观、价值观。中华民族在漫长的社会历史实践中，经过不懈的探索和长期的积累，产生了博大精深的精神成果，为中华民族的发展壮大提供了丰厚的精神滋养。下面择要列举六个方面的精神层面文化成果。

1. 民族精神

民族精神是一个民族在长期生存发展过程中积淀形成的精神品质，是一个民族维护团结统一、应对风险挑战的精神支柱。"在五千多年的发展中，中华民族形成了以爱国主义为核心的团结统一、爱好和平、勤劳勇敢、自强不息的伟大民族精神。"爱国主义是中华民族精神的核心，深深植根于民族心理之中，成为中国优秀传统文化的精神基因，至今强烈感染和影响着中华儿女。团结统一精神是中华民族始终能够保持完整统一、不断发展壮大的坚强精神纽带，中国历史上虽时有分裂，但民族团结和国家统一始终是中华民族历史的主流，反对分裂、维护统一的意识根深蒂固。爱好和平是中华民族在处理国与国、民族与民族关系时所表现出的一种高贵精神追求。勤劳勇敢是中华民族的重要精神品质，"业精于勤""天道酬勤"表现了中华民族勤劳的一面，"见义勇为""英勇不屈"则表现了中华民族勇敢的一面。自强不息是中华民族不断发展壮大的精神动力，中华民族生生不息、发展壮大的历史，就是一部自强不息、开拓创新的辉煌史。伟大的中华民族精神，是中国优秀传统文化的重要组成部分。

2. 治国理念

中国古代治国理政思想可谓博大精深，特别是在先秦诸子百家的作品中，"治国之道"成为最鲜明的主题。儒家提倡"仁""义""礼"，提出"民为贵，社稷次之，君为轻"（《孟子·尽心下》）的民本思想，主张统治者实行"仁政""王道"，建立"选贤与能，讲信修睦""谋闭而不兴，盗窃乱贼而不作"（《礼记·礼运》）的大同社会。墨家提出"兴天下之利，除天下之害"（《墨子·兼爱中》），提倡"尚同""尚贤""兼爱""非攻""节用""非乐"的治国理念。道家提出"治大国，若烹小鲜"（《道德经》第六十章），倡导"无为而治""小国寡民"的治国理念。法家强调"奉法者强，则国强；奉法者弱，则国弱"（《韩非子·有度》），提出"法""术""势"的治国理念。另外，农家、纵横家、阴阳家、名家等流派的思想家都有着独特深刻的"治国之道"。以"德"治国还是以"法"治国，"无为"而治还是"有为"而治，以"民"为本还是以"君"为本，"变法"求强还是"守法"求强，以"农"立国还是以"商"立国，等等，中国古人都有过系统深入的思考，进行了广泛持久的争鸣，留下了丰厚宝贵的思想财富。诸子百家的治国理政思想，以及后人在此基础上的反思和发展，是中华民族的思想智慧宝库。

3. 传统美德

中华民族是一个非常崇尚道德的民族，中国古人很早就提出和形成了内容丰富、体系完备的道德规范。以儒家为例，《论语》就提出了仁、礼、孝、悌、忠、恕、恭、宽、信、敏、惠、温、良、俭、让、诚、敬、慈、刚、毅、直、克己、中庸等一系列德目。汉代以后又形成了影响深远的"三纲"（君为臣纲、父为子纲、夫为妻纲）和"五常"（仁、义、礼、智、信）。客观地说，这些道德规范中，不乏封建毒素和糟粕，但主流是中华民族的传统美德。

中华传统美德内涵丰富，"亲亲而仁民，仁民而爱物"的仁爱精神，"富贵不能淫，贫贱不能移，威武不能屈"的高贵人格，"天下兴亡，匹夫有责"的爱国情怀，"君子坦荡荡"的个人修养，"己所不欲，勿施于人"的处事原则，都是中华传统美德的生动写照。有学者将中华传统美德概括为十项：仁爱孝悌、谦和好礼、诚信知报、精忠爱国、克己奉公、修己慎独、见利思义、勤俭廉正、笃实宽厚、勇毅力行。中华传统美德涵盖了个人在家庭、社会和国家为人处世、安身立业的道德准则，是中华民族赖以生存和发展的重要道德保障。

4. 文学艺术

在中国优秀传统文化中，文学艺术作品数量大、水平高，是中华民族足以为傲的民族宝藏。在文学方面，中国古代文学取得了巨大成就。王国维说："凡一代有一代之文学：楚之骚，汉之赋，六代之骈语，唐之诗、宋之词、元之曲，皆所谓一代之文学，而后世莫能继焉者也。"诚如斯言，至今流传下来的诗经、楚辞、汉赋、唐诗、宋词、元曲、明清小说等众多文学精品，在思想性和艺术性上都达到了世界顶级水平。屈原、陶渊明、李白、杜甫、白居易、苏轼等人的古典诗词，《红楼梦》《三国演义》《水浒传》《西游记》《儒林外史》《聊斋志异》等古典小说，不仅影响了中国，而且影响了世界。另外，《孟子》《庄子》《韩非子》《吕氏春秋》等先秦诸子作品，《左传》《史记》《汉书》《资治通鉴》等历史作品，也都具有很高的文学价值。

在艺术方面，从原始彩陶、青铜纹饰到明清时期的书法绘画，中国在建筑、雕刻、书法、绘画、音乐、戏剧等方面都取得了辉煌的艺术成就。如王羲之、颜真卿、柳公权、张旭、苏轼、黄庭坚、董其昌等的书法，阎立本、王维、黄公望、倪瓒、文徵明、唐寅等的画作，关汉卿、王实甫、马致远、白朴、汤显祖等的戏剧，代表了中国古代艺术达到的高超境界。

5. 历史经验

中国自古以来注重历史记载。国学大师钱穆认为："中国为世界上历史最完备之国家。"他指出，中国历史有三个特点：一是"悠久"，从黄帝传说到今天有近 5000 年的历史；二是"无间断"，特别是有文字记载以来中间没有历史记载的空白；三是"详密"，史书题材非常多。比如，纪传体正史有二十五种，称为"二十五史"；编年史有《春秋》《左传》《资治通鉴》等；纪事本末体史书有《通鉴纪事本末》《圣武记》等；别史有《通志》《续通志》等；政书有《通典》《文献通考》等；学术史有《明儒学案》《清代学术概论》等；杂史有《国语》《战国策》等；史评有《史通》《文史通义》等。这些历史典籍详细记录了中华民族自强不息、发展壮大的历史进程，既包括升平之世社会发展进步的成功经验，也包括衰乱之世社会动荡的深刻教训。中国历史上，"文景之治""贞观之治""开元盛世""康乾盛世"等时代社会稳定、经济发展、文化繁荣的成功经验，秦隋二世而亡、汉唐盛极而衰、魏晋南北朝分裂动荡、两宋文武失衡、明清闭关锁国的深刻教训，都详细记录在各种史书中。

另外，中国古代在制度建设、经济发展、变法改革、反腐倡廉、选人用人、修身立德、民族融合、对外交往、国防建设、军事斗争等方面，都积累了极为丰富的历史经验教训。

6. 思维方式

思维方式是人们观察世界、认识世界的角度、方式和方法，思维方式的差异是造成文化差异的重要原因。与其他民族相比，中华民族有着独特的思维方式。中国传统的思维方式有以下几个特征。

（1）重整体

庄子说："泛爱万物，天地一体也。"（《庄子·天下》）明代王守仁说："天地万物为一体。"清代陈澹然也说："不谋万世者，不足谋一时；不谋全局者，不足谋一域。"（《寤言二·迁都建藩议》）中国古人注重从整体上观察事物，认为小到个人、大到天地万物都是有机联系的整体。

（2）讲辩证

中国古人认为万事万物都体现着对立统一，只有辩证把握这些对立统一，不走极端，才能保持平衡、达到和谐。老子主张："有无相生，难易相成，长短相形，高下相倾，音声相和，前后相随。"（《道德经》第二章）孔子主张"欲速则不达""过犹不及"。《左传·昭公二十年》也提出："宽以济猛，猛以济宽，政是以和。"这些都体现了讲辩证的思维方式。

（3）尚体悟

孔子说："不愤不启，不悱不发，举一隅不以三隅反，则不复也。"（《论语·述而》）庄子说："蹄者所以在兔，得兔而忘蹄。言者所以在意，得意而妄言。"（《庄子·外物》）禅宗也强调"悟"，六祖慧能就认为："若识自性，一悟即至佛地。"（《坛经》）理学大师朱熹说："至于用力之久，而一旦豁然贯通焉，则众物之表里精粗无不到，而吾心之全体大用无不明矣。此谓物格，此谓知之至也。"（朱熹《大学章句》）这些论述都可看出中国古人对体悟的崇尚。

（二）制度层面文化

制度层面文化介于精神层面文化与物质层面文化之间，代表着人类营造社会关系、规范社会行为的制度成果，如政治制度、社会礼仪等。中华文明历史悠久，传统文化经历了原始社会、奴隶社会和封建社会三种社会形态，在不同的历史时期产生了不同的制度文化，为形成有序的社会关系、良好的社会风尚提供了制度保障。下面择要列举三个方面的制度层面文化成果。

1. 政治制度

政治制度是特定社会统治阶级通过组织政权以实现其政治统治的原则和方式。中国古代在国家管理体制、政府机构设置、政策实行措施等方面都探索形成了一些具有民族特色的政治制度，涉及行政、司法、监察、选官、教育、财政等国家治理的各个方面。比如中国古代的选官制度，秦朝以前主要采用世卿世禄制，后来逐步引入军功爵制。汉代采用察举制与征辟制，在选拔官吏的科学性、合理性上有所进步。魏晋南北朝实行九品中正制，一度造成"上品无寒门，下品无势族"（《晋书·刘毅传》）的现象，严重阻碍了人才的科学选拔。隋唐开始实行科举制度，通过考试选拔官吏。科举制度在明清时期走入歧途，产生很多弊端而备受诟病，但它相较以前的选官制度更加公平公正，打破了阶级壁垒，为国家选拔了大量品学兼优的人才，促进了社会进步。

再比如监察制度，据《周礼》记载，中国早在周代便设有治贪促廉的监察官，秦汉以来历朝历代都设有相应的监察机构，形成了较为完备的监察制度，一定程度上减少了贪腐行为，促进了政治清明。科举制度和监察制度等传统政治制度，虽然是阶级社会实行政治统治的工具，但它们的产生和实行一定程度上促进了社会发展，即使对于今天的制度建设依然具有积极的借鉴意义。

2. 社会礼仪

中国素有"文明古国""礼仪之邦"的美誉。孔子说："不学礼，无以立。"（《论语·尧曰》）《左传·昭公二十五年》上说："夫礼，天之经也，地之义也，民之行也。"《资治通鉴·周纪一》上说："夫礼，辨贵贱，序亲疏，裁群物，制庶事。非名不著，非器不形。名以命之，器以别之，然后上下粲然有伦，此礼之大经也。"可见中国古人对"礼仪"的重视程度。中国上古时期有"礼仪三百，威仪三千"（《礼记·中庸》），周代"礼仪"更加受到重视，形成了内容丰富的礼仪文化，成为人们家庭生活、社会交往乃至政治活动中言行举止的准则规范，发挥着极为重要的作用。儒家经典《仪礼》《礼记》《周礼》，被称为"三礼"，三者记录保存了许多周代的礼仪，是中国古代礼仪制度的蓝本和百科全书，对后世影响极大。

在具体礼仪方面，中国古代有"五礼"之说，以祭祀之事为吉礼、丧葬之事为凶礼、军旅之事为军礼、宾客之事为宾礼、冠婚之事为嘉礼，基本规范了社会活动的方方面面，成为中国古代礼仪的基本架构。在中国古代，礼仪是从西周封建宗法制度中演化出来的，是维护尊卑等级制度的一种工具。到了近代，它的社会危害性日益明显，成为新文化运动猛烈批判的对象，传统礼仪也逐渐被现代礼仪所取代。但传统礼仪表现了中国古代社会礼贤下士、尊老爱幼、谦逊文雅的社会风尚，体现出的人际和睦、社会和谐的价值追求，依然具有当代价值。

3. 民俗节日

民俗节日是民族文化的重要组成部分，是民族的一种生存生活方式，也是一个民族的重要文化标识。中国历史悠久、民族众多、疆域辽阔，既形成了中华民族共有的民俗节日，也形成了具有少数民族特色的民俗节日；既形成了全国性的民俗节日，也形成了地方性的民俗节日。它们共同构成了我国千姿百态、丰富多彩的民俗节日文化。我国在长期的历史发展中，形成了以春节、元宵、清明、端午、七夕、中秋、重阳等为代表的传统节日，每个节日都代表了各具特色的传统风俗。

描写春节的诗歌《元日》写道："爆竹声中一岁除，春风送暖入屠苏。千门万户曈曈日，总把新桃换旧符。"描写重阳节的诗歌《九月九日忆山东兄弟》写道："独在异乡为异客，每逢佳节倍思亲。遥知兄弟登高处，遍插茱萸少一人。"这些著名诗歌生动形象地反映了中国传统节日的独特风俗和独特魅力。除了上述影响范围较大的民俗节日外，我国一些少数民族也有着自己民族独特的节日，如彝族的火把节、藏族的燃灯节、高山族的丰收节、苗族的开秧节、壮族的牛魂节、傣族的泼水节、蒙古族的白节，等等。随着经济全球化的推进和各国文化交流的深入，传统民俗节日文化受到一定冲击，但其依然有着顽强的生命力和强大的影响力。

（三）物质层面文化

物质层面文化是以物质形式存在的文化，代表着人类改造世界的物质成果，如生产工具、生活器具等。这方面的文化带有较强的生活目的性，主要是为满足人的生产生活需要而创造的物质文化。中国古代物质层面文化内容十分丰富，有学者将其分为十一类：农业与膳食，酒、茶、糖、烟，纺织与服装，建筑与家具，交通工具，冶金，玉器、漆器、瓷器，文具、印刷，乐器，武备，科学技术。下面择要列举三个方面的物质层面文化成果。

1. 历史文物

中华民族历史悠久，遗留下来的历史文物众多，它们是我们祖先辛勤劳动和聪明才智的结晶，是历史的见证、文化的范本，具有重要的历史、艺术和科学价值。我国古代流传下来文物数量巨大、种类繁多，通常被分为两类：一类是不可移动文物，如古遗址、古建筑、古墓葬、石窟寺等，这其中的一些重要古迹，已经被联合国教科文组织确定为世界文化遗产。截至 2017 年，中国世界遗产数达 52 处，其中文化遗产 36 处，文化与自然双重遗产 4 处，数量位居世界前列，包括长城、故宫、颐和园、敦煌莫高窟、秦始皇陵及兵马俑坑、布达拉宫、龙门石窟、云冈石窟、丽江古城、丝绸之路、中国大运河等。

另一类是可移动文物，如历代的石器、玉器、陶器、瓷器、金属器、石刻、玺印、书画、文献、拓片、笔墨纸砚等，这一类文物的数量更为巨大，诸如司母戊铜鼎、曾侯乙编钟、四羊方尊、马踏飞燕、越王勾践剑、富春山居图、清明上河图等，堪称"国宝"。近代以来，中国历史文物多灾多难，被掠夺、毁坏乃至遗失的不可胜数，造成我们民族文化的巨大损失。

2. 传统饮食

民以食为天，中华民族从用火烹制食物开始，就逐渐形成了丰富多彩的饮食文化。据学术界研究，中国古代的饮食文化产生于夏商，形成于周代。《礼记·内则》就记载了周代食物制作的多种方法，包括煎、熬、炸、炖、炙、熏烤等多种形式，显示了当时的饮食文化已经达到了较高水平。随着生产力发展和民族的融合，秦汉、魏晋南北朝、唐、宋等时代饮食文化逐渐发展繁荣，到了明清达到鼎盛。据明清时期《宋氏养生部》《易牙遗意》《饮食辨录》《调鼎集》《随园食单》等饮食文化专著记载，明清时期的饮食种类繁多、做法精致、技术高超，达到了令人叹为观止的地步。

明清以来，传统饮食有八大菜系之说，其色、香、味、型各有特色，是中华传统饮食文化的优秀代表。在传统饮食文化中，茶文化和酒文化历史悠久、地位独特。茶和酒既是饮品，同时又远远超出了饮品的范畴，与人的精神生活、社会生活和政治生活发生重要联系。特别是经文人雅士吟咏歌颂、提炼升华，茶和酒与传统文学艺术一样，具有了艺术的气质，成为中国优秀传统文化中别具特色的文化种类。近年来，《舌尖上的中国》系列纪录片产生巨大反响，使人们充分认识到了传统饮食的博大精深和巨大魅力。

3. 传统服饰

服饰是最直观地反映民族特征的文化形式。孔子说："微管仲，吾其被发左衽矣。"（《论语·宪问》）孔子把民族服饰的不同视为民族文化的不同，进而视为民族的不同。中国古代服饰文化有两大特点：一是历史悠久，变动不居。中国早在旧石器时代就产生了服饰文化，随着社会的进步而不断发展。在二十五史中，有十部正史编有《舆服志》一章，详细记载了历代车旗服饰制度，充分呈现了古代服饰的多姿多彩，是研究中国古代服饰的重要资料。另外，在《西京杂记》《拾遗记》《酉阳杂俎》《炙毂子诗格》《事物纪原》《清异录》等书中，也有许多关于中国古代服饰的记录。20世纪，著名作家沈从文著有《中国古代服饰研究》一书，研究了从旧石器时代到清末的古代服饰，并配有图像700幅，从中可以看到中国古代服饰的总体风貌。

二是多姿多彩，富有特色。中国是一个统一多民族大国，因地域、气候和习俗的不同，服饰文化多姿多彩。但与世界其他民族的服饰相比，中华民族的服饰总体风格与民族气质、审美品格一致，表现出含蓄雅致、美观大方、内涵丰富的特点。虽然今天中国人的服饰文化已经发生了翻天覆地的变化，但以汉服、唐装、旗袍等代表的传统服饰文化是一个巨大的文化宝藏，仍有着永恒的魅力。

综上所述，中国优秀传统文化的内容是极为丰富的，上面仅列举一些主要方面。除此之外，中国古代在语言文字、科学技术、中医中药、教育教学等方面都取得了巨大成就，都是中国优秀传统文化的重要组成部分。

三、中国优秀传统文化中的几对主要关系

传统文化中，人始终是核心要素。在中国传统文化看来，人不可能独立存在，正确处理个人与外界的关系是人存在与发展的基本前提。人一生中面临着诸多矛盾和关系，其中天人关系、物我关系、群己关系、生死关系是几对最基本的关系，关系到每个人以什么样的世界观、人生观、价值观而生活。也正是这几对关系架构起了中国人的生存价值和意义的轮廓，形成了具有明显德性倾向的生活向度。它们从纵向、横向等多方面展示出中国文化关于人的气度、精神和灵魂的样态，描绘了中国文化的格局。

（一）自然与人类

在自然与人类的关系上，以天人和谐为追求。作为自然之子，人类的生存和发展一刻也离不开自然界，"人在肉体上只有靠这些自然产品才能生活"（《马克思恩格斯全集》第42卷）。天，也就是自然界，虽然先于人而存在，但人作为天底下最可贵的族类，与天有着千丝万缕的联系。西方文化一直强调人的主体地位，认为自然是可以征服和战胜的，诸如"给我一个支点就可以撬动地球"的名言比比皆是。中国文化则赋予天以生命的气息，认为天人之间具有相通性。儒家把天、地、人视为三才。道家认为宇宙之内，道大、天大、地大、人亦大。人与天具有天然的平等性。孟子说，"尽其心者，知其性也；知其性，则知天矣"（《孟子·尽心上》）。通过尽心来感知人性，了解人性方能感知到天。天地

不言，厚德载物，其存在要靠人类去验证，如果没有人的道德理性，天的人格也不会显现出来。在这个意义上，天与人互为人格存在的前提，人可以了解天，天也能看守人，即"人在做，天在看"。

既然天、地、人在人格意义上互为存在的前提，那么理应和谐相处。历史上，人与自然和谐相处的观点占据了主流。比如，《周易》明确提出"夫大人者，与天地合其德"的思想，指伟大的人能够与天地达致德性相合。《中庸》进一步揭示了道德意义上的天人合一，指出"天命之谓性，率性之谓道，修道之谓教"，意为人性源于天性，顺性而为是为道，教化即使人性与天性之道相合。儒家之外，道家更强调理想人格是融入天地之中、与万物一体的人格，"天地与我并生，而万物与我为一"（《庄子·齐物论》）的观点影响深远。当然，在中国历史上也有荀子等人提出了"制天而用"思想，但其影响远没有"天人合一"的观点影响深远。先秦之后，董仲舒、张载、"二程"、薛瑄、王夫之均对"天人合一"有深刻的论述。这种天人合一的观念对当今世界影响深刻，被很多关注人类命运的学者大力倡导。

（二）物质与精神

在物质与精神的价值取向上，以精神追求为首要。人的需求体系总体上可分为两类：物质需求和精神追求。中国传统文化对之有着深刻的论述，认为"仓廪实而知礼节，衣食足而知荣辱"。马克思认为，在人类所有的需要中，物质需要是人的第一需要。这是因为人类生活中，对一个连饭都吃不饱的人很难讲精神追求、人生理想、价值观念。《中庸》虽然讲"大德必得其位，必得其禄，必得其名，必得其寿"，但毫无疑问道德是占据首要位置的，其他都是有德者自然能够实现的内容；没有大德，其他的一切也不存在了。传统社会物质相对匮乏，但在古代学者看来，并不能因为物质匮乏而降低人格尊严，精神在根本意义上拥有物质不可比拟的价值，在极为困苦的情况下，即便"一箪食，一豆羹，得之则生，弗得则死。呼尔而与之，行道之人弗受；蹴尔而与之，乞人不屑也"（《孟子·告子上》）。人的尊严和价值远远高于苟且地活着。

在物质和精神同样具备的情况下，中国传统文化永远把精神放在第一的位置："志意修而骄富贵，道义重则轻王公，内省而外物轻矣。传曰：'君子役物，小人役于物。'此之谓矣。身劳而心安，为之；利少而义多，为之。"（《荀子·修身》）利益的多少并不能成为人生选择的砝码，精神所代表的价值追求成为行动的指向。君子谋道不谋食、君子忧道不忧贫不是说君子就不用吃饭、不用担心物质上的贫困了，而是通过追求道顺理成章来实现物质上的利益。即便有可能面对饥饿、冻馁、困苦，但只要坚持道的方向，就能坚定目标、择善固执。孔子厄于陈蔡时，面对子路的质问："君子亦有穷乎？"答曰："君子固穷，小人穷斯滥矣。"孟子也说"无恒产者无恒心"，但这只是针对一般人，而真正的"士"，则是"无恒产而有恒心者"。这是儒家的观点，而道、佛、墨等派别对待物质更是看得比较轻。受这种思想的影响，在义利之辩上，"义"始终重于"利"。

（三）群体与个人

在群体与个人的关系处理上，以群体利益为重点。人之所以为人的基本标志之一是具备"公"的思想。在中国传统文化中，"公"是处理人我关系的基本出发点，其根本原因在于中国"家国一体""家国同构"的社会组织结构。"天下为公"的思想是中国人几千年来的道德号召与价值追求，深刻体现了中国整体主义的文化特征。传统社会，作为社会关系起点的个人从出生便融入了各种各样的群体之中。在诸种群体之中，"个人与他方构成关系时，不是以自我为中心，而是以自我为出发点，以对方为重，个人的利益要服从责任的要求"。

人自出生起，就在家庭和家族中成长，随着各种条件的具备，逐步社会化，最终要对他人、对社会、对国家有所贡献。一个人即便最终不能成为对社会有用的人，那也不能危害社会。处于逆境和混乱之中，要有道德定力，保持高贵的人格不旁落，正所谓"穷则独善其身，达则兼济天下"。甚至在自己极为困难的情况下，对他人也应该持有令人感动的美好期待，正如穷困潦倒、无所凭依的杜甫在《茅屋为秋风所破歌》中所写道："床头屋漏无干处，雨脚如麻未断绝。自经丧乱少睡眠，长夜沾湿何由彻！安得广厦千万间，大庇天下寒士俱欢颜，风雨不动安如山！"这不就是人性的真、善、美吗？自己如此困难，屋里没有一处干地，还想着他人有广厦，多么难能可贵！这与倡导个人主义的西方文化大为不同。西方启蒙主义者把人与人之间的关系看作对立关系，为了制止人与人关系的恶化，个体之间需要让权、需要社会契约，组建作为共同体的国家来规制个人和他人以及群体的关系。也正因为此，西方文化传统一直强调个人利益，中国文化传统一直强调群体利益，这种人与人之间的温情关怀真实地体现了人性之美。这也是虽中国传统文化历经磨难，但集体主义始终得到弘扬的原因。

（四）今生与来世

在今生与来世的历史之轴上，以社会现实为重心。"我是谁""我如何存在""我终将往哪里去"是人类思考的永恒话题。对这些问题的回答形成了不同的生命观、价值观和信仰。西方宗教文化极为重视来世与重生，把上帝的世界看得很重，把人的世界看得相对较轻。中国传统文化早在三千多年前的周朝初期，就从早期的神本文化（李泽厚称之为巫术文化）开始转向人本文化。在之后的文化传承与发展过程中，中国传统文化虽然也包含宗教思想，也有尊神祭祖的行为，但其并不具有形而上的信仰功能。这些思想和行为经常与现实中的人和事联系在一起，传递着美好的愿望。即便是佛教，在印度十分重视来世，但在两汉时期传入中国之后，也逐步与世俗生活结合在一起，极为重视现实。道家虽强调养生，希望修炼成仙，追求长生不老，但它的一切也是基于现实而出发的。儒家思想则以"入世"为其鲜明特点，正如《论语》所说，"未知生，焉知死？""子不语怪、力、乱、神"。

中国人虽然以社会现实为重，但并不是为生而生，而是以道德牵引社会现实，引导人们通过追求真、善、美，而形成人的内心平和和追求社会事功的激昂进取的精神状态。同时，值得注意的是，即便中国传统文化极为强调今生今世，但也注重生死精神上的一致性，即用高贵的价值追求来统一生与死，以此来对历史负责、激励后人，即如《古诗十九首》中说的"生年不满百，常怀千岁忧"，李清照说的"生当作人杰，死亦为鬼雄"，文天祥说的"以身殉道不苟生，道在光明照千古"。

第二节　中国优秀传统文化的发展历程、前景及基本特征

由于所处地理条件、经济土壤和政治环境等历史条件不同，不同民族创造出了不同文化。通过考察中国优秀传统文化的发展历程，透视中国优秀传统文化的内部构成，进行文化上的古今对比和中外对比，我们会发现中国优秀传统文化具有与其他文化不同的一些特征。这些特征不仅决定了它历史上的形态和命运，而且也关系着它在当代能否实现价值、实现什么价值以及怎样实现价值的重要问题。

一、中国优秀传统文化的发展历程

中国传统文化体现了中华民族的价值取向和精神追求，从夏商时期的孕育到两周时代的繁荣，到秦汉以后的定型，经历了数千年的发展历程，呈现出一副辉煌璀璨的文化画卷。

（一）夏商时期传统文化的孕育

夏商时期是中国传统文化的孕育萌发期，这个时期文化呈现出的最主要特征是神本文化。夏商时期是天神至上的时代，在思想文化上表现出浓郁的尊神重鬼的文化特色，初步奠定了传统文化思想观念的基础。《礼记·表记》曰"夏道尊命""殷人尊神，率民以事神，先鬼而后礼"，殷人观念中的神，地位最高的是"帝"或"上帝"。它统率天地间的一切物种，掌管人世间一切事务。为了听命于这个最高的统治者，按他的意图来行事，殷人经常通过卜筮来安排自己的生活行为。例如，董作宾《殷墟文字乙编》记载，卜辞中有"乙保黍年""大不宾于帝"的记载。先王保佑粮食丰收，先祖大甲不配于帝。郭沫若《卜辞通纂》中有"今二月帝不令雨。""帝令雨足年？""帝令雨弗其足年？""帝其降董""伐邛方，帝受我又"。可见，二月不下雨是帝的命令，饥荒出现与否也是帝的命令。

尽管夏商文化以尊神重鬼为特色，但是随着人们改造自然世界能力的提高、生活经验的不断丰富、个人智慧和身体素质的提高，人对自己开始充满自信，理性思维开始逐渐萌芽。从《尚书》中的《虞夏书》《商书》的记载中可以看出，统治者已经懂得治国之艰难，保民之不易，因而警诫自己"无教逸欲，有邦兢兢业业"。《尚书·盘庚》中也指出："古我前后，罔不惟民之承保。后胥戚鲜，以不浮于天时。……肆上帝将复我高祖之德，乱越我家。朕及笃敬，恭承民命。"意思是说，我们的先王，没有不承顺安定人民的；君王清楚，大臣明白，因此没有受到天灾的惩。现在上帝要复兴我高祖美德，兴旺我们的国家，我要恭敬笃实地遵从上帝的意志，谨慎地接受治理人民的使命。尽管殷人还是迷信上帝、天命，但一些明君贤臣在治国实践中也看到了勤政爱民的重要性，西周"明德""保民"的政治思想正是在这一基础上发展起来的。

（二）两周时期传统文化的繁荣

1. 西周时期

西周的思想虽然仍旧以神权崇拜为终极依据，但是人的主体意识明显开始觉醒。特别是西周思想表现出一种历史精神的自觉、忧患意识的产生、民本理念的形成和敬德思想的发扬，并巧妙地将这些纳入宗教框架中，形成了敬天、明德和保民的思想体系，基本确立了中华民族文化的基本精神。

西周时期人的主体意识的觉醒来源于对历史的反思，主要是在殷末纣王的暴虐、社会危机的冲击和殷商的灭亡促使西周的统治者，特别是文王和武王开始对王朝的兴衰进行反思和总结。《诗·大雅·文王》指出："殷之未丧师，克配上帝。"周人认为殷在失去天下之前，曾配享天命，但他们的子孙却未能善始善终地持有天命。这就是一个王朝从强盛走向灭亡的原因，他们从历史中得到了"殷鉴不远"的启示，又从夏商的灭亡中得出了"天命靡常"的结论。因此，在《尚书·召诰》中召公则指出："天亦哀于四方民，其眷命用懋，王其疾敬德。"由此可见在周人看来，天命与敬德密切相关，而敬德又与保民直接相连，因为"皇天无亲，惟德是辅；民心无常，惟惠之怀"。这就将天命和敬德集中到民心上，并将史监、殷监皆归结为民监。这种通过以史为鉴和忧患意识把敬天、明德、保民结为一体的政治思想无疑是西周先哲的伟大创造，标志着华夏文化精神传统的初步形成；开创了东周理性精神的先河。

在西周时期，周公开始制礼作乐，进一步完善三代之礼，设计制定了一个庞大的文化系统。王国维说，礼是"周人为政之精髓"，是"文武周公所以治天下之精义大法"。周礼基本大致可以分为礼制、礼仪、礼义三大部分。在礼制方面，注入国家的官制、军制、法制、服制等皆是。"以之朝廷有礼，故官爵序也；以之田猎有礼，故戎事闲也；以之军旅有礼，故武功成也。是故宫室得其度，量、鼎得其象，味得其时，乐得其节，车得其式，鬼神得其享，丧纪得其哀，辩说得其党，官得其体，政事得其施……凡众之动得其宜。"（《礼记·仲尼燕居》）在礼仪方面，诸如君臣间的朝觐之礼，诸侯间的聘问之礼，士大夫之间的交往之礼，乡党间的尊老之礼，贵族之间的婚冠之礼等皆有提及。"朝觐之礼，所以明君臣之义也；聘问之礼，所以使诸侯相尊敬也；丧祭之礼，所以明臣子之恩也；乡饮酒之礼，所以明长幼之序也；婚姻之礼，所以明男女之别也……"《礼记·经解》这些是就礼仪而言的。至于在礼义方面，《礼记》发挥最为详尽。周代之礼，为后世儒家所继承和发展，不断规范中国人的日常生活、心理思想，中国传统的礼文化开始绵延并流传至今。

2. 东周时期

东周是中国文化史上的第二个关键时期，成为文化发展最繁荣和最辉煌的时期。据史书记载，周共王、懿王时期，王朝力量逐渐衰落。在《史记·周本纪》中曾明确记载，周懿王在位的时候，国家和王室就已经开始慢慢由盛转衰，使得诗人也开始作诗讽喻；同时，夷狄和诸侯的势力日益上升，"诸侯不朝""荒服不朝"的记载不绝于史。公元前722年，周平王从关中丰镐东迁到洛邑，原来"诸侯并列，王室独尊"的局面逐渐被"王室衰微，大国争霸"的局面所取代，从而进入一个社会大动荡和大变革的时代。国家开始进入"礼崩乐坏"的时代，周天子颜面扫地，五霸迭兴，"礼乐征伐自诸侯出"，旧的国家规范和秩序走向崩溃，"弑君三十六，亡国五十二，诸侯奔走不得保其社稷者不可胜数""臣弑君，子弑父""骨肉相残""以下犯上"等不胜枚举，所谓"亲亲""尊尊"的精神荡然无存，"郁郁乎文哉"的礼制在社会变动的冲击下土崩瓦解。

正是如上种种条件的聚合，对原有正统思想产生了巨大的冲击，并推动了精神的觉醒和思想的变革，一股怀疑传统的思潮开始涌动，《诗》中的所谓"变风""变雅"就是这股怀疑思潮最集中的反映。《毛诗序》指出："至于王道衰，礼义废，政教失，国异政，家殊俗，而变风、变雅作矣。"人民开始动摇自己的信仰，愤世嫉俗。同时，怀疑的思想逐渐从天帝鬼神扩大到仁义礼乐。圣王所作礼乐，中国一向以为"至道"，并鄙视夷狄。但是熟悉王政、出逃夷狄的由余认为"此中国所以乱也"，反而推崇"不知所以治"的戎夷之治是"真圣人之治"。因此春秋时期，社会礼崩乐坏后，新思想尚未确立，人们开始疑天、疑祖、疑圣，怀疑精神在社会的蔓延，预示着创造性时代的来临。

怀疑孕育着新的生机，社会的动荡促使知识阶层对国家、社会和个人进行反思，试图拯救社会。胡适说："吾意以为诸子自老聃、孔丘并于韩非，皆忧世之乱而思有以拯救之，故其学皆应时而生。"他们展开了对乱世的批判，又推进了对治世的探索。"破""立"结合的思想争鸣将怀疑升华至理性精神，人性也在理性精神的讨论中逐步解放。如果我们按照诸子百家批判的路向的不同而略做区分的话，诸子百家大致可以分为三大派别。

首先，以孔、孟为首的儒家，其基本特点是社会批判并回归传统。孔子创立了儒家学派，形成了一套以"仁"为核心的儒家济世思想体系，通过对"国灭世绝""君不君、臣不臣"的社会现象进行痛心疾首的思想批判，期冀用"知其不可而为之"的大无畏精神，实现"克己复礼""弘道""从周"的政治目标。他既批判当时礼乐征伐出自诸侯大夫是"天下无道"的表现，也批判各种新兴势力的僭越非礼行为。他声称："如有用我者，我其为东周乎？"（《论语·阳货》）他还提出了一系列复兴周道的主张，如"正名""道（导）德""齐礼""变齐""变鲁"等。为了达成他的宏愿，他率领门徒周游列国，四处兜售他的理想与主张。但是"滔滔者天下皆是也，而谁以易之？"（《论语·微子》），孔子在复礼无望后，发出了"道之将行也，命也；道之将废也，命也"的感叹。随后，孟子继承了孔子的遗志，他主张"仁政"与"王道"，提出"民贵君轻"的民本思想，以"虽千万人，吾往矣"的气概，以"平治天下，舍我其谁"的历史使命感，率门徒周游世界，推行自己的政治主张。他批判当时的君主"为民父母，行政不免于率兽食人"（《孟子·梁惠王上》）；而所谓君子则"既要人爵，又弃天爵"。他抨击当时那种"争地以城，杀人盈城"的兼并战争和"以力服人"的"霸道"政治，认为"君不乡（向）道，不志于仁"，而臣下"为君辟土""为强之战"的现象是在"富桀""辅桀"。但是他的主张在当时根本不被社会所接受，多数人都认为孔子的理想是"迂远而阔于事情"，所以孔子根本无法实现其政治抱负。尽管孔孟等贤哲的理想抱负未能实现，但是他们关于"仁者爱人""克己复礼"的主张，"仁""礼"一体，"礼""乐"并称的思想，礼教德治的精神，奠定了中国传统文化的基础。

其次，以老子和庄子为代表的道家，基本特点是价值批判而否定传统。其实，儒家社会批判只是一种现象批判，不但不批判传统的价值，而且把回归传统作为"救世"的处方。然而，道家通过对自然的观察，着重对天道的讨论，在回归自然的基础上，将批判的矛头直指传统——礼义仁智。老子在对宇宙"道"的体悟基础上，提出了"无为而无不为"的核心理念。在他看来，所谓德、仁、义、礼、智、慧等都是违弃"大道"的结果，因此，他认为人世间的思想原则是"无为"，人性要"清心寡欲""上善若水"，以"返璞归真"。所以社会上要"绝圣弃智""绝仁弃义""绝巧弃利"，国家治理上"天下神器，不可为也，为者败之"。庄子将老子的价值批判进一步深入，矛头直指仁义的虚伪性和破坏性。《庄子·徐无鬼》指出："爱利出乎仁义，捐仁义者寡，利仁义者众。夫仁义之行，唯且无诚，且假乎禽贪者器。"有了仁义，人就假借仁义之名而行贪爱之实，仁义不但成为伪君子，特别是统治者的工具，最终导致社会畸形。因此他的结论就是"圣人不死，大盗不止"（《庄子·胠箧》）。尽管他们对社会的批判广泛深入，但是在社会动荡时期，期望通过"返璞归真""无为"的救世方法是无法实行的。但是他们不做"太庙牛"、宁做"逍遥游"的清高品格，对后世洁身自好的士大夫有极大的影响，成为中国传统文化中的一股清流。

最后，以商鞅、韩非为代表的法家，其思想理论的基本特点是进行历史批评和扬弃传统。不管孔、孟、老、庄在对社会的认识上的差异有多大，但都有一个共同之处，即"是古非今"，只是他们的眼中的古有所不同。而真正进行历史批判并扬弃传统的是商鞅。商君为了在秦推行变法，面对习惯势力，力破故习，力排众议，他指出："常人安于故习，学者溺于所闻……愚者暗于成事，知者见于未萌""汤武之王也，不循古而兴；殷夏之灭也，不易礼而亡。"（《商君书·更法》）因此他坚决主张："圣人之为国也，不法古，不修今，因世而为之治，度俗而为之法。"（《商君书·壹言》）法家另一著名代表韩非也认为历史总是处于变易过程之中的，因此，他批判那些抱残守缺、食古不化的守旧派是守株待兔，嘲笑他们"今欲以先王之政，治当世之民，皆守株之类也"（《韩非子·五蠹》）。他们都主张"以法为教""以更为师"，实行文化层面的专制主义。法家后来逐渐成为秦王朝治理天下的重要思想来源，并对以后的历代帝王的国家治理产生了极其重要影响。

从孔孟、老庄到商鞅、韩非等许多古代先贤，他们以自己的聪明智慧和坚毅果敢的勇气，开创一批学术流派，编写、修订《易》《书》等一批经典著作，他们的学术创造和社会批判，使中华民族文化得到了充分的展开和升华，中国优秀传统文化的基础基本被奠定。特别是批判思想的高扬，带来了整个时代的思想学术的兴盛与文化精神的萌蘖。因此，这一时期相当于德国哲学家雅斯贝斯所阐发的"轴心时代"。在整个轴心时代中，处处体现出一种凝聚着文化良心的社会关怀意识，一种世俗的现实主义精神，它一方面展开对黑暗统治的反思及腐朽现实的批判；另一方面又展现为对理想社会的憧憬与现实社会的设计、改造。在这个"礼崩乐坏""道术为裂"的时代，诸子们大多在为救世而求索，中华民族的理性精神就在这种求索中生机勃发，如儒家的正义精神与忧患意识，道家的自由精神与批判意识，墨家的博爱精神与平等意识，法家的变革精神与进取意识，甚至还有民间的商业精神与功利意识等。其中最核心的民族理性就是诸子们忧国忧民的情怀与自我人格的砥砺。遗憾的是，在自由争鸣的时代迸发出来的民族理性没有就此发扬光大，而是在秦汉王朝的统治下被戕杀。

（三）秦汉以降中国传统文化的定型

中国传统文化的定型经历了一个漫长的历史阶段，从秦汉时期至晚清末年，前后一共经历了两千余年，成为中国民族文化精神发展演变的第三个关键阶段。秦汉不仅使中国社会从分裂走向统一、中国政治由等级分权专制转入中央集权专制阶段，而且中国思想文化从"百家争鸣"变为"万马齐喑"，秦汉时期奠定了汉民族思想文化统一的基础，建立了相应的制度。尽管从秦汉到晚清，中国历经多次朝代更替，也有过十六国、南北朝及五代十国的分裂时代，但是不管如何演变，都不过是一代代帝王的更替，"秦时明月汉时关"却依旧如常，毛泽东曾说过"百代都行秦政法"，因此中国传统文化的发展模式在"秦钟汉瓦"之下定型凝固。

1. 秦汉思想的统一

马克思指出："理论在一个国家的时限程度，决定于理论满足这个国家的需要程度。"秦汉时期的理论选择也不例外。东周时期"田畴异亩，车途异轨，律令异法，衣冠异制，言语异声，文字异形"（《说文解字序》），在群雄崛起的时代，法家"耕战"措施对富国强兵作用最大，强秦正是依靠法家思想扫平六合。秦统一六合后，进行了改革，建立了统一的文化，书同文，车同轨，货币度量衡同制，行同伦，奉行郡县制，实行中央集权专制。但是由于法家思想"严而少恩""可以行一时之计，而不可长用也"，特别是在统一后，秦继续推行霸道政治，终至灭亡。

西汉取代强秦后，在总结秦亡"有为""多欲"的经验教训基础上，转向"无为而治"的道家思想，使得汉初呈现了"文景之治"的繁荣景象。但是在中国古代社会，宗法专制是政治统治的社会基础，政治伦理是宗法伦理的自然延伸，基层秩序的稳定和精神奴役的成功对统治阶层异常重要，因此，忽视基层宗法秩序及宗法伦理的道家无法迎合统治阶层的口味，而经过东汉董仲舒改造的汉代新儒学中，诸子百家思想中一切有助于帝王进行集权统治的内容，例如：老庄道家的御权术，韩非法家君主专制的主张，公孙龙名家的名辩思想，邹衍阴阳家的阴阳五行交相和谐的思想，均被整合进新儒家的思想理论体系中，成为"理性地去'支配'此世"的新教。所以董仲舒改造后的汉代新儒家思想成为最迎合巩固帝王专制政权的需要，最贴近当时中国政治与社会环境，最契合历朝历代统治者的政治心态。"夫儒者难与进取，可与守成。"守成才是统治者所亟须的，所以以"守成"为核心的儒家思想历经千秋万代，薪火相传。

2. 两汉经学的兴起

自汉武帝采纳董仲舒"独尊儒术"的建议后，儒学得到了迅速的发展，儒生规模扩大，在"以经取士"的选官制度作用下，经学研究日渐隆盛。两汉经学经历了今文独霸、古文崛起、谶纬盛行和最终融合的发展路径，但究其根本"唯神""唯圣"成为两汉经学的本质特征。"唯圣"是根本，"唯神"是为了"唯圣"，尽管在理论上宣称"以君随天"，然而在现实生活中却是"以天随君"。在帝王的淫威下，士人失去独立的人格，成为唯帝王马首是瞻的奴仆，终日吟唱"述圣""颂圣"之章句。由于汉武帝"好鬼神之祀""垂天人之问"，董仲舒推阴阳、言灾异、为儒者宗，宣扬"天人感应"成为汉代经学的一大特色，并影响整个汉代社会，无论是今文经学还是古文经学，全都凝结在"天人感应"的旗帜下。"以天人感应为核心的神学目的论思想体系，是一种从直观外推为基本方法的经验论思维模式，也为后来的以经验论为特色的传统思维奠定了基础。"由于谶纬的荒诞不经和经学的烦琐，使其失去了持续发展的能力，随着汉代的结束，魏晋玄学登上历史舞台。

3. 魏晋玄学的崛兴

魏晋时期，为矫治儒学繁缛化、神学化的积弊，以何晏、王弼等人为代表的玄学家祖述老庄，开创了所谓的"正始玄风"。从思想上，玄学抛弃了汉学妖妄不经的神学目的论，用"道"的本体论取而代之；从学术上，他们背离了汉学烦琐支离的治学路线，用清新简约的玄理变而易之；从政治上，抨击了汉末名教的虚伪，用老庄自然主义的价值观矫而正之。因此，"名教"与"自然"之间的关系就成了魏晋玄学主要关注的领域，思想界分化出三个主要的流派：一是以王弼为代表的"贵无派"，他"祖述老庄"，援道入儒，提出"名教"源自"自然"的主张，意在用自然融入名教之中。二是以《列子·杨朱篇》的作者为代表的"行乐"派，同样也是以道家"自然"论为出发点和依据，主张"从心而动，不违自然所好"，鼓吹恣情享乐的"养生说"。三是以嵇康、阮籍为主要代表的"自然派"，他们利用"自然"作为武器，公开批判抨击名教。但是随着西晋的覆灭，士族的衰落与佛教的兴起，风行一时的玄学受到极大冲击，随即销声匿迹。

4. 宋明理学的兴盛

"理学"是流行于宋明之间融儒释道为一体的一种新儒学，在本质上以"伦理观"为核心，因宋儒研习儒家经典注重阐发义理，故称"理学"。宋明理学人物众多，主要是以"程朱理学"和"陆王心学"两大派为代表。"程朱理学"以北宋时期思想家和理学奠基者的程颢、程颐与南宋时期的儒学集大成者朱熹为代表。他们主要借鉴道家的"道"和佛家的"真如"这一哲学基本范畴，提出"理"或"天理"的概念，将它作为宇宙万物的最高本体，并以此为核心来构筑自己的理论体系。"陆王心学"是以南宋时期的心学开创人陆九渊与明代的"心学集大成者"王阳明为代表。他们主要借鉴佛教禅宗"心即是佛"的思想方法，提出"心即是理""心外无物"的本体论，鼓吹孟子的"反身而诚"和禅宗"明心见性"的修养方法。无论两派的差异多大，他们都注重强调依托道德的高度自觉实现理想人格构建的目标，进一步强化了中华民族的自强不息的精神和自我道德完善的情操，但是他们奉行"父子君臣，天下之定理，无所逃于天地之间也""存天理，灭人欲"的思想，充满了定型化和程式化的特点，加强了中国古代社会的历史惰性，践踏个人权利与尊严，将漠视民众愿望、关注统治利益的文化发展到新的顶点，思想界称之为"一潭死水"，生气全无，陷入程序化的发展模式。

5. 晚清朴学的出现

朴学盛于乾隆、嘉庆，因此也被称为"乾嘉学派"。"朴学"原来指的是汉代古文经学派的考据训诂之学，意为"质朴之学"；后来指清代的主流学术思潮。明末清初的一些学者因反对理学家们空谈义理，不务经世之弊，企图改弦易辙，提倡回归汉儒朴实的学风，所以称之为朴学。又因这些学者热衷于用汉儒的治学方法研究经籍，故又称为新汉学。梁启超在《清代学术概论》中对朴学进行了总结，并将清朝朴学的兴衰流变分为四期。内中又有吴派（主"博古好古"）、皖派（主"实是求是"）竞相争雄，惠栋、戴震，各领风骚，研究经典，斐然成章。但是清代朴学发展的整体特征是"重名物而轻义理，为学术而忽实用，虽整理文献有余，而经世先王之志，亦已衰矣"，朴学最终还是沦落为束缚思想的绳索。

二、中国优秀传统文化的发展前景

（一）中国：发展壮大

中国优秀传统文化是中国土生土长的文化，是中国的根本之所在。有人说，在面对如今经济全球化的世界，各个国家日益联系在一起，照这样发展下去，国家与国家之间的界限会越来越模糊，令人不易分辨。各国的传统文化这时便显现出其巨大的作用。各国的传统文化成为各个国家的标本，为了更好地体现其各国的民族特色，各国不得不大力发展其本土的传统文化，中国也不例外。中国的传统文化是我国历史上绵绵不断延续下来的思想文化、思维行为方式、风俗习惯、制度规范和宗教艺术等的总和。同时，这也是"中国"之所以成为"中国"，"中国人"之所以叫作"中国人"的原因之所在了。大力发展中国传统文化，可以更好地扎实中国的根基，可以更好地展示中国与其他国家的不同之处，可以更好地展示中国的与众不同、非同凡响。为此，我国全体人民都应好好学习中国传承下来的几千年的优良传统文化，大力发展中国传统文化，使中国优秀传统文化在本土得到更好的扎根，得到更好的发展。

（二）国外：迅速蔓延

当今世界是文化多元的世界，是一个文化融通共荣的世界。中国博大精深的优良传统文化的源远流长不仅仅体现在中国的本土之上，更体现在全世界范围之内，于全球领域源远流长，渗透蔓延于世界的每一个角落，每一寸土地。中国在发展自身传统文化的同时，更是为其蔓延于世界别处加快了脚步，提高了速度。此外，有一句话说得好，"水往低处流"，这是一个亘古不变的真理。同样如此，"三人行，必有我师"，中国优良的传统优秀文化相比于其他国家的文化来说，必定有其相对出彩的地方，这就不可避免会促使其向别处流动、蔓延，最终促成世界文明水平的整体提高。这是一个发展的态势，也是一个必然的趋势。

（三）世界：推动共同进步

中国传统文化的核心是儒学。儒学是人类文明宝贵遗产中的重要的组成部分，它对于中国本土乃至全世界的现代化的历史进程都举足轻重。不仅如此，中国传统文化的精髓更是为世界今后的价值观的形成奠定了坚实的基础，提供了重要的思想源泉，逐步被广大的世人所接受，成为全球人共同遵循的行为准则。譬如中国传统文化儒家思想中的"天下为公""大同社会"等思想至今仍不过时，后人根据其现处的时代背景不断加以完善，形成具有时代意义、包含新时代内涵的新思想——"和谐社会""公有""民主平等"等。这些思想相比有些国家或是民族的"私有制""集权""霸权国家"等无疑更具开放性、包容性，浑身散发着"大气"的气息。诸此种种都是世界今后发展的大势，是全人类共同发展进步的必由之路。如若今后真会有全世界共同信奉的价值追求，毫无疑问，中国优秀传统文化将更是一个很好的追溯源泉。

中国优秀传统文化是中华民族几千年来的智慧结晶，推动着中华民族在曲折中发展前进，在中华民族诞生和崛起的过程中发挥着不可替代的作用。首先，中国优秀传统文化为治国理政提供了重要借鉴。爱国主义始终贯穿着人类和社会的发展进程，增强了中华儿女的凝聚力与向心力，在一定程度上遏制了民族分裂主义等不良思想和行为产生。其次，中国优秀传统文化为社会主义核心价值观提供了丰富源泉。无论是对国家层面提出的建设目标即"富强、民主、文明、和谐"，还是对社会层面提出的美好愿景即"自由、平等、公正、法治"，以及对个人层面提出的基本道德规范即"爱国、敬业、诚信、友善"，不难发现，我们都能够在传统文化中找到根源。最后，同样也是最不容忽视的一点，中国优秀传统文化是中华民族的独特标识。历经发展的各个阶段，其已经在人民群众的心目中打上了深深的烙印，也是中华民族区分于其他民族的显著标志，毋庸置疑，它在我国的发展进程中始终具有举足轻重的地位。

三、中国优秀传统文化的基本特征

（一）系统性

系统是由若干要素组成的具有一定结构和功能的有机整体。从系统的观点看，世界万物无不是由若干要素组成的一个系统，无不是组成其他系统的一个要素。不同种类的文化都是一个独特的文化系统，表现出独特的系统性。中国优秀传统文化作为一个文化系统，也表现出自己的系统性特点。

1. 文化要素完备

国学大师钱穆认为，一种文化必定由七个要素构成，称之为"文化七要素"，并指出："古今中外各地区、各民族一切文化内容，将逃不出这七个要素之配合。"这七个要素"一是经济，二是政治，三是科学，四是宗教，五是道德，六是文学，七是艺术"。正是这七个文化要素有机组合构成了一个完整的文化系统。以这个标准评价，中国自从有文字记载以来，中国优秀传统文化的这七个要素都已具备。在这七个要素中，中国古代尤其在政治、道德、文学、艺术等方面水平极高、成就极大，从而大幅提升了整个文化系统的品质。

2. 文化结构稳定

中国优秀传统文化这一文化系统，由比较完备而优良的文化要素有机构成，其系统结构从一开始就表现出较强的稳定性。

①系统中起决定作用的经济土壤比较稳定。从"新石器时期"开始，中国就进入了农耕时代，虽经以后各代生产力不断发展，但这种以农耕经济为主的生产方式直到近代才开始逐步瓦解。

②系统中起主导作用的思想比较稳定。先秦时期，儒家是周代封建宗法制度、礼乐文化的提倡者和支持者，成为首屈一指的思想流派。汉朝武帝年间实行"罢黜百家，独尊儒术"政策，儒家思想开始成为中国的主导思想，这一地位直到近代才受到较大冲击。

③系统中起关键作用的政治制度比较稳定。晚清谭嗣同说："二千年来之政，秦政也。"毛泽东也说过："百代都行秦政法。"封建帝制从秦代开始到废除实行了两千多年，而宗法制度从西周开始一直影响到近代。

3. 文化功能强大

恩格斯说："许多人协作，许多力量融合为一个总的力量，用马克思的话来说，就造成'新的力量'，这种力量和它的一个个力量的总和有本质的差别。"中国优秀传统文化作为一个文化系统，其整体功能不是各种文化要素功能的简单相加，而是产生了巨大的"整体效应"。在中华民族的发展壮大过程中，中国优秀传统文化是增强中华儿女民族身份认同的文化标识，是抵抗外敌入侵的精神支柱，是维护民族团结统一的坚强纽带，是推进国家治理的思想源泉，是促进社会稳定有序的道德基础，是滋润人民心灵世界的精神食粮。这种强大的文化功能，直到今天还在发挥着不可替代的作用。

（二）连续性

中国优秀传统文化作为一个文化系统，呈现出连续性的特征。而文化系统的连续性并非普遍现象，柳诒徵指出："世界开化最早之国，曰巴比伦，曰埃及，曰印度，曰中国。比而观之，中国独寿。"实际上，人类历史上曾出现的古老优秀文明最终整体中断的，除了古巴比伦文明、古埃及文明、古印度文明外，还有玛雅文明、提奥提华坎文明、印加文明、阿兹特克文明等，古希腊罗马文明在欧洲中世纪曾一度湮没无闻，直到文艺复兴才又重现辉煌。与这些中断的古文明比起来，中华文明表现出来的连续性确乎非常独特。

1. 源远流长

考古学发现表明，中国优秀传统文化早在距今数万年前的旧石器时代就出现了萌芽，到距今五六千年的新石器时代就已先后出现了仰韶文化、大汶口文化、红山文化、良渚文化等文化类型，可以说是世界上产生最早的文化之一。文字的发明是文化史的标志性事件。马克思认为，人类社会是"由于文字的发明及其应用于文献记录而过渡到文明时代"。在我国，很早就有"仓颉造字"的传说，而中国已知最早的成熟文字是甲骨文。自从中国文字产生之后，我们民族的历史就有了文献记载，民族的文化就被生动详细地记录在各种文献之中，它们与流传下来的各种文物共同见证了中国优秀传统文化源远流长、绵延不绝的历史。

2. 发展曲折

中国优秀传统文化源远流长、绵延不绝的历史并非总是高歌猛进、一帆风顺的，而是经历过许多曲折，甚至都有中断的危险。

第一种危险是来自内部的文化劫难。秦汉之际，中国优秀传统文化经历了一场大的劫难。先是秦朝政府"焚书坑儒""及至秦之季世，焚诗书，坑术士，六艺从此缺焉"（《史记·儒林列传》）；其后秦末汉初连年战争，造成了大量文献资料、建筑、器物等的毁灭。秦汉之后的历次国内战争，无不造成文化上的劫难。

第二种危险来自外部的文化冲击。近代以来，西方先进的工业文化侵入中国，对中国自身落后的农耕文化产生巨大冲击，使中国优秀传统文化再一次遭到了中断的危险。虽然经历了很多曲折，但由于中华儿女的坚强守护和中国优秀传统文化的坚韧品质，中国优秀传统文化最终总能化险为夷、渡过难关。

3. 不断发展

"江山代有才人出，各领风骚数百年。"中国优秀传统文化的连续不是僵化平庸的连续，而是在漫长的历史中不断发展，高峰迭出。以儒学为例，中国古代儒学由先秦孔子、孟子创立之后，虽遭秦朝的打击和汉初的冷落，但其后就进入了不断发展、高峰迭出的历程，先后出现了两汉经学、宋明理学、清代朴学等发展高峰。再以文学为例，从《诗经》《楚辞》开始，中国古代文学不断发展进步、开拓创新，创造出了汉赋、六朝骈文、唐诗、宋词、元曲、明清小说等一系列文学高峰，出现了屈原、司马迁、李白、杜甫、韩愈、苏轼、曹雪芹等一批又一批伟大文学家。这种不断发展、高峰迭出的连续性，表现出中国优秀传统文化巨大的生命活力。

（三）包容性

中国优秀传统文化能够发展不断、连绵不绝，表现出巨大生命力和创造力，与其内在的包容性密不可分。"和实生物，同则不继。"（《国语·郑语》）文化上的包容性，催生文化的生命力和创新力。中国优秀传统文化的包容性，使中国优秀传统文化能够在很长时间内不断发展而又高峰迭出，在世界文明体系中处于领先地位。

1. 对内的包容性

考古学发现，中国境内很多地方都有早期文化遗迹，这说明中国优秀传统文化是多元发生的，是在融合多种不同文化的基础上形成的，因此，中国优秀传统文化从一开始就具有很强的包容性。先秦时期，中国出现了诸子百家争鸣的生动局面，儒、墨、道、法、名、阴阳、杂、农、兵等思想流派竞相争鸣，产生了如孔子、孟子、老子、庄子、韩非子、荀子等一批思想文化巨人。先秦诸子百家的思想争鸣，为中国优秀传统文化的包容发展打下了坚实基础。汉代以来，虽然推行"罢黜百家、独尊儒术"政策，但道家、法家、阴阳家，乃至佛学思想并未受到绝对"罢黜"，而是继续产生深远影响，甚至产生了儒、释、道深度融合的情况。

与思想上的包容性一样，中华文化在艺术上也表现出极大包容性。以文学为例，《诗经》开启了文学的现实主义，《楚辞》开启了文学的浪漫主义，这两种风格在文学史上相互激荡，碰撞出无数耀眼的火花。没有这种艺术风格的包容性，就难以出现如李白、杜甫、白居易、苏轼、曹雪芹等风格各异的文学巨匠。

另外，对外的包容性还表现在对周边少数民族文化的吸纳融合上。梁启超说："华夏民族，非一族所成。太古以来，诸族错居，接触交通，各去小异而大同，渐化合以成一族之形，后世所谓诸夏是也。"（《饮冰室合集》）中华民族的疆域由小而大、人数由少而多，这个过程就是中原"诸夏"在文化上不断融合吸纳周边"蛮夷文化"，化"外"为"内"的过程。这种情况最典型的是东晋和南北朝时期的文化融合。西晋末年，北方少数民族大举入主中原，胡汉文化激荡融合，中原汉文化包容吸纳了来自北方草原的"胡文化"。"野蛮但充满生气的北族精神，给高雅温文却因束缚于严格传统而冷淡僵化的中国文化带来了新鲜的空气。"魏晋南北朝时期对外来文化的吸纳融合，为璀璨繁荣的盛唐文化打下基础。

2. 对外的包容性

自古以来，中国优秀传统文化对外来文化都有种兼容并蓄的包容精神。中国传统文化对外的包容性表现在中华文化对佛学的吸纳创新上。中华文化历史上吸纳过许多外来宗教，而对佛学的吸纳创新最为成功。东汉明帝时期佛学开始传入中国，其后在中华大地上开花结果，甚至出现"南朝四百八十寺，多少楼台烟雨中"（杜牧《江南春》）的盛况。佛学的融入，对中国的语言、哲学、文学、建筑、艺术等文化样式产生了深刻影响。

（四）民族性

文化是民族的主要标识，不同民族拥有不同文化。张岱年认为："文化的民族差异可以从人与自然的关系、民族关系、家庭关系、宗教关系等方面来分析。"中国优秀传统文化在处理人与神关系、人与自然关系、人与人关系和民族与民族关系等方面，表现出下面几个显著特点。

1. 尊人远神

中国在远古时期也产生过原始宗教和鬼神崇拜。殷商时期，"殷人尊神，率民以事神，先鬼而后礼"（《礼记·表记》）。西周代殷，其创立者吸取殷商灭亡教训，由尊"神"转为"尊人"。《左传·庄公三十二年》上说："国将兴，听于民；将亡，听于神。"孔子也说："务民之义，敬鬼神而远之，可谓知矣。"（《论语·雍也》）这都明确表现出重人轻神的态度。敬鬼神而远之尊人民而近之，是西周之后的主流思想。虽然魏晋之后道教、佛教兴盛，但儒家思想一直是主流意识形态，中国始终没有出现全民性的宗教。中国优秀传统文化与世界上其他文化，特别是基督教文化和伊斯兰文化相比，这种尊人远神确实是一个突出的区别。

2. 崇尚自然

在处理人与自然关系问题上，"中国文化比较重视人与自然的和谐，而西方文化则强调征服自然、战胜自然"。这种崇尚自然，首先表现为热爱自然。孔子说："知者乐水，仁者乐山。"（《论语·雍也》）陶渊明说："少无适俗韵，性本爱丘山。"（《归园田居》）李白说："五岳寻仙不辞远，一生好入名山游。"（《庐山谣寄卢侍御虚舟》）这都表现出对自然的热爱。崇尚自然，还表现为保护自然。孟子说："不违农时，谷不可胜食也；数罟不入洿池，鱼鳖不可胜食也；斧斤以时入山林，材木不可胜用也。"（《孟子·梁惠王上》）荀子也说："草木荣华滋硕之时，则斧斤不入山林，不夭其生，不绝其长也。"（《荀子·王制》）为了保护自然，中国古代甚至还设立了专门保护自然的官员，即所谓"薮泽之薪蒸，虞侯守之"（《左传·昭公二十年》）。

3. 注重道义

在处理人与人的关系上，中国优秀传统文化表现出注重道义的特点。中国人常说"见义勇为""仗义执言""义不容辞""舍生取义"等，都表现出对道义的重视。注重道义，首先是在与"利"的对比中做出的选择。"天下熙熙，皆为利来；天下攘攘，皆为利往。"（《史记·货殖列传》）但取利要有道，所以孔子说："不义而富且贵，于我如浮云。"（《论语·述而》）清代颜元批评"义"与"利"的分裂，主张"正其谊以谋其利，明其道而计其功"（《四书正误·卷一》），但也把道义放在很重要的位置。注重道义，还是在与"力"的对比中做出的选择。孟子说："以力服人者，非心服也，力不赡也；以德服人者，中心悦而诚服也。"（《孟子·公孙丑上》）所以他赞赏"居仁由义"而能"威武不能屈"的大丈夫。当然，中国优秀传统文化也不反对使用"力"，但也要师出有名、道义为先。

4. 追求和谐

"礼之用，和为贵。"（《论语·学而》）中华民族自古以来是一个爱好和平的民族，追求"百姓昭明，协和万邦"（《尚书·尧典》）的理想。"和"可以说是中华民族在处理民族与民族、国与国关系时的一种高尚的追求。春秋战国时期，各诸侯国"争地以战，杀人盈野；争城以战，杀人盈城"（《孟子·离娄上》)给国家和百姓造成深重灾难，因此许多思想家极力反对战争、呼吁和平。儒家提倡"远人不服，则修文德以来之"（《论语·季氏》）。墨家主张"非攻"，反对一切侵略战争。道家不崇尚武力，老子说："夫兵者，不祥之器，物或恶之，故有道者不处。"（《道德经》第三十一章）这种追求民族间、国家间和谐的思想，也充分体现在了实际中。汉唐通过"和亲"加强与邻邦的友好关系，明代郑和七下西洋对沿途国家秋毫无犯，就是这种思想的生动反映。

（五）内涵丰富

中国优秀传统文化不仅指中国传统文学，还包括中国传统节日、传统建筑、传统思想等。时至今日，我们可以跟随文人的脚步去感受《诗经》《楚辞》、唐诗、宋词、元曲、明清小说，在不同的节日里以特定的形式感受时间的流动与生活的舒适，也可以在中国的大江南北感受中国的独特建筑以及不同地区的特定民俗。关于博大精深、内涵丰富的中国优秀传统文化，无法用简单的话语话陈述清楚，但在人类历史的发展进程中，中国传统文化正在被越来越多的国家认同与学习，这与中国优秀传统文化丰富的内涵和精深的内容密不可分。

（六）注重实用

中国文化是一种典型的大陆型农业文化。几千年来，以农耕为主的生产方式和生活方式形成了中国文化注重实际、追求稳定的特点。这种以农为本的务实精神，在一定程度上造成了中国传统文化中的一个重要倾向——重农抑商。这种传统既导致了中国从古到今都是一个农业大国，商业不够发达；也导致了中国在现代化进程中不像西方资本主义国家那样重视工商业，现代化进程比较缓慢。但另一方面，这种传统也是符合中国国情的。中国始终是人口大国，吃饭穿衣问题不解决，一切都无从谈起。直到现在，我们依然把农业问题放在国家发展的首位。习近平也指出，"手中有粮，心中不慌""我国是个人口众多的大国，解决好吃饭问题始终是治国理政的头等大事"。"十三五"规划也强调："坚持最严格的耕地保护制度，坚守耕地红线，实施藏粮于地、藏粮于技战略，提高粮食产能，确保谷物基本自给、口粮绝对安全。"所有这些，都反映和体现出了中国人的务实精神。

另外，中国远古女娲补天、夸父逐日、大禹治水、精卫填海、愚公移山、钻木取火等熟为人知的神话传说故事，折射出来的也是中国传统文化所追求的实用精神。在中国儒家、道家、佛家的三大思想体系中，也都体现出了相应的实践精神，特别是儒家思想，其追求的根本目的是教化，而非宗教，孔子穷其一生所关注的基本都是人事，而不是鬼神，是人的生前之事，而非死后之事。

综上所述，中国优秀传统文化所包含的精神、制度、物质三个层面的基本内容，所具有的系统性、连续性、包容性、民族性及内涵丰富、注重实用等主要特征，使它具有巨大的当代价值，对于当代中国乃至世界都具有重要意义。

第三节　中国优秀传统文化的重要思想与基本精神

一、儒家思想的发展历程与重要影响

儒家文化是中国传统文化的重要组成部分，儒学也是我国历史发展最悠久的学派之一。儒家思想从创立起经历了几千年的历史变迁，在我国古代封建文化中扮演着重要角色，并随着社会发展、生产力的进步不断地适应统治者的要求和普通百姓的物质文化需要。下面笔者将对儒家思想的发展变化进行具体论述，并对儒家思想对中国的影响进行初步分析。

（一）儒家思想的产生及发展

孔子开创儒学已有两千五百多年的历史，伴随着社会的发展、生产力的提升，儒学从形式到内容都在不同时期发生了相应的变化。笔者将从先秦时期、两汉时期、宋明时期、清朝时期等重要的时间节点，来阐释儒学在不同时期的具体内容及发生的变化。

1. 先秦时期

在这一时期，孔子开创了儒学。想要了解孔子开创的儒学，我们不妨先来了解一下孔子所生活的年代。孔子出生约于公元前 551 年的鲁国陬邑（今山东省曲阜市），约生活于春秋晚期。在那一个时期，礼乐制度开始崩坏，天子大权旁落，各诸侯心怀野心，互相争霸。正是在这种背景下，孔子通过研究周礼，提出了自己关于"仁"的概念，目的是维护当时的社会秩序，鼓吹恢复周朝前期的礼乐制度。那么，何为"仁"？"仁"用现在的话来解释就是"爱人"，这是孔子在研究周礼时，通过宗法制中的孝悌观念而得到的思想，并把它作为自己思想观念的核心。"爱人"要求人们"己所不欲，勿施于人"（《论语·卫灵公》），同时要"己欲立而立人，己欲达而达人"（《论语·雍也》）。那么，怎样做才能做到这一点呢？孔子又提出了"一日克己复礼，天下归仁焉""为仁由己"（《论语·颜渊》）。同时，孔子还提出个人在社会中的行为准则"非礼勿视，非礼勿听，非礼勿言，非礼勿动"（《论语·颜渊》）。

作为儒家思想的集大成者，孟子和荀子也提出了自己对于儒家思想的想法和观念。孟子和荀子都生活在战国时期，相比于孔子所生活的春秋晚期，此时的社会更加动荡，战争频发，旧有的社会秩序已经分崩离析，而新的社会秩序尚未建立。这里，我们可以把儒家思想整个概括为"政"和"教"两类，孟子的主要思想偏向于"政"，他提倡"施仁政""进义退利"。而荀子则偏向于"教"，因此他尊敬师长而重礼。他提出"礼者，所以正身也；师者，所以正礼也"。同时，他又认为"礼者，法之大分，类之纲纪，故学至于礼而止也"。从这里我们不难看出，这一时期儒家思想的主流是偏向于仁义或者礼乐，都带有浓烈的理想主义。这样寄希望于统治者个人素质及自觉性的政治主张，在当时战争频发、社会动荡、礼崩乐坏的特殊历史时期，显然是与社会环境格格不入的。

公元前221年，秦朝建立，秦朝采纳法家的思想而治国，后来的"焚书坑儒"事件，使得儒家文化在历史上第一次跌入了谷底。

2. 两汉时期

秦朝末年，大量农民参加起义以反抗秦的暴政，最后由汉高祖刘邦推翻了秦王朝，鼎定天下，建立了汉王朝。汉朝初年，统治者吸取了秦亡的教训，在治国方面采纳了道家黄老的无为之治，休养生息。汉朝虽然推崇黄老的无为思想，但是依然重视儒家思想的效用：这一时期，儒学的主要作用就是传授历史文化知识。儒家的经典著作《诗》《书》《春秋》等，都在当时得到了统治者的充分肯定和重视。

汉武帝即位后，他听取了董仲舒的建议"罢黜百家，独尊儒术"，同时设立"五经博士"，凡是不尊六艺、习孔子之术之人"悉去之"。这里值得一提的是，董仲舒所指出的儒术，显然已经与先秦时期的儒术有所区别了，这里的儒术是他和汉代初年几位儒学者继承前代并且发展了的儒术。这里的儒术吸纳了道家、墨家、阴阳家等各个学说的长处，从而发展成为董仲舒心中最理想的儒术。这里的儒术提倡"天人合一"，这种思想显然已经与先秦时期孟子的"施仁政"、荀子的礼法并重所不同，但这种理论不仅继承了先秦时期的理论成果，而且吸纳了墨家"兼爱""非攻"的理论，还将阴阳五行学说以及墨家某些带有宗教色彩的理论都吸收了进来。因此，阴阳五行学说也成为汉代以后儒家思想中不可或缺的一部分，为儒家思想的发展注入了新鲜的血液，使其焕发了活力。

此后，儒学发展进入新的阶段，董仲舒对于儒学的发展不仅致力于理论方面，更是把儒学与政治制度结合在一起。东汉时期，儒学不但成为人民所必需遵守的道德规范准则，更成为社会政治制度的律条。东汉晚期，政治腐败，社会黑暗，政治制度化了的儒学逐渐成为一个沉重的枷锁，束缚了人们的感情，随着儒学的衰败，东汉王朝也随之走向末路。

3. 宋明时期

魏晋南北朝，儒学的发展再次跌入谷底。到唐朝初年，政府官方大力发展道教，倡导黄老之学；唐中期以后，佛教、道教大肆盛行，对广大百姓及士大夫修身养性产生了非常大的影响。与此同时，藩镇割据，中央集权受到极大的威胁，在此影响下，许多儒学者开始重新向社会倡导孔孟之道，韩愈就是其中之一。到了宋朝，朱熹成为儒学的集大成者，我们称其学说为"理学"；到了明朝，王守仁成为儒学的代表人物，我们称其学说为"心学"。

宋明时期，重振儒学并且加以发展，使得这一时期的儒学不仅具有社会政治制度的功能，还具备了作为伦理道德使人修身养性的社会功能。宋之"理学"，以朱熹作为其代表人物，他重视个人修养，视名节如生死，故有"饿死事小，失节事大"的说法，此外，他还鼓励人们"存天理，灭人欲"；明代王守仁、陆九渊的儒学思想又被称为"陆王心学"，王守仁认为"心即理也"，以及"于事事务务上求至善，却是义外也，至善是心之本体"（《传可录》）。因此，他批判了"格物致知"这一理论，提出了"致知格物""格者，正也"，用心去感知善，去感知世间万物。这样的唯心主义思想让人们认为，世间皆是善人，是非善恶都出于"本心"，这有利于人的个体的充分解放，但是，这也迅速导致了社会不良风气的快速盛行。

总之，此前以中央集权制度为基础的儒学，在宋明两代更加强化了它在社会政教两方面的作用。

4. 清朝时期

清代的儒学从宋明的性理之学逐渐转变为考据之学。在这里，不得不提到明末清初的三位儒学家，即顾炎武、黄宗羲和王夫之。首先顾炎武主要强调"经世致用"的实际学问。他主张把实际问题与理论研究相结合，试图改变那一时期不正的学术风气，他著有《天下郡国利病书》一书，提倡"实学"批判宋明理学。黄宗羲提倡"法治"反对"人治"，反对重农抑商，他的思想震动了当时的学术界，对晚清民主思潮的兴起也有一定的影响。而王夫之则认为"气"才是物质实体，"理"是客观规律；提出"气者，理之依也"和"天下惟器"的唯物主义观点，同时对朱熹的理学和王守仁的心学，提出了批判。到了清朝中叶，考据之风更盛，盛行一时的学派有乾嘉学派等。

而到了晚清，中国饱受列强欺辱，逐渐沦为半殖民地半封建社会。在这样的环境背景下，面对挑战，儒学家主要分为了三个流派：一是宋学派。他们主张"经世致用"，其中影响最大的莫过于"中学为体，西学为用"的思想，以这一思想为主导开展的洋务运动对晚清政治格局产生了极大的影响。二是维新派，他们以维新变法的领导人物康有为为代表，打出"尊孔复古"的旗号，实际是为他们的政治主张奠定思想基础，同时，他们还将西方进化论的思想与我国传统儒学相结合，提出了一套进化史观。三是国粹派。代表人物有章太炎、邓实等，他们主张注重宣传中国传统文化，并且宣传儒家重"夷夏之防"的思想，借以鼓吹反清排满的民族主义，认为古文经学优于今文经学，同时批驳康有为的孔子托古改制说，以反对改良。当时，社会上有不少人都力求向西方学习，一味排斥中国传统文化，但他们认为只有国粹才是真正的救国之方，他们抨击新文化运动，带有浓厚的复古色彩。

（二）儒家思想对中国的影响

1. 儒家思想对中国传统文化的影响

自孔子开创儒家学派以来，发展至今已经有两千五百余年的历史，儒家思想所传承的经典并非单一的流派或者某一个宗教的经典，它吸纳了中国数千年历史长河中的百家思想，并不断发展，可以说儒家思想是整个中华文明的经典。自汉代"罢黜百家，独尊儒术"以来，儒家思想在我国历朝历代的治国安邦、追求长治久安的需求下发挥了巨大作用。虽然儒家思想也曾衰落过，但它长时间作为我国社会的主流思想并非偶然，可以说儒家思想经过两千多年的发展，是以中国历史的发展经验总结为基础的，是被人民选择的，它符合中华民族两千多年来的社会发展需要。

那么儒家思想何以成为我国传统文化的主流核心价值观呢？原因在于，儒家思想符合中国古代人民的历史文化环境和生存环境。首先，我国自古以来就是传统的农业国家，男耕女织的农业文明十分发达，在这样的背景下，形成了以家族宗法为主要形式的生产生活单位，儒家思想的主要内容恰好契合了这一点；其次，古代我国又是以中央集权的大一统的封建王朝的形式而存在的国家，而儒家文化恰恰符合统治者治理国家的需要，因此，儒家思想受到统治者的重视。"修身，齐家，治国，平天下"，这种理念正好适合我国古代社会发展和稳定的需要。

中国自古以来被称颂为"礼仪之邦"，这也与儒家文化有着密切的关系。孔子有云"朝闻道，夕死可矣"，孟子也曾说过"舍生而取义"，从中我们不难看出，儒家思想历来重视人们对于自身品格和修养的塑造与提升，如孔子、孟子把自己对道德和真理的诉求看得比自己的生命更加重要。这种思想很快就在社会中形成了一种风气，大家都崇德尚义。在这种社会风气的长期推动下，就逐渐形成了一种精神文明规范体系，我们称之为"礼"，"礼仪之邦"的社会面貌也就由此形成了。

总之，儒家思想在传承和发展中华文明中起到至关重要的作用，在塑造中华民族精神、培养中华民族气质上贡献了不可磨灭的力量，这在学术界已被公认，这也说明了儒家思想在我国传统文化中的地位是不可动摇的。

2. 儒家思想对现代文明的影响

实现社会主义的现代化和中华民族的伟大复兴是我们当前社会的主要任务。而儒家思想与现代化的经济、政治制度并不相悖。

首先，我们从民主与科学这一角度来看儒家文化。儒家思想的开创者孔子本身就非常注重学习，并且从宋代以来，朱熹等人也一再强调"格物致知"，这些都为近代西方先进的科学知识进入中国打下了坚实的思想基础。古代儒学家也一直鼓吹"民本"思想，虽然儒家的这一思想与近代民主政治之间有着不小的差距，但是在价值取向上是可以通向近代民主之路的。因此，中国近代的实践证明，我国以儒家思想为主导的传统文化是可以融合西方近代的民主与科学的。

其次，在第二次世界大战之后，东亚儒学文化圈中的各国经济快速发展；到了 20 世纪 90 年代后，我国经历了改革开放、经济腾飞，证明了实现现代化并不需要摈弃本国的传统文化，受儒家文化熏陶多年的国家及社会完全有能力通过自己的努力实现现代化。

再次，"兴国安邦""长治久安"也是儒家文化的主要思想之一，这一思想对于我国现代文明的建设更是有着极大的影响和意义。在当今的中国社会，社会主义市场经济的发展成为主流，经济迅速腾飞，中国一跃成为仅次于美国的世界第二大经济体。但就在这一社会背景下，社会风气愈加浮躁，人们的精神世界极度空虚。而儒家思想的价值理性则正好可以适应当前社会对道德规范和精神文明的需求，它可以填补人们内心的空虚，丰富人们的精神世界，这样就可以与当前社会的市场经济相互补充，使精神文明追上物质文明的步伐。

最后，在经济高速发展的同时，社会中人与地之间、人与人之间的关系也发生了新的转变。因此，在稳定人心方面，儒家思想起到了非常大的作用，它提供给人们的社会道德规范以及文化的归属感使人们能够安身立命，沉下心来工作和学习。这是一些外来文化和宗教所不能够代替的。

需要我们注意的是，儒家思想也并不完全正面没有瑕疵，任何文化都有好的一面和相对不好的一面，这就需要我们用心学习，取其精华，去其糟粕。对于传统文化的精华，我们需要大力弘扬，让社会变得更加和睦。对于儒家思想中的糟粕，首先，我们应该正视，不应该否认其是儒家思想中的一部分，只有这样才更有利于认清其本质，摈弃之；其次，我们无需强调儒家思想中的糟粕，而是应该大力宣传儒家文化中正面的思想，加强正面思想的宣传。

值得一提的是，儒家思想中的精华和糟粕，有时不能简单地区分开来。比如说，儒家思想强调集体大于个人，这是正确的，但忽视个人是其不足；儒家思想强调道德教化，但忽视法制是其缺点。因此，对于儒家思想有时不能一概而论，需要辩证地看待。

总之，儒家思想从古至今都不是一成不变的，每一个历史时期儒家思想都会随着社会环境的变化而发展。因此，用心学习，努力把儒家思想与当代文化融合起来才是儒学发展的最终方向，这样才会使我国传统文化一直富有生机，被一代代传承下去。

二、中国传统文化中的人性

人性问题是中国哲学中的重大问题，是"中国伦理思想体系的基础"。儒家最早关注了人性，提出了性善性恶的理论预设。这里存在一些问题：为什么人性问题到了春秋战国时期才被关注，才有各种各样的人性观点？难道西周之前就没有对人性的思考吗？对此问题的回答涉及中国传统文化的人本转向问题。西周之前人们更多信奉的是天，西周之后，天的至高无上地位逐渐被人取代，统治者开始强调礼乐教化的作用。随着西周的衰落，各种僭越礼制的行为导致了社会混乱。如何恢复和谐稳定的秩序，成为当时知识分子思考的核心问题之一。而社会治乱的根由在于现实生活中的人如何作为，这就涉及了人的根本性问题。

于是，早期的儒家就开始从根本——人性上来思考人的问题了。这种对人性的思考，是他们教育理论的前提和基础。孔子说"性相近也，习相远也"（《论语·阳货》），先天的人性是相近的，没有太大差别，由于受到的影响不一样，因而产生了很大差别。先天人性到底在什么样的维度上是相近的？是恶的，还是善的？孔子并没有说明。有人通过《论语》中的有关论述，认为孔子是性善论，也有人认为孔孟思想极为一致，孟子作为孔子思想的发扬者，明确提出了性善论，应是继承了孔子关于人性的看法。理论上的争论我们暂且不管，值得关注的是"习相远"，其是开展人的教育的根据。这就如子夏在与孔子讨论《诗经》中说的话"巧笑倩兮，美目盼兮，素以为绚兮"（《论语·八佾》）时，孔子说的"绘事后素"。"绘事后素"就如同在白纸上作画，这就是教育。既然要通过教育为人性涂色，就不能有选择地去做，就要做到有教无类，并坚持用"文、行、忠、信"等正确的内容去影响教育对象。

孔子之后，孟子明确提出了人性善。孟子认为，恻隐、羞恶、恭敬、是非所组成的"四心"是"非由外铄我"的天生本性，人如果没有这些善端就不是人了。人性为什么天生就是善的？孟子举了一些例子，如看到孩子马上要掉到水里，每个人都有惊恐同情的心理，这种心理的产生并非因为与孩子的父母认识，也并非为了得到乡党的赞誉或者不喜欢孩子的哭叫声等外界原因，而是人性使然。因此，孟子说"人性之善也，犹水之就下也。人无有不善，水无有不下"（《孟子·告子上》）。这里，有一个问题：既然人性是善的，为什么不能做到初心不改呢？为什么社会上还会有坏人的存在呢？对此，孟子说了，人性虽然是善的，但人在现实生活中，口、耳、目、心等总会受到外界的诱惑，人总要受后天环境的影响。因此，要通过教育来"求其放心"，寻找那被放逐了的初心和善端。

孟子的心性学说影响深远，后世董仲舒、李翱、张载、"二程"、朱熹、王阳明等人进一步对人的本性扩充深化，特别是宋儒对人性的认识更为深刻，把人性与天性贯通起来进行考量，形成中国文化中蔚为大观的心性理论。这里我们暂且不讨论性善论的观点是不是先验的，只从这个假设的重要意义来看，它的作用就极其巨大。这种人性假设赋予了中国传统文化以美的色彩，深刻影响了中国传统教育的进路和文化的传统，使它们呈现出道德主义的倾向，这与西方性恶论与原罪说影响下的文化传统截然相反。

与孔孟相区别的人性论，还有告子的人性无善恶和荀子的性恶论。由于告子的人性论对后世影响不大，在此不再阐述。与孟子相反，荀子提出了人性是恶的观点。在《性恶》篇中，他针对孟子的观点进行了一一反驳，他认为人性"乃天之所学而能，所事而成"。在荀子看来，人"生而有好利焉""生而有疾恶""生而有耳目之欲"，这些都是与礼义相反的，因而人性为恶。也许荀子的人性假设不及孔孟那样受到更多人的欢迎，但荀子的思想更是教养哲学的体现。他的这种人性低估为教育的必要性提供了更为重要的逻辑起点和思维空间：正因为人性恶，"君子之学"才成为扭转人性中"偏险不正""悖乱不治"的必然。荀子人性恶的思想也深刻影响了韩非和李斯，他们所提倡的法治从另一个方面引导着教育的发展。

无论先秦儒家对人性善恶做何界定，他们都肯定了"天地之性人为贵"，都把人性当作人学的一个出发点，进而强调要在"礼乐崩化"争霸斗强的不道德社会培养出内外兼修的道德之人。他们和后世诸子对人性的深刻认识开启了中华文明向纵深发展的立论之门，为各种教育思想的产生做了理论上的铺垫。人类直到今天还处在对人性的追问之中，也许还要经历更为漫长的探索过程，但他们殊途同归于教育改变人的存在的结论则永远启迪着人类的自我发展与完善。

三、中国优秀传统文化中的重要思想

（一）"重义轻利"的人生观思想

"重义轻利"思想出现于战国后期，主要论述社会伦理规范与人们物质利益之间的关系，在历史记载的史书中有孔孟对义利观的描述。孔子曰："君子喻于义，小人喻于利。""君子怀德，小人怀土；君子怀刑，小人怀惠。"（《论语·里仁》）"饭疏食，饮水，曲肱而枕之，乐亦在其中矣。不义而富且贵，于我如浮云。"（《论语·述而》）孔子将持不同义利观的人分为君子与小人，在他的思想里，君子是将义置于个人利益之上的。

孟子也谈道："仁义而已矣，何必曰利；苟为后义而先利，不夺不餍。""君不乡（向）道，不志于仁，而求富之，是富桀也。"孟子的重义轻利思想分为三个层次：先利后义、以利说义、先义后利三个层面。随着历史的不断推进，在中国的古代、近代、现代史上有许多该思想的典型例子，如秦始皇的暴掠政策，不顾百姓，搜刮民膏修建阿房宫，为建长城徭役沉重，赋税很多，以及汉代董仲舒的"正其谊（义）不谋其利"（《汉书·董仲舒传》），近代的"立国之道，尚礼义不尚权谋，根本之图，在人心不在技艺"（《倭仁奏折》）等重义轻利的思想。纵观历史发展进程中发生的故事，我们可以清楚地了解到，那些重视百姓利益，重视国家安危的朝代或者君王会被一代代的炎黄子孙记住与歌咏。"重义轻利"思想在当今社会依旧重要，从国家层面来说，国与国之间只有尊重交往的准则，重视道义，两国之间才能在和平中发展，人与人之间的交往亦同，贪图小便宜，只顾个人利益的人难以获得持久的"朋友"。

（二）"整体主义"的国家观思想

于桂华强调"为社会、为国家、为民族的整体主义思想，是中华民族传统道德中的核心和一贯思想"。中国传统文化中的整体主义思想主要体现为"公义、公利"，"公义"指的是国家、集体道义，"公利"指的是国家、集体利益。在春秋战国时期，历史伟人便提出了"尚公"的思想，"以公灭私、民其允怀"（《尚书·周官》），"夙夜在公"（《诗经·召南》），"因民之所利而利之，斯不亦惠而不费乎？"（《论语·尧曰》），"得天下有道，得其民，斯得天下矣；得其民有道，得其心，斯得民矣；得其心有道：所欲与之聚之，所恶勿施尔也"（《孟子·离娄上》）。以上不同语句都在陈述一个观点，即将民众、国家利益放在首位，从整体角度谈及社会问题存在的原因及解决问题的办法。也正是这些思想的影响，在历史长河中留下了许多可歌可泣的故事，追寻整体主义思想的含义和起源，我们可以了解的是，整体主义强调的是国家、集体利益，为保家卫国可搁置争议、团结御敌，因此，整体主义思想即爱国主义思想的体现。

（三）"世界大同"的和谐观思想

世界大同思想是儒家思想的最高社会理想，世界大同思想和儒家最高人格理想是一致的，儒家经典《礼记·礼运》这样描述大同世界的社会景象："大道之行也，天下为公，选贤与能，讲信修睦，故人不独亲其亲，不独子其子，使老有所终，壮有所用，幼有所长，鳏寡孤独废疾者，皆有所养；男有分，女有归。货恶其弃于地也，不必藏于己；力恶其不出于身也，不必为己；是故谋闭而不兴，盗窃乱贼而不作，故外户而不闭，是谓大同。"儒家对大同社会做了具体描述，明确了在大同社会里天下是大家的，人与人之间是互助互爱的，每个人都会发挥自己的力量，所有老弱病残都有所安置。在这个社会里，所有物品是全民共有的，不用私藏，也不会有盗贼偷拿。

这样一个大同社会是令人向往的，在不同的历史时期也有先人对此提出了构想。例如，东晋时期陶渊明通过桃花源描述了对大同社会的追求，洪秀全以《天朝田亩制度》将对大同社会进行了构想，康有为以《大同书》将其思想呈现于世。

从先人的思想中，我们可回顾的是他们在努力寻求一个和谐有序的世界，在这个世界里社会富足、物尽其用、人尽其才。古代先人们追求的大同社会也正是我们今天所期盼并为之努力的。

四、中国优秀传统文化的基本精神

文化的基本精神是文化发展过程中的内在动力，也是指导民族文化不断前进的基本思想。中国优秀传统文化在悠久的历史发展进程中，积淀和形成了自己独特而伟大的民族性格和民族精神，概括起来主要有以下四个方面：天人合一、贵和持中、尊亲崇德、刚健自强。

（一）天人合一

所谓"合一"，指相互依存、对立统一。中国传统文化基本精神之一的"天人合一"，是中国人处理人与自然关系时所秉持的基本思想，也是一种关于人及人生理想的最高觉悟与境界。天人合一思想在春秋时就已经出现了，《易传》中说"太极生两仪"，《易经·序卦传》中说"有天地然后有万物，有万物然后有男女，有男女然后有夫妇"，就是肯定了人类是自然界的产物，是自然界的一部分。战国时期，儒家孟子的"天"主要是指道德之天，他的"天人合一"思想讲的是人与义理之天的合一。汉代，"天人合一"思想在董仲舒那里演变为天人感应论，提出"人副天数"说，鼓吹"以类合之，天人一也"（《春秋繁露·阴阳义》），"人之为人，本于天"（《春秋繁露·为人者天》）。所以，人的一切言行都应遵从天意，凡有不合天意者，天都会"出灾害以谴告之"。这样，在董仲舒这里，孟子的"义理之天"成了"意志之天"，且具有了主宰人间吉凶赏惩的属性。

宋明时期，儒家"天人合一"思想发展到巅峰，成为社会的主导文化思潮。张载是中国文化史上明确提出"天人合一"命题的第一人。他在《正蒙·乾称》中说："儒者则因明致诚，因诚致明，故天人合一。"由此出发，凡能体悟到人与人之间、人与物之间有息息相通、血肉相连的内在关系的人，便必然能达到"民吾同胞""物吾与也"的境界。宋代哲人突出强调了天人合一是依靠道德修养和直觉达到的精神境界。所以天人合一不仅包括了人与万物的一体性，还包括了人与人的一体性。

明清之际，"天人合一"的思想式微，明末清初思想家王夫之虽多有"天人合一"之说，其观点已包含了浓厚的类似西方主客二分的思想。

就理论实质而言，中国传统文化中的"天人合一"思想是关于人与自然的统一问题，充分显示了中国古代思想家对于主客体之间、主观能动性与客观规律性之间关系的辩证思考。但实际上，中国传统的"天人合一"的思想，其重点不在说明人与自然的关系，而是重在强调"合一""一体"，而不注重主客之分，不重视认识论。它只是一般性地为二者间的和谐相处提供了本体论上的根据，而还没有为如何做到人与自然和谐相处找到一种具体途径及其理论依据。

（二）贵和持中

中国传统文化的基本精神还包括了"贵和""持中"的思想。注重和谐，坚持中庸，和为贵，追求人自身、人与人、天与人的和谐。"中""和"思想在中国文化中占有重要地位，产生了巨大而深远的影响。

"和"的思想至迟在春秋时期就已产生，孔子对"和"给予很高的评价。他把对待"和"的态度作为区分"小人"与"君子"的标准："君子和而不同，小人同而不和。"（《论语·子路》）老子也提出："道生一，一生二，二生三，三生万物。万物负阴而抱阳，冲气以为和。"（《道德经》第四十二章）认为阴阳相互作用而构成"和"，这是宇宙万物的本质。在此基础上，先秦思想家们把"和"与"合"结合起来。随着"和合"观念的形成，中国文化经由春秋战国的"百家争鸣"，逐渐"和合"形成了儒家和道家两大学派。东汉至隋唐时期，又以"和"为贵的精神，接纳并改造了佛教。

与"贵和"思想联系在一起的是"尚中"，"和"是中国文化所追求的一种状态、一种理想境界。而达到"和"的手段与途径则是"持中"，这个"中"，一是指事物的"度"，是恰如其分，不偏不倚，即"中庸之道，不偏不倚"。儒家极为重视"和"与"中"。《中庸》云："喜怒哀乐之未发，谓之中；发而皆中节，谓之和。中也者，天下之大本也；和也者，天下之达道也。""中"与"和"相辅相成，恰当运用，就能达到万事万物的理想状态。所以，守中，不走极端，成为中国人固守的人生信条。

中庸之道被后世儒家进一步概括为世界的普遍规律，成为一种基本的处世之道，由此也就塑造了中国人含蓄、内倾、稳健、老成的独特性格，使得中国人十分注重和谐局面的实现和保持。这对于民族精神的凝聚和扩展，对于统一的多民族政权的维护，无疑起着积极作用。

（三）尊亲崇德

中国幅员辽阔，民族众多，尊亲崇德是维系国家内部各阶层成员和谐关系的主要精神纽带。它有效地把人们固定在家庭、宗族之中，并移孝于忠，家国一体，使宗法制度把中国政治权力统治与血亲道德制约紧密结合起来。

尊亲的具体要求就是讲孝悌，"百善孝为先"（清人王永彬《围炉夜话》）。孝是"善事父母"，悌指"敬爱兄长"，孝悌之心可以推而广之，由尽孝而尽忠，由敬兄而敬长。家庭血缘亲情的进一步放大，可以作为社会一般成员之间和睦相处的伦理准则。在中国封建社会，"孝"不仅是家的核心，同时，"孝"与"忠"紧密联系，高度统一。在维护宗法制度方面，"家"与"国"，"孝"与"忠"看似不同层次、不同概念的两对范畴，却绝对统一起来，绝对一致：因为"家"是"国"的基础，"国"是"家"的延伸。所以，不但要孝敬父母，还要忠于君主。

崇德就是"三不朽"，即立德、立功、立言。《左传·襄公二十四年》言："太上有立德，其次有立功，其次有立言。虽久不废，此之谓不朽。"中国传统文化中，"德"的内涵十分丰富，如仁义礼智信，温良恭俭让，礼义廉耻，忠孝节义，等等。孟子云："富贵不能淫，贫贱不能移，威武不能屈。"道德升华和人格完善必须通过"正心"和"修身"来实现。据传为孔子弟子曾参所作的《大学》云："欲治其国者，先齐其家；欲齐其家者，先修其身；欲修其身者，先正其心。"只有做到这些，才能做到"三不朽"。在"三不朽"中，以"立德"最难能可贵，它是中国人超越生命价值的永恒追求，也是成就中国人高尚人格的根本所在。要建功立业，就必须加强道德修养，具备世人推崇的高风亮节。

（四）刚健自强

《周易》云："天行健，君子以自强不息。"健，是刚健、刚强不屈的意思；自强不息，是积极向上、永不停止的意思。刚健有为、自强不息的精神贯穿了整个中国历史的进程。

《论语·子罕》云："三军可夺帅也，匹夫不可夺志也。"王阳明在《教条示龙场诸生》也说："志不立，天下无可成之事。""志"，即崇高理想，是人自强不息的精神动力。立定高远之志后，贵在刻苦努力、坚持不懈，也就是《孟子·告天下》中所说的："故天将降大任于斯人也，必先苦其心志，劳其筋骨，饿其体肤，空乏其身，行拂乱其所为。"只有付出超乎常人想象和承受的辛劳，才能成就非凡的事业，实现人生的理想目标，达到人生的理想境界。追求成功，必须具备在逆境中依然奋斗不止的精神。在中国历史上，诸如文王、仲尼、屈原、孙子、司马迁等都遭遇了不同的苦难，但最终都在不同领域有所作为，都体现出逆境中自强不息的精神。

第四节 中国优秀传统文化的社会功能

一、优秀传统文化的凝聚整合功能

文化凝聚力量，文化整合思想。国学大师钱穆说："由民族产生出文化，但亦由文化来陶铸了民族。没有中国民族，便没有中国文化；但亦可说没有中国文化，也就没有了此下的中国人。"中国优秀传统文化是中华民族共同的精神家园和文化标识，在民族精神凝聚整合方面始终发挥着重要作用。

（一）强化民族认同感

民族认同感，是民族成员对自己民族产生的认可和赞同的情感。这一情感既包括对自己民族身份的认可，即对"我属于这个民族"的认可；也包括对自己民族身份的赞同，即对"这个民族很伟大"的赞同。"认可"与"赞同"的情感相互强化，共同组成民族认同感，成为民族产生凝聚力的情感基础。这个基础牢固，民族凝聚力就强大；反之，民族凝聚力就弱小。能够强化民族认同的因素很多，民族的传统文化无疑是最重要的因素之一。

历史上，中国优秀传统文化是强化中华民族身份认同的最重要因素。冯友兰认为："在传统上，中国人与外人即'夷狄'的区别，其意义着重在文化上，不在种族上。""中华"有居天下之中、集天下之美的意思，"中华"和"夷狄"的区别在于文化，"中华民族"内在地含有文化繁荣、文明昌盛之意。《史记·赵世家》上说："中国者，盖聪明徇智之所居也，万物财用之所聚也，贤圣之所教也，仁义之所施也，诗书礼乐之所用也，异敏技能之所试也，远方之所观赴也，蛮夷之所义行也。"这段话很好地说明了，中华民族把优秀文化视为民族身份的标志，视为民族自豪的依据。在漫长历史中，中国优秀传统文化成为中华儿女不断增强身份认同、增强理想信念的精神因素，都可以看出这种强烈民族身份认同所产生的强大精神力量。近代以来，面对西方列强的侵略和欺凌，在中国优秀传统文化的滋养和激励下，中国大地各民族凝聚成强大的中华民族，最终实现了民族的独立和振兴。

当今中国，在经济全球化的浪潮中，着眼实现中华民族伟大复兴的宏伟目标，更应该强化全体中华儿女的民族身份认同，从而夯实民族凝聚力的情感基础。中国优秀传统文化是包括56个民族在内的中华民族共同创造的文化成果，是中华民族共同的文化标识，是包括海外华人华侨在内的所有中华儿女的共同精神家园。中国孔子、孟子、老子、庄子等的哲学思想，春节、清明、端午、中秋等传统节日，汉服、唐装、旗袍等传统服饰，长城、故宫、兵马俑等历史古迹，屈原、岳飞、文天祥等忠臣良将，李白、杜甫、苏轼等古典诗人，《红楼梦》《三国演义》《水浒传》《西游记》等古典小说，这些都是中华民族的文化标识，都是产生和强化共同身份认同的文化符号。传承和弘扬中国优秀传统文化，就是对我们民族文化标识的反复强调和不断确认，就是对中华儿女民族身份的反复强调和不断确认，可以极大增强中华儿女的民族认同感。

（二）整合思想认识

改革开放以来，在解放思想的大背景下，中国社会思想活跃思潮涌动，出现了思想思潮多元化的趋势。学者马立诚认为，最近40年中国产生了许多社会思潮，其中有八种社会思潮影响巨大，它们是"中国特色社会主义思想、老左派思潮、新左派思潮、民主社会主义思潮、自由主义思潮、民族主义思潮、民粹主义思潮、新儒家思潮"。存在这些大的社会思潮的同时，社会各个阶层，甚至每个人由于利益诉求的不同，在国家治理、社会建设利益分配等诸多方面存在着思想认识上的分歧。学术上的"百家争鸣"和社会思想的生动活泼是好的现象，但如果社会思想认识过于分裂，反而成为社会进步的思想障碍。特别是有些思潮和思想，严重背离中国特色社会主义道路和现代文明，其危害性不容小觑。中国优秀传统文化是中华民族共有的精神家园，在这个精神家园里，我们的社会理想、发展理念、价值观念、思维方式、审美品位、心理习惯等有着很大的相似性和一致性，这恰恰可以成为我们整合思想认识的重要基础。

例如，在社会理想方面，世界上很多民族都提出过自己的"理想国"，社会上每个人也都有自己的理想社会。为了提出一个科学而美好的社会理想，凝聚最广大人民的思想共识，改革开放之初，邓小平从中国优秀传统文化中提炼出"小康"这一概念，把"小康社会"作为全党全国各族人民共同奋斗的目标。"小康"是中华民族古已有之、中华儿女非常熟悉的概念，《诗·大雅·民劳》上说："民亦劳止，汔可小康。"《礼记》上也提出了"小康"的概念，与"大同"相对应。作为中国特色社会主义理论内的"小康"自然与中国历史上的"小康"含义不同，但事实证明，这一富有传统色彩的概念，有效地整合了人们在社会理想上的不同认识，引起了人民群众强烈的思想共鸣。

党的十九大以来，我们在全面建成小康社会目标即将实现的时候，又提出了"中华民族伟大复兴的中国梦"的概念。习近平指出："中国梦是一种形象的表达，是一个最大公约数，是一种为群众易于接受的表述。""中国梦"这一概念让人很容易联想到"文景之治""贞观之治""开元盛世"和"康乾盛世"等历史上的繁荣时期，因此一经提出就引起广泛共鸣，起到了整合思想认识、凝聚思想共识的巨大作用。目前，"中华民族伟大复兴的中国梦"的概念已经深入人心，成为中华儿女广泛认同的奋斗目标。

中国优秀传统文化具有整合思想认识的价值，但不是说要用它取消或取代其他思想认识，而是它博大精深的思想内容，包容创新的优秀品质，能够引起广泛的思想共鸣，整合思想共识，汇聚智慧力量，从而减少发展的思想阻力，增强发展的精神动力。

（三）维护民族团结统一

维护民族团结统一，既是实现中华民族伟大复兴的应有之义，也是实现这一伟大梦想的必要条件。实现中华民族伟大复兴必须凝聚中国力量，这个力量就是全国各族人民大团结的力量。我国是一个有着近14亿人口、56个民族的大国，只要保持团结统一、万众一心，再强的敌人也能战胜，再大的困难也能克服，再伟大的梦想也能实现。维护中华民族的团结统一，可以充分发挥中国优秀传统文化这个天然的坚强的文化纽带作用。

史学名著《全球通史》曾提出一个值得深思的问题："中国为什么会拥有世界上最古老、连续不断的文明？"究其原因，中国优秀传统文化是维"合"促"合"的强大精神力量，是维护团结统一的坚强精神纽带。

一方面，中国优秀传统文化中有着根深蒂固的"大一统"思想。从《诗经·小雅·北山》"普天之下，莫非王土"，到《公羊传·隐公元年》"何言乎王正月？大一统也"，再到《礼记·中庸》"天下车同轨，书同文，行同伦"，"大一统"的思想在中华民族历史上确立早、扎根深、影响远，反对分裂、维护统一的意识深深积淀在中华民族的文化心理之中。冯友兰指出："秦朝统一以后的两千多年，中国人一直在一个天下一个政府之下生活，只有若干短暂的时期是例外，大家都认为这些例外不是正常情况。"在中国人内心深处，认为国家统一是正常的，而认为国家分裂是不正常的，团结统一的思想是根深蒂固的，这就从思想深处维护和促进了民族的团结统一。

另一方面，中国优秀传统文化是促进各民族、各区域融为一体的文化熔炉。考古学发现表明，中华大地上最早散布着满天星斗般的文化区域和原始部族。在不断冲突和融合中，华夏文化逐渐成为主体，并显示出强大的包容性和先进性。随着其文化影响力的增强和辐射范围的扩大，各区域文化逐渐融合成中华文化，各少数民族逐渐融合成中华民族。中国优秀传统文化，特别是其中优秀的语言文字、文学艺术、思想理念、伦理道德、节日风俗、饮食服饰等，如同一个巨大的文化熔炉，各民族、各区域在其中交流融合，形成了民族多元一体、文化多样和谐的统一整体。

（四）激发精神力量

党的十九大报告指出："中华民族伟大复兴，绝不是轻轻松松、敲锣打鼓就能实现的。"实现中华民族伟大复兴的中国梦，推动经济社会持续发展，克服各种困难，战胜各种挑战，需要我们不断激发强大的精神力量。从盘古开天地的远古传说，到抵御西方列强的近代壮举，中国优秀传统文化积累了十分丰富的精神宝藏。传承和弘扬中国优秀传统文化，能够不断激励中华儿女继续前进，凝聚起同心共筑中国梦的磅礴力量。

1. 自强不息精神

"自强不息"出于《周易》："天行健，君子以自强不息。"古人认为，天上的星辰日夜运行不息，君子效法上天，也应自强不止。从历史上看，中华民族曾长期屹立世界民族之林的前列，中华文明曾长期占据人类文明的高峰，这与中国优秀传统文化中的自强不息精神是紧密相关的。

2. 居安思危精神

中华民族自古以来就对国家的兴衰安危有着清醒的忧患意识。孔子说："人无远虑，必有近忧。"（《论语·卫灵公》）孟子说："生于忧患，死于安乐。"（《孟子·告子下》）姜子牙说："国虽大，好战必亡；天下虽安，忘战必危。"（《司马法·仁本》）欧阳修说："忧劳可以兴国，逸豫可以亡身。"（《新五代史·伶官传序》）这些都表现了中华儿女对国家的强烈忧患意识。易中天认为："忧患是我们民族文化的底色。"正因为中华民族有忧患意识，才能够经常保持清醒，才能保持自强不息的精神状态，才能长盛不衰。

3. 勇于担当精神

在中国古代，"修身""齐家""治国""平天下"是读书人的人生追求和最高理想。在中国历史上，出现了很多具有担当精神的英雄，他们勇于担当起人民、民族和国家的责任。鲁迅说："我们从古以来，就有埋头苦干的人，有拼命硬干的人，有为民请命的人，有舍身求法的人……这就是中国的脊梁。"（《中国人失掉自信力了吗》）从大禹治水"八年于外，三过其门而不入"（《孟子·滕文公上》），到孟子"如欲平治天下，当今之世，舍我其谁也"（《孟子·公孙丑下》），再到林则徐虎门销烟的壮举，勇于担当的精神始终是中华民族的重要精神品质。正是有了这种担当精神，中华儿女才会在国家太平时居安思危，在国家危难时挺身而出，在危险面前毫不退缩，在艰难面前敢于向前，前赴后继，勇敢担起国家和民族的重担。

4. 开拓创新精神

"苟日新，日日新，又日新。"（《礼记·大学》）几千年来，中华民族生生不息、发展壮大的历史，就是一部不断开拓创新的辉煌史。思想上诸子百家竞相争鸣，文学上唐诗、宋词、元曲、明清小说接续发展，科技上四大发明相继出现，外交上张骞开通西域、郑和七下西洋，等等，都表现了中华民族的开拓创新精神。中国历史上，先后出现了商鞅变法、胡服骑射、北魏孝文帝汉化改革、王安石变法、张居正改革等变法维新，表现出中华民族强烈的开拓创新精神。近代以来，面对西方强势文明，中华民族发扬开拓创新精神，喊出了"穷则变，变则通，通则久"（《周易·系辞下》）的口号，敢于变革陈旧落后的思想，敢于抛弃不合时宜的观念，以"天变不足畏，天道不足惧，祖宗不足法"（《宋史·王安石列传》）的变革求新精神，从器物、制度、文化等方面进行了全方位的变革，终于再一次使中华民族凤凰涅槃般地屹立于世界民族之林。

上述这些中国优秀传统文化中的优秀精神，是中华民族几千年来始终能保持旺盛活力的精神之源。当前，实现中华民族伟大复兴的中国梦，全面建成社会主义现代化强国，仍需用中国优秀传统文化中的这些精神宝藏激发中华儿女自强不息、居安思危、勇于担当和开拓创新的精神。

二、优秀传统文化对现代大学生的导向作用

（一）有利于完善大学生的人格

接触和深入了解传统文化后不难发现，优秀传统文化强调人的思想道德修养，注重人的德性教育和人格的培养、完善，"讲仁爱、重民本、守诚信、崇正义、尚和合、求大同"的价值观念是优秀传统文化人格价值观的高度概括，也是当前时代人们修身养性的思想精髓，为青少年思想道德素质的培养提供了良好养分。因此，优秀传统文化中所蕴含的高尚道德是我们建设社会主义的突出优势，抛弃传统文化如同切断文化发展的根。

坚持以人为本的原则，对学生进行优秀传统文化教育，培养他们"自强不息、厚德载物""重义轻利""待人以诚""立己达人"等精神，培养他们的"仁

爱之心""博爱情怀"等优秀品质，使其养成"吾日三省吾身"的良好习惯，对引导他们坚定理想信念、砥砺他们奋斗前行、推动他们成才具有不可忽视的作用，这是我们当今以人学为指导进行大学生传统文化教育的主要目标，争取使每个大学生都能够成为"又红又专、德才兼备、全面发展的中国特色社会主义合格建设者和可靠接班人"。在优秀传统文化的熏陶下，才能促进大学生完善人格的形成，减少成长过程中所产生的矛盾和冲突，形成良好的人际关系，保留和传承中华儿女在辛勤劳动中创造的精神成果，坚定社会主义理想信念，自觉肩负起时代使命。

（二）有利于优化大学生的生活状态

人是社会的主体，人们的生活状态在一定程度上影响着社会的进步和发展，优良的生活状态能够提升人们的幸福感，促进社会的发展。随着当今时代的迅速发展，人们的物质生活能够基本得到满足，但是人的生活状态不仅仅包括人们物质生活的发展，更重要的在于人们精神生活的丰富和精神世界的满足。

由于受到各种价值观和网络文化等的影响，大学生的生活状态出现了不同的问题，承受着各种压力，对大学生的思维方式、生活方式和行为方式都具有重要的影响。优秀传统文化能够在潜移默化中对大学生们的思想观念、价值取向和认知方式等产生影响，从而改善大学生的生活状态和提高其生活境界。

一方面，大学生的传统文化教育能够提升他们的人文素养，提升他们的精神世界，优化精神状态。优秀传统文化的核心是优秀传统道德精神，在对大学生进行传统文化教育的过程中，他们能够接受传统文化的熏陶，提升自身的人文修养，丰富自己的精神世界，如"一曰礼，二曰义，三曰廉，四曰耻。礼不逾节，义不自进，廉不蔽恶，耻不从枉。故不逾节，则上位安。不自进，则民无巧诈。不蔽恶，则行自全。不从枉，则邪事不生"（《管子·牧民》）。礼义廉耻的道德规范能够增强大学生的荣辱观和责任意识等。

另一方面，传统文化教育能够优化他们的人际关系，减少人际交往的冲突。"父子有亲，君臣有义，夫妇有别，长幼有序，朋友有信"（《孟子·滕文公上》）的五伦说，流露出各种人际关系的温暖，如"君使臣以礼，臣事君以忠"（《论语·八佾》）的君臣关系，"孝有三：大孝尊亲，其次弗辱，其下能养"（《礼记·祭义》）的父子关系，"大人者，言不必信，行不必果，惟义所在"（《孟子·离娄下》）的社会人际交往原则等，无不为当今我们进行人际关系的处理提供了借鉴。

因此，对大学生进行传统文化教育，使大学生们通过传统文化理论知识的学习与实践，使其真正体会到优秀的传统文化为其生命和生活发展带来的积极意义，指导他们的学习生活，体会文化的强大作用；而且优秀传统文化中关于修身养性的道德规范思想，有利于减少大学生的精神压力、改善大学生的精神生活状态，解答他们的生存困惑，从而优化大学生的生存状态，帮助他们精神生命的成长和幸福生活的获得。

此外，对大学生进行优秀传统文化教育，从高校层面来说，能够响应国家号召，为祖国培育德才兼备的青年人才，更好地完成立德树人任务；从继承和发扬优秀传统文化方面来说，能够传承和创新传统文化，跟上时代发展的脚步，永葆活力；从国家层面来说，能够提升中国文化软实力，建设社会主义文化强国，为中国文化在世界夺得一席之地；从大学生自身来说，学习优秀传统文化，不仅能够提升他们的文化素养，优化自身的文化存在，提升自身的文化主体性，而且还能认识到自身的不足之处，完善自身人格，快速成长为一名优秀的中华儿女，报效祖国。

（三）有利于提升大学生的文化主体性

"文化主体性"的概念最早是由著名的社会学家费孝通先生提出的，指本土文化要去主动适应现代化的发展，后来也引申为本土文化在面对外来文化时，既要对自身文化充分肯定和自信，同时也要积极吸纳外来文化的优势，创新自身文化。而人在创造和享用文化的过程中渐渐意识到了自身在其中体现的价值，萌生了文化主体意识，产生了人的文化主体性，人的文化主体性的提升能够促进文化的发展和进步。人的文化主体性包括文化自主性、文化自觉性和文化自为性等，还有学者提出应包括文化自觉、文化自信、文化自省和文化自强等。总而言之，人的文化主体性属于人的主体性范畴，是人的本质力量的展现。

当今世界发展迅速，外来文化与我国传统文化的激烈碰撞使得文化的发展出现了不协调，人们的文化主体性遇到各种问题和矛盾，提升人们的文化主体性成为我国发展文化的重要内容。大学生是传统文化传承与创新的中坚力量，承担着文化复兴的重要责任，高校要增加大学生传统文化的知识储备，丰富大学生对传统文化的正确认知，才能使其从心理上自觉接受和认同优秀传统文化，对中华民族传统文化充满自信，增强文化自觉与文化自信。通过优秀传统文化教育，能够使大学生真正认识和了解传统文化的作用和当代价值，理性对待中华传统文化和外来文化的关系，并能够主动改造和创新传统文化与现实不相符合的方面，使传统文化主动适应现代化的发展，从而体现文化自省和文化自强。因此，对大学生进行优秀传统文化教育，对于增强当今大学生的文化主体意识，提升大学生的文化主体性具有重要意义。

（四）有利于大学生形成正确的价值观

文化由人创造并塑造人，优秀的文化能够丰富人的精神世界，成为增强人的精神力量的重要武器，优秀的传统文化能够为大学生正确价值观的形成提供正确的指导。大学生处于价值观形成的关键时期，在这个年纪，他们远离家庭与父母，走进校园开始独立的生活，具有较强的自我意识，急于表现自己，渴望实现自身价值，却忽略了社会对个人价值实现的意义。

同时，在改革开放的思潮中，世界多元文化价值观传入我国，大学生极易受国外个人主义、功利主义和实用主义等的影响，一旦把握不好，会发生价值观的偏差，对正确价值观的形成产生不利影响。而优秀传统文化中所包含的"仁义礼智信"的做人原则，"忠孝廉耻勇"的个人品格，"温良恭俭让"的道德规范，都是支撑中华儿女代代传承的优秀价值理念，也是至今保证中华民族不断向前发展的高尚道德价值观。

对大学生进行传统文化教育，充分发挥传统文化"以文化人"的重要作用，大学生不仅能够体会文化的博大精深，更为重要的是他们能够在思想激烈交锋的时代坚持自己的理想，坚定自身立场，维护优秀传统文化，并以此为指导实现人生价值，培养正确的价值观。

三、中国优秀传统文化的世界和平发展功能

中国优秀传统文化既属于中国，也属于世界；既具有中国价值，也具有世界价值。一方面，当今世界人类面临许多突出难题，经济增长乏力、地区发展不均、生态环境恶化等问题严重威胁着世界的和平与发展，中国优秀传统文化有助于这些问题的解决。另一方面，中国优秀传统文化富有民族特色，具有无穷魅力，是人类文化的优秀部分，能给世界其他国家的人民带来精神的享受。

（一）以和为贵的发展理念

在如何实现发展的问题上，世界历史上曾产生过两种相反的发展理念："争"的发展理念与"和"的发展理念。历史上，许多国家和民族通过"争"的方式实现富强，特别是 15 世纪以来，一些西方国家通过掠夺、战争的方式谋求国家发展，给人类带来了深重灾难，中国也曾深受其害。当今世界，局部战争不断，地区冲突频发，世界大战的危险仍在，其根源是一些国家和民族根深蒂固的"争"的发展理念。同时，人与人之"争"，人与自然之"争"，造成了个人主义恶性膨胀、生态环境严重破坏等人类难题。

与"争"的发展理念相反，中国古人主要选择了以和为贵的发展理念。《论语·学而》上说："礼之用，和为贵。先王之道，斯为美，小大由之。"《周礼·天官冢宰·大宰》上也说："以和邦国，以统百官，以谐万民。""和"在中国优秀传统文化中占有重要地位。以和为贵的发展理念包括两个方面：一是对内追求和谐发展，包括追求人与自身和谐、人与人和谐、人与社会和谐及人与自然和谐。中国古人强调："和也者，天下之达道也。""致中和，天地位焉，万物育焉。"（《礼记·中庸》）"不违农时，谷不可胜食也；数罟不入洿池，鱼鳖不可胜食也；斧斤以时入山林，材木不可胜用也。"（《孟子·梁惠王上》）这些都可以反映出中国古代追求和谐的思想。二是对外追求和平发展。中国古代在谋求国家发展、处理国际关系时主张采取和平方式。中国古人认为"以力服人者，非心服也，力不赡也；以德服人者，中心悦而诚服也"（《孟子·公孙丑上》），提倡"远人不服，则修文德以来之"（《论语·季氏》）。汉唐通过"和亲"加强与邻邦的友好关系，明代郑和七下西洋对沿途国家秋毫无犯，都充分说明了中华民族以和为贵的发展理念。

中国以和为贵的发展理念得到了世界一些著名学者的认可和重视。英国哲学家罗素认为，欧洲人的生活方式"要求奋斗、掠夺、无休止的变化，以及不满足与破坏"，"中国人发现了并且已经实践了数个世纪之久的一种生活方式，如果它能够被全世界所接受，则将使全世界得到幸福"。1988年全球75位诺贝尔奖获得者在法国巴黎发表宣言："如果人类要在21世纪生存下去，必须回到2500年前去汲取孔子的智慧。"当今世界科学技术越来越发达，武器装备也越来越先进，战争已是人类不能承受之重，中国以和为贵的发展理念正是解决冲突、消弭战火、预防战争的思想良方。

（二）公平正义的价值追求

西方有句名言："没有永远的朋友，只有永恒的利益。"这句话被西方人奉为处理人际关系、国际关系的圭臬。历史学家司马迁说："利诚乱之始也。"（《史记·孟子荀卿列传》）唯利是图的价值追求，是人类历史上许多问题产生的重要原因。当今世界，诸如恐怖主义、局部战争、贫富不均、生态破坏等问题，都可以视为唯利是图价值追求的结果。解决这些难题，必须转变唯利是图的价值追求。中国优秀传统文化中公平正义的价值追求，正确处理了"利益"与"公平""正义"的关系，能给解决当前许多人类难题以重要启发。

追求公平正义并不否定利益，而是正当处理公平与利益、正义与利益的关系，从而"兴天下之利，除天下之害"（《墨子·兼爱下》）。近年来，在处理国际关系问题上，习近平多次强调要践行"正确义利观"，指出："要找到利益的共同点和交汇点，坚持正确义利观，有原则、讲情谊、讲道义，多向发展中国家提供力所能及的帮助。""中国坚持国家不分大小、强弱、贫富一律平等，秉持公道、伸张正义，反对以大欺小、以强凌弱、以富压贫。""正确义利观"正是中国优秀传统文化中的重要内容，对当代人类正确处理"义"与"利"的关系，解决人类难题都具有重要的启示意义。

（三）辩证综合的思维方式

国学大师季羡林认为，几百年来西方文化产生许多弊端，如环境污染、生态破坏、人口爆炸、疾病丛生、资源匮乏等。如果这些问题得不到纠正，人类前途将岌岌可危。他指出："弊端产生的根源，与西方文化的分析的思维方式有紧密联系。""西方形而上学的分析已快走到尽头，而东方寻求整体的综合必将取而代之。"许多学者认同这种看法，认为中国注重辩证综合的思维方式有利于解决人类面临的许多难题。

中西思维方式各有特点。一般认为，西方注重逻辑分析，中国更注重辩证综合，表现为重整体、讲辩证、尚体悟的思维特点。逻辑分析的方法对人类文明，特别是科技文明做出了巨大贡献，并仍是当代最重要的思维方式之一。中国辩证综合的思维方式虽然被认为是中国明清以来科技落后的重要原因，但在解决当代人类难题方面也有一定优势。

一是注重从整体看局部，把万事万物看成紧密联系的整体，从而主张从局部现象观察整体问题，从整体角度解决局部问题。

二是注重以辩证促平衡，认为万事万物都体现着对立统一，只有辩证把握这些对立统一，不走极端，才能保持平衡达到和谐。比如针对生态环境问题，《吕氏春秋·孝行览·义赏》上说："竭泽而渔，岂不获得？而明年无鱼。焚薮而田，岂不获得？而明年无兽。"这就是把眼前利益和长远利益辩证统一起来，以辩证的方式促进平衡。现代人类以"竭泽而渔""焚薮而田"的方式消耗地球资源，必然造成生态环境的破坏。

第二章　中国优秀传统文化的当代价值

2017 年 1 月 25 日，中共中央及国务院办公厅印发《关于实施中华优秀传统文化传承发展工程的意见》，其中指出，要大力构建中华优秀传统文化传承发展体系，要贯穿国民教育始终。习近平也曾说过："中华优秀传统文化是中华民族的精神命脉，是涵养社会主义核心价值观的重要源泉。"从国家政策文件以及国家领导人的讲话中可以明确知道中国优秀传统文化的内在价值与作用，也可以清晰了解到传承与弘扬中国优秀传统文化的紧迫性。

第一节　新时代中国传统文化的扬弃与发展

一定文化都是一定社会政治经济的反映。在对待传统文化的态度问题上，我们既不能全盘接受，走向"复古主义"的道路；又不能全部否定，坠入"文化虚无主义"的深渊。从历史的角度看，每一种文化都是适应了当时社会的需要产生的，然而经过时间的推移和社会制度的变化，某些内容可能已经过时，不能适应现实需要，甚至成为社会发展的障碍。因此对中国传统文化，我们要进行扬弃改造和更新，才能保持其旺盛的生命力。

一、中国传统文化的历史局限性

任何事物都不可能是完美无缺的。毋庸置疑，中国传统文化也必然存在着某些不足之处，其主要表现在其历史局限性方面。习近平指出："传统文化在其形成和发展过程中不可避免会受到当时人们的认识水平、时代条件、社会制度的局限性的制约和影响，因而也不可避免会存在陈旧过时或已成为糟粕性的东西。"中国传统文化是在特定的时间和条件下产生的，而随着人与社会的不断发展和进步，传统文化中必然会有与当今社会发展需求不一致的因素，甚至是存在阻碍人与社会进步的绊脚石。

毛泽东同志曾经讲过，"一定的文化是一定社会的政治和经济的反映"。的确，在不同的历史阶段，文化所呈现出的形态是与当下经济、政治密不可分的。当然不可否认的是，传统文化也同样逃不出时代给予的局限性，作为具体历史条件下的产物，或许在特定的历史环境下符合人类社会的发展需求，然而将其原封不动地运用在当今时代，或许它就是落后的、腐朽的东西。例如受封建社会和小农经济的影响，产生的男尊女卑、女子无才便是德、小国寡民、听天由命等观念显然与新时代倡导的男女平等、独立自主、强国强军以及"幸福是奋斗出来的"等思想观念相违背。由此可见，尽管中国传统文化已有五千年的历史，蕴藏着极其丰富的思想内容，但是其自身需要通过转化创新，结合时代要求，完善并赋予其自身新的内涵，丢弃那些与时代发展格格不入的落后的思想内容，增强自身的生命力和影响力。

二、科学对待中国传统文化

在纪念孔子 2565 周年诞辰国际学术研讨会暨国际儒学联合会第五届会员大会开幕会上，习近平指出："应该科学对待民族传统文化，科学对待世界各国文化，用人类创造的一切优秀思想文化成果武装自己。"科学对待中国传统文化，就是要以马克思主义的科学方法，整理、研究、分析传统文化，切实推动传统文化的创造性转化与创新性发展。

（一）以客观的态度研究传统文化

以客观的态度研究传统文化，是对五四科学精神的继承。在五四新文化运动之中，毛子水、胡适等人提出了以科学精神与科学方法研究中国传统文化的主张，他们打破了对传统经典的盲信与崇拜，而仅将其看作学术研究的材料，并以客观中立的眼光审视之。胡适认为，以科学方法"整理国故"，应从三个方向着手："第一，用历史的眼光来扩大国学研究的范围。第二，用系统的整理来部勒国学研究的资料。第三，用比较的研究来帮助国学材料的整理与解释。"胡适倡导的"整理国故"运动，对于推动中国传统文化研究范式的现代转型产生了积极的历史作用，但也有需要反思之处。

马克思主义者对传统文化的研究整体上超越了"整理国故"运动。唯物史观既是一种社会科学方法论，也是研究传统文化的科学方法论。从唯物史观出发，文化是在一定的生产力水平及由此决定的社会关系的基础上生发出来的，它以此为生存与发展的土壤，并因其变化而发生变化。因此，马克思主义始终将文化与其所依存的现实生活世界联系在一起来考察，所以它可以充分吸收自然科学与社会科学的优秀成果，以深入而准确地认识历史文化现象。在学术史上，郭沫若、翦伯赞、范文澜、吕振羽、侯外庐等马克思主义史学家以唯物史观为指导，加之以扎实的材料搜集整理工夫，曾在中国古代史领域创获了丰硕的理论成果。在新时代，我们应继续以马克思主义科学理论为指导，加强对中国传统文化的整理与研究。

（二）以历史的态度分析传统文化

1. 以历史的态度分析传统文化，就是要辩证地对待传统文化

传统文化并不是首尾一贯的整体，而是包含着各种文化元素，因此难免鱼目混珠、良莠不齐。习近平指出："传统文化在其形成和发展过程中，不可避免会受到当时人们的认识水平、时代条件、社会制度的局限性的制约和影响，因而也不可避免会存在陈旧过时或已成为糟粕性的东西。"我们既要避免历史虚无主义与文化虚无主义的态度，充分肯定优秀传统文化在历史和现实中的积极作用；也要避免盲目尊古崇古的唯古主义态度，以免传统文化中的糟粕沉渣再起。

2. 以历史的态度分析传统文化，就是要具体地评价传统文化

历史唯物主义既是正确认识传统文化的科学方法论，也是评价传统文化的价值尺度。在历史唯物主义的视野下，所有的文化现象是在一定的生产力水平及由此决定的社会关系的基础上生发出来的，它以此为生存与发展的土壤，并因其变化而发生变化。因此，对于传统文化中的不同文化元素，要把它们放在具体的历史情境中予以具体的分析，从而分判那些曾在历史中发生过积极作用、但如今已完全失去其价值的元素，以及那些具体内容已随着社会生活的变迁而被抛弃、但其理念可以通过赋予新的内涵而仍能再焕光辉的元素。

3. 以历史的态度分析传统文化，就是要古为今用地选择传统文化

习近平指出："传承中华文化，绝不是简单复古，也不是盲目排外，而是古为今用、洋为中用、辩证取舍、推陈出新，摒弃消极因素，继承积极思想，'以古人之规矩，开自己之生面'，实现中华文化的创造性转化和创新性发展。"因此，简择、弘扬优秀传统文化的标准，就在于是否符合现代社会文明发展的方向，是否符合中国现代化建设的需求，是否可以为社会主义文化建设贡献资源。

以"孝道"为例。"孝"是中国传统文化的核心价值观念之一，中华民族对于孝道的弘扬，是出于一种自然的情感，孔子所追求的"老者安之，少者怀之，

朋友信之"(《论语·公冶长》），孟子所言的"君子有三乐"中居于首位的"父母俱存，兄弟无故"（《孟子·尽心上》），至今仍能引发人们深层的情感共鸣。但在后世的发展过程中，孝道失去了"父父子子"这种父子相对待的关系前提，而变成一种绝对的道德律令，于是产生出许多非理性的、悖于常情的内容，如"二十四孝"所宣扬的"郭巨埋儿"等。在五四新文化运动时期，随着宗族家庭制度的崩塌，传统的孝道也遭受广泛质疑。尽管如此，孝道至今仍有其情感基础与社会价值。但在弘扬孝道时，要将其本质与历史中"伦理异化"的内容区分开来，使其既能够与现代社会对于平等人格的追求相兼容，又适应现代社会结构与家庭结构的特征，从而在和睦家庭、安定社会、培养良好的个人品格与社会风气中发挥积极作用。

（三）以实践的态度推动传统文化与现实生活的融合

推动传统文化与现实生活的融合，是马克思主义思想品格的内在要求。马克思主义从诞生之日起，就具有一种现实的品格。习近平指出："实践的观点、生活的观点是马克思主义认识论的基本观点，实践性是马克思主义理论区别于其他理论的显著特征。马克思主义不是书斋里的学问，而是为了改变人民历史命运而创立的，是在人民求解放的实践中形成的，也是在人民求解放的实践中丰富和发展的。"在当今世界，人类面临着许多重大问题，如贫富差距的持续扩大、个人主义的恶性膨胀、人与自然关系的日趋紧张等。要解决这些问题，就必须积极汲取传统文化的营养元素，将其作为改造现实生活的精神力量与思想资源，为人类提供正确的精神指引。

推动传统文化与现实生活的融合，是传统文化延续与发展的内在要求。传统与现实并不是截然对立的，而是处于辩证统一的关系中。一方面，现实并不是凭空而来的，而是历史发展的一个阶段，是从过去走向未来的一个环节。因此，传统文化并不是博物馆里的陈列，而是存在于现代思想文化中的活的要素。宣传与弘扬传统文化，就是要把跨越时空、超越国界、富有永恒魅力、具有当代价值的文化精神弘扬起来，激活其内在的强大生命力，使其更好地为现实生活服务。另一方面，"人能弘道，非道弘人"（《论语·卫灵公》），传统文化不能自行延续与发展，它是通过代代传薪者与文化传统的对话解决自身所处的现实困境，而得以充实与发展起来的。因此，中国传统文化并不像某些人所以为的那样，是一成不变、封闭保守的思想体系，而是蕴含着多元的思想因素，在不同时代、不同地域呈现出多样化的文化风貌。

推动传统文化与现实生活的融合，是建设社会主义先进文化的现实要求。

我们现在正处于建设社会主义强国、实现中华民族伟大复兴的关键时期，这需要我们更加坚定自己的民族自豪感与文化自信心，充分发扬中华民族的伟大创造精神、伟大奋斗精神、伟大团结精神、伟大梦想精神，为实现伟大目标而不懈奋斗。因此，自党的十八大以来，以习近平同志为核心的党中央更加强调对中国优秀传统文化的挖掘和阐发，使中华民族最基本的文化基因同当代中国文化相适应、同现代社会相协调，使我国人民在延续民族文化血脉中开拓前进！

三、扬弃中国传统文化的基本方针

中国优秀传统文化是中华民族宝贵的精神财富，这就决定了我们在扬弃传统文化时，必须采取正确的方针，既不能全盘接受，也不能全盘抛弃。毛泽东曾经说过，"清理古代文化的发展过程，剔除其封建性的糟粕，吸收其民主性的精华，是发展民族新文化、提高民族自信心的必要条件，但是决不能无批判地兼收并蓄"。所以，我们在保持传统文化民族特色的条件下，也要以开放的姿态和宽广的胸怀博采众长。为此，扬弃传统文化时应采取以下方针：

（一）以辩证的视角看待中国传统文化

中华传统文化是中华民族几千年来智慧的结晶，是精神财富的积淀，是中国历史的缩影。但它毕竟是封建社会的文化，不可避免具有历史局限性，如不进行适当改造，有可能跟不上新时代的节拍，甚至可能成为阻碍社会前进的绊脚石。因此我们要擦亮眼睛，适当取舍，对不适合当代社会发展的因素进行合理剔除，对仍然具有促进社会进步的因素加以充分利用，力争做到"实事求是地肯定应该肯定的东西，否定应该否定的东西"。所以我们对待传统文化应从客观实际出发、实事求是、谨小慎微，才能避免走向极端。只有如此，才能充分发挥传统文化的独特魅力，凝聚社会各方力量，将中国特色社会主义文化推进到一个新的高度。

（二）以宽广的胸怀博采众长

闭关锁国只会落后挨打。文化也一样，封闭和限制只会使文化窒息。当今的世界是一个开放的世界，各种文化的交流、碰撞与融合已势不可挡，文化多元化的趋势也成为潮流，文化的交流也日益广泛。面对这种文化开放的形势，我们应当秉持积极健康的心态，面对世界，博采众长。要致力于发掘古今中外各种文化精华，实行"拿来主义"，不断吸收与整合人类所创造的一切优秀文化成果，为我所用。同时要更加注重创新，"因为传统失去了创造是要死的，只有不断创造，才能赋予传统以生命"。时代的变化与发展，社会的进步与变迁，只有不断地创新传统文化发展方式，革新传统文化内容，才能满足人民的多样化需求，才能跟上我国改革开放和社会主义现代化建设的步伐，才能更好地服务中国特色社会主义建设的伟大事业。

（三）时代性与民族性的融合

文化的民族性，显而易见指的是文化本身所体现的民族风情与民族特征，这不仅是民族文化的特色，也是区别其他文化的重要标志。传承传统文化，意即传承文化的民族特色，保持其与众不同的品格。《关于培育和践行社会主义核心价值观的意见》中指出："中华优秀传统文化积淀着中华民族最深沉的精神追求，包含着中华民族最根本的精神基因，代表着中华民族独特的精神标识，是中华民族生生不息、发展壮大的丰厚滋养。"正因为中华传统文化具有中国风格、中国特色，才能服务于全面建设小康社会和中国特色社会主义的伟大战略实践，才能成为社会主义核心价值观的思想基础。

仅仅具有民族性还不够，传统文化要想保持生命力还必须与时代结合，体现时代特性。刘云山说得好："只有深深植根于改革开放和现代化建设实践，融入亿万人民群众开拓美好未来的历史进程，才能创造出无愧于伟大时代的中华文化。"要把握好传承与革新传统文化的关系，使传统文化既保留民族特色，又具备时代特征，最根本的是做到实事求是，吸取我国六十多年的社会主义文化建设经验，吸收改革开放和社会主义现代化建设成果，大力加强公共文化建设，推进社会主义文化大发展、大繁荣。

第二节　中国优秀传统文化的当代价值

历史上，中国优秀传统文化在价值导向、民族凝聚、精神激励等方面发挥着重要作用。当代，结合国际背景、国内发展状况、全球生态环境，我国提出了"五位一体"的发展战略，其直接目标是实现政治、经济、文化、社会、生态的和谐均衡发展，根本目标是为人民生活和生产提供一个良好的环境，推动社会的全面进步。中国传统文化是古代人民在实践中形成和发展的，我们可以以史为鉴，发挥优秀传统文化的积极价值。

一、中国传统文化的宏观价值

余英时先生在其著作《文史传统与文化重建》中曾引用杜牧的"丸之走

盘"来论述他关于传统文化的一些想法。杜牧原文是这样说的："丸之走盘，横斜圆直，计于临时，不可尽知。其必可知者，是知丸不能出于盘也。"（《注孙子序》）传统形成之后，就形成了文化发展的"盘"，也为我们提供了生存的文化根源。中国传统文化不仅为当代中国人建构了文化性的存在样态，对世界其他国家也具有普遍性的意义。

（一）中国传统文化对中华民族的当代意义

在当今世界上，有两种基因可以把人与"他者"区分开来：一是基于人种学意义的生命体基因，二是基于传统学意义的文化基因。由于世界一体化进程越来越快，国家与国家之间的交流越来越频繁，有些人看起来是黄皮肤黑头发黑眼睛，虽然其外表形态还符合中国人的特征，但其价值观念、思维方式、行为习惯可能已经是西方化的了。因此，生命体基因对人类的区分已经逐渐模糊了，唯一能够甄别不同民族的就是文化基因。特别是在当前西方文化处于强势地位的时代，我们避免被西方文化同化的唯一屏障就是我们的传统文化。

陈来先生在《中华文明的核心价值：国学流变与传统价值观》中指出，中华价值观与西方近现代价值观相比，主要表现出四大特色，即责任先于自由、义务先于权利、群体高于个人、和谐高于冲突。具有这种价值观特点的才可以说是真正意义上的中国人。优秀传统文化是中华民族生生不息、发展壮大的丰厚滋养。我们要把这种"滋养"变为我们的"营养"，从而生成我们自己的独特文化标识。

几千年来，传统文化为我们提供了安身立命的精神空间。中华民族就在传统文化的浸染下繁衍发展、承继过去、开拓未来。但自近代中国被迫走上现代化之路后，传统文化受到了非理性反传统思想的挑战，传统虽然在今天看来并没有像其他文明一样被生生折断，但很多美好的东西似乎正在消失。比如在道德上，很多人似乎站在道义制高点对别人评头论足，自己却在不知不觉中沦为社会负面现象的助推者。而传统文化强调的是发挥主体性，强调高度自觉性的慎独和"讷于言而敏于行"的实践。

一切真正的历史都是当代史。在历史发展过程中，传统文化为我们提供了发展的实践基础。当前社会现实为什么呈现的是这样的态势，而不是那样的？为什么我们要坚定不移地走中国特色社会主义道路，而不是其他的邪路歪路？我们为什么必须坚持我们的制度，而不能采纳西方学者提供的"灵丹妙药"？一切皆缘于传统。因为历史虽然是过去发生的事情，但总会以这样或那样的方式出现在当今人们的生活之中。我国传统思想文化根源在社会生活本身，是人们思想观念、风俗习惯、生活方式、情感样式的集中表达。古代思想文化对今人仍然具有很深刻的影响。确实如此，马克思主义之所以能够中国化，就是因为马克思主义的主要内容和中国传统文化具有内在的逻辑一致性，比如中国传统文化强调现实世界、注重辩证法、追求大同社会、看重集体利益，而这些内容正是马克思主义的精髓。当马克思主义传入中国后，人民群众有一种天然的亲切感，容易被接纳。

中国传统文化是中国特色社会主义的历史底色，是我们发展进步的根脉所系。对当今时代的理解和认识，要从历史中找渊源，才能获得认识的根源、理解的前提，才能增强我们的道路自信、理论自信、制度自信和文化自信。

（二）中国传统文化的普遍性价值

什么是中国传统文化的普遍性呢？这里主要指的是中国传统文化的一些精神和价值对全世界的普遍适用性。自古以来，人类就在处理人与自然、人与人、人与自我三大领域的关系中发展着。进入后工业化时代，这三种关系更是引起世界范围的关注和讨论，如何处理人与自然的关系更是重中之重。面对日益恶化的生态危机以及由此所引起的人与人、个人与自我关系的变动，中西方有志之士，都把目光投向了中国传统文化。1988年，在巴黎召开的"面向 21 世纪"首届诺贝尔奖获得者大会上，75 位诺贝尔奖得主围绕"21 世纪的挑战和希望"展开讨论，得出的重要观点之一是"人类社会要在 21 世纪生存下去，就必须回到 2500 年前，去汲取孔子的智慧"。

为什么世界一流的科学家要把目光投向中国传统文化去汲取其中的智慧呢？这绝不是简单的中西文化互补问题。主要原因在于中国传统文化极为重视"和"的观念。孟子说，"天时不如地利、地利不如人和"。天、地虽然都是中华儿女极为重视的存在，但真正的落脚点，不是由人世走向天堂，而是由上天回落地上，又回到人本身。人与人之间强调"和为贵"。正是这样一种追求和谐的思想，使得中华民族一直强调与其他民族和国家和谐相处。我们早期的航海（郑和下西洋起始于 1405 年）先于哥伦布（起始于 1492 年）80 余年，并且人数众多，郑和船队一般有 27000 余人，哥伦布船队最多时只有 1000 人，郑和先后到达很多亚非国家，但我们从来没有想过把文明程度比较低、技术比较落后的国家和民族占为己有，相反给他们送去的是中国的丝绸、茶业和精美工艺品等文明成果。长城，作为早期民族融合过程中农耕文明对游牧文明的一种防御，在不经意间成为世界八大奇迹之一，代表的也是中华民族不愿意侵略，甚至不愿意与别人发生战争的一种和平期望。当然，还有其他多种理念逐渐得到广泛认可，如果真的予以吸纳的话，对人类的未来将是一种福音。

陈来先生在数年前曾提出了价值的"多元普遍性"问题。他认为东西方都具有普遍性的观念，这些观念在世界范围内都可以使用，"正义、自由、权利、理性个性是普遍主义的价值，仁爱、礼教、责任、社群、内心安宁也是普遍主义的价值"。显然，前者是西方文化提出的价值理念，但目前来看，"正义、自由权利、理性个性"仅仅局限于西方的理解，并没有得到世界范围内的承认，而"仁爱、礼教、责任、社群、内心安宁"则是东方的传统价值，这些价值目前更具有世界性的意义，因为东方文化从来都是"己所不欲，勿施于人"，中华文明对外部世界秩序的政治想象和处置态度是以"礼治—德治"为中心的。

中国文化具有的这种普遍性首先表现在人和自然的关系上。在处理人类和自然的关系上，西方文化主要体现为"崇拜自然—征服自然"；中国文化体现为"崇拜自然—协调自然"。我们所提倡的"天人合一"不仅是处理人和自然关系的准则，更重要的是人的内在性超越，对创造人类的自然的尊重和感恩，是一种"民胞物与"的价值理念，带有深深的德性伦理意识。其次，在处理国与国关系上，中国强调亲、诚、惠、容的外交理念，正是和谐文化的体现。再次，在处理人与社会的关系上，我们强调责任意识、义务为先。对社会来说，我们强调的是付出和奉献，历史上我们的发明不可谓不多，但发明者并没有拘泥于个人私利，而是与人分享，这也是为什么专利制度不是从中国产生的原因。在处理人与人之间关系上我们强调的是"己所不欲，勿施于人"，提醒换位思考，形成理解别人的实践理性。现实中，"己所不欲，勿施于人"的理念目前已在世界范围内得到了肯定，并加以弘扬。

二、中国传统文化的时代价值内涵

（一）借鉴启发价值

习近平指出："要治理好今天的中国，需要对我国历史和传统文化有深入了解，也需要对我国古代治国理政的探索和智慧进行积极总结。"中国历史悠久，积累了丰富的历史经验，形成了鲜明的发展理念，产生了深刻的治国理政智慧，这其中的优秀部分至今仍具有巨大价值，能够为今天中国的发展提供有益的借鉴启发。

1. 提供历史经验借鉴

中国历史上创造过很多值得称道的盛世，如汉朝的"文景之治""汉武盛世"，唐朝的"贞观之治""开元盛世"，明朝的"永乐盛世""仁宣之治"，清朝的"康乾盛世"等。这些时代，国家能够保持长期的社会稳定、政治清明、经济发展、百姓安居、民族和谐、文化繁荣，因此成为后世借鉴成功经验的典范。以"贞观之治"为例，《贞观政要·论政体第二》记载，当时社会"商旅野次，无复盗贼，囹圄常空。马牛布野，外户不闭。又频致丰稔，斗米三四钱"。"贞观之治"的成功经验主要有以下几点：一是以民为本，致力治国安邦。民安则国安，民富则国富，民强则国强，以民为本就抓住了治国安邦的关键，找到了富国强军的捷径。二是任贤纳谏，共图天下大治。历史学家范文澜指出："纳谏和用人是唐太宗取得政治成就的两个主要原因。"三是修德遵法，促成安定和谐。修德和遵法是贞观年间社会治理层面的两种重要理念，如车之两轮、鸟之双翼，相互配合，相得益彰，共同促成了贞观年间社会安定和谐的局面。四是崇文尚学，推动持续发展。唐初摒弃了魏晋南北朝只重门第的选官制度，把学业优劣作为选人用人的主要标准，建立优待学子和重视学习的国家制度，还组织编写国家标准教材，从而为国家长治久安奠定了文化基础。实际上，历史上的这些盛世，其成功经验是类似的，这些成功经验对于今天的治国理政依然有着重要的借鉴价值。

成功经验固然值得借鉴，失败教训更是值得汲取。恩格斯深刻指出："要获取明确的理论认识，最好的道路是从本身的错误中学习，吃一堑，长一智。"纵观中国历史，有些朝代"其兴也勃焉，其亡也忽焉"，比如秦、隋；有些朝代盛世之后逐渐衰弱，比如汉、唐；有些朝代文武失衡，比如宋代；有些朝代闭关自守，比如明、清。总的来说，他们的失败有某些共性的教训，尤其值得后世引以为戒。

2. 提供发展理念启发

中华民族在长期的发展过程中形成了极具民族特色、极为深刻博大的发展理念，对中华民族的发展壮大产生过极其重要的影响和作用，对于今天的治国理政仍具有重要启发意义。以下几个发展理念，尤其具有启发意义。

（1）"民惟邦本"的理念

"重民本"是中国古代治国理政思想的精华。早在《尚书·五子之歌》中，古人就记载了夏禹"民惟邦本，本固邦宁"的民本思想。总的来看，中国古代民本思想有以下几个层面内容：其一，把民心向背视为国家兴亡的关键。《左传·庄公三十二年》上说："国将兴，听于民；将亡，听于神。"《管子·牧民》也认为："政之所兴在顺民心，政之所废在逆民心。"。其二，把造福民众作为国家施政的重点。孔子主张："节用而爱人，使民以时。"（《论语·学而》）孟子主张实行"仁政"，要"省刑罚，薄税敛"，以达到"七十者衣帛食肉，黎民不饥不寒"（《孟子·梁惠王上》）的目标。其三，把弱势群体作为国家关照的对象。从《礼记·礼运》"鳏寡孤独废疾者皆有所养"的社会理想，到孟子对"天下之穷民而无告者"（《孟子·梁惠王下》）的特别关注，再到杜甫"安得广厦千万间，大庇天下寒士俱欢颜"（《茅屋为秋风所破歌》）的人文情怀，无不表现出对社会弱势群体的重点关照。

虽然历史上"重民本"的思想并不总能得到执行和贯彻，"民为贵，社稷次之，君为轻"（《孟子·尽心下》）的主张也往往流于口号，但这一思想毕竟得到了广泛认同，产生了积极影响。今天，我们既要从"民惟邦本"的理念中汲取思想精华，又要有所创新发展，在治国理政实践中坚持以人民为中心的发展思想，多谋民生之利，多解民生之忧，消除贫困现象，实现共同富裕。

（2）"德法合治"的理念

在如何治理国家的问题上，中国古代长期存在"德治"与"法治"之争，这尤其是先秦儒家和法家思想争论的焦点。儒家主张以"德"治国。孔子说："为政以德，譬如北辰，居其所而众星共之。"（《论语·为政》）他还说："道之以政，齐之以刑，民免而无耻；道之以德，齐之以礼，有耻且格。"（《论语·为政》）。孔子认为，在治国问题上，"法"仅能治标，而"德"才能治本应该把"德"作为治国理政的核心理念。对此，法家持反对态度，主张以"法"治国。韩非子说："国无常强，无常弱。奉法者强则国强，奉法者弱则国弱。"（《韩非子·有度》）他认为国家只有依"法"而治，才能变得强盛，因此主张"明王峭其法而严其刑"（《韩非子·五蠹》）"不务德而务法"（《韩非子·显学》）。

以"德"治国还是以"法"治国的争论在历史上深入而持久，但在历史实践中，"德法合治"实际上成为许多升平之世的治国原则。文景之治、贞观之治都是"霸王道杂之"（《汉书·元帝纪》），既注重"德"治，又注重"法"治，"德"与"法"有效结合。实际上，"德"治和"法"治是辩证统一关系。"夫礼禁未然之前，法施已然之后；法之所为用者易见，而礼之所为禁者难知"（《史记·太史公自序》）"法"是硬性规定，督促人"不敢做"坏事；"德"是柔性倡导，教化人"不愿做"坏事。没有"德"治，"法"治将难堪重负；没有"法"治，"德"治将失去保障。"德法合治"的理念启示我们，在治国理政中要处理好"法"治与"德"治的关系，既要推进全面依法治国，也应注重道德建设，打牢依法治国的道德基础。

（3）"法古革新"的理念

中国古代，在"德"与"法"之争的同时，也伴随着"古"与"新"之争。所谓"古"与"新"之争，就是在治国理政上的"法古"与"革新"之争。"法古"者认为："遵先王之法而过者，未之有也。"（《孟子·离娄上》）他们主张"利不百，不变法；功不十，不易器。法古无过，循礼无邪"（《史记·商君列传》）。与此相反，"革新"者则认为："圣人不期修古，不法常可，论世之事，因为之备。"（《韩非子·五蠹》）他们主张"苟日新，日日新，又日新"（《礼记·大学》）。在历史上，"古"与"新"之争不断发生，商鞅变法、胡服骑射、王安石变法、戊戌变法等历次变法都交织着这两种思想的斗争，深刻影响着历史的走向。商鞅变法、胡服骑射中"革新"理念占了上风，结果使秦国、赵国迅速变成军事强国。王安石变法、戊戌变法中"法古"思想占了上风，结果两次改革都最终失败，北宋王朝和清王朝也积重难返，最终走上王朝覆灭之路。

总的来说，在中国历史上"法古"理念总是强于"革新"理念，这一情况一直持续到晚清。实际上，"法古"和"革新"与"古"和"新"一样，也是辩证统一关系。"法古"和"革新"不可偏废，好的传统要继承，坏的传统要革新。近代以来，"法古"派抱残守缺，阻碍了历史发展。而一些激进的"革新"派主张革除一切传统，"全盘西化"，甚至要抛弃汉字，这也不利于历史发展。"法古革新"的理念启示我们，在治国理政中要处理好"法古"和"革新"的关系，既要勇于改革创新，又要坚守优良传统，善于从优良传统中汲取改革创新的智慧和营养。

（二）德育教化价值

改革开放以来，我国在物质文明和精神文明建设方面都取得了巨大成就。但相比而言，精神文明建设相对滞后。而加强精神文明建设，提高全民族道德素质，在全社会培育和践行社会主义核心价值观，是一项重要而紧迫的任务。中华民族历史上形成了许多宝贵的德育教化资源，积累了丰富的道德教化经验，在今天依然能够发挥巨大价值。

1.提供德育教化资源

中华民族是一个崇尚道德的民族，伦理道德在传统文化中占据至高无上的地位。《左传·襄公二十四年》提出了"三不朽"说，即"太上有立德，其次有立功，其次有立言，虽久不废，此之谓不朽"，把"立德"放在"三不朽"的首位。孔子说："为政以德，譬如北辰，居其所而众星共之。"（《论语·为政》）他把"德"放在"为政"的中心位置。正因为如此重视道德，所以中国古人提出和形成了内容丰富、体系完备的道德规范，如儒家提出的仁、义、忠、诚、孝、悌、慈、敬等。这些传统美德是中华优秀传统文化的精髓，有着深远的历史积淀和深厚的民意基础，是中国老百姓几千年来认可、赞同、习惯了的道德规范，因此它们在古代曾发挥过重要作用。当前，我们倡导社会主义核心价值观，从某种程度上说它是对中华传统美德的当代升华，是传统美德与时代精神的有机结合。因此，我们在培育和践行社会主义核心价值观的过程中，要注重用中华传统美德滋润心灵、教化大众。

2. 提供德育教化经验

中华民族自古以来就非常重视道德教育。早在夏商周三代政府就开设了"校""序""庠"等官方教育机构，进行知识教育和道德教育。春秋战国时期，孔子主张"有教无类"（《论语·卫灵公》），对人民既要"富之"，更要"教之"。孟子也主张统治者在解决了人民温饱之后，进行道德教育，"谨庠序之教，申之以孝悌之义"（《孟子·梁惠王上》）。秦汉以来，历朝历代虽然主张的道德内容不同，但都重视道德教育，视德教为立国之本。几千年来，中华民族积累了非常丰富的德教理论和实践经验，探索了许多行之有效的德教方法，对于今天的道德建设具有很好的启发意义。

近些年来，中国的教育出现了一些不好的倾向，如注重知识教育而轻视道德教育，注重道德灌输而轻视柔性教化，注重学校教育而轻视家庭社会教育等。这些偏差造成了诸如学历高而道德低、能力强而道德弱的扭曲现象。中国传统道德教育中形成的注重循序渐进、循循善诱、家训家风的教育方法，是古人在长期教育实践中探索出来的行之有效的方法，能给我们今天的道德教育以有益启发。

（三）审美娱乐价值

在中国优秀传统文化中，传统文学艺术作品不仅数量大，而且质量高，是中华民族的文学瑰宝。从内容上说，传统文艺不仅包括古代诗歌、散文、小说、戏剧等文学作品和绘画、书法、建筑、雕刻、音乐等艺术作品，还包括历史、哲学等方面的作品。如《左传》《史记》等历史著作，《孟子》《庄子》等哲学著作，都具有很强的艺术性。孔子说："《诗》可以兴，可以观，可以群，可以怨；迩之事父，远之事君；多识于鸟兽草木之名。"（《论语·阳货》）

文学艺术具有认识功能、教育功能、补偿功能、交际功能等多重功能，但最根本最主要的还是审美娱乐功能。文艺作品的审美娱乐价值，既包括直接的丰富精神生活的价值，也包括间接的提升精神品格的价值。中国传统文学艺术在今天依然具有这两个方面的巨大价值。

1. **丰富精神生活**

人类的生活包括物质生活和精神生活，人类的需要也包括物质需要和精神需要。人要满足衣食住行等生理需要，必须创造和消费物质财富。同样，人要满足精神需要，也必须创造和消费精神财富。文学艺术可能是人类最早产生、最为重要的精神财富种类之一，它通过特有的美感满足人类的精神需要，丰富人类的精神生活。鲁迅认为："由纯文学上言之，则以一切美术之本质，皆在使观听之人，为之兴感怡悦。"中国传统文学艺术，因其独特的艺术魅力，能够使人"兴感怡悦"，能够丰富人们的精神生活。今天，它依然可以通过娱乐、补偿、纾解等审美方式，缓解人们精神上的空虚、缺憾、郁闷等负面情绪，从而丰富我们的精神生活。

2. **提升精神品格**

艺术的审美价值，除直接丰富人的精神生活外，还可以提升人的精神品格。鲁迅认为，艺术可以"美善吾人之性情，崇大吾人之思想"。朱光潜说："凡是第一流的艺术作品大半没有道德目的而有道德影响，荷马史诗、希腊悲剧以及中国第一流的抒情诗都可以为证。它们或是安慰情感，或是启发性灵，或是洗涤胸襟，或是表现对于人生的深广关照。一个人在真正欣赏过它们以后，与在未读它们以前，思想气质不能是完全一样的。"朱光潜所说的"思想气质"发生的变化，就是人精神品格的提升。中国传统文艺作品，特别是朱光潜所说的"第一流的艺术作品"，可以净化人的心灵，陶冶人的情操，提高人的品位，从而提升人的精神品格。

（1）净化心灵

人的心灵不仅有真善美，也有假恶丑，艺术具有净化心灵的功能。亚里士多德认为，悲剧"通过引发怜悯和恐惧使这些情感得到疏泄"。"疏泄"又被译为"净化"，因此悲剧的这种功能被称为"净化"功能。艺术的作用犹如以水洗物，可以通过审美活动洗涤心灵上的狭隘、自私、虚荣、骄傲、仇恨、怯懦、贪婪、暴戾、嫉妒等肮脏的东西。中国传统文艺自然也具有这种功能，可以净化人的心灵。比如，我们可以从孟子"富贵不能淫，贫贱不能移，威武不能屈"

的高洁中，净化心灵中的贪婪；从杜甫"安得广厦千万间，大庇天下寒士俱欢颜"的博爱中，净化心灵中的自私；从文天祥"人生自古谁无死，留取丹心照汗青"的义勇中，净化心灵中的怯懦。中国传统文艺蕴含着高洁、仁爱、义勇、忠诚、执着等正能量，可以发挥净化心灵的价值。

（2）陶冶情操

艺术在净化心灵的基础上，又具有陶冶情操的功能。它通过艺术美对人的刺激，如烧制陶器、冶炼金属一般，激发人的某种情感，使人具有相应的操守。中国传统文艺强调"文以载道"，主张用艺术承载道义，达到思想性与艺术性的有机结合。这样的文艺作品，自然具有陶冶情操的功能。人们欣赏传统文艺的过程，也是陶冶情操的过程。以阅读传统文学作品为例，阅读苏轼的诗词文赋，我们会被他乐观豁达的性格打动，从而陶冶追求旷达的情操；阅读《红楼梦》，我们会被林黛玉、贾宝玉之间的纯美爱情感染，从而陶冶追求真爱的情操；阅读《水浒传》，我们会被鲁达、武松等好汉的侠义之举打动，从而陶冶追求正义的情操。这就是传统文艺陶冶情操的价值。

（3）提高品位

艺术的审美功能，还体现在提高人的品位上。中国传统文艺具有这样的功能。

首先，欣赏传统文艺作品可以提高人的审美品位。中国传统文艺作品数量多、质量高，我们欣赏这些作品，可以提高审美品位，提升审美素养。欣赏传统文艺作品，对于文艺创造者，可以提高创造美的能力，从而创造出更好的作品；对于文艺欣赏者，可以提高欣赏美的能力，从而获得更多的审美体验。

其次，欣赏传统文艺可以提高人的精神品位。在欣赏传统文艺作品的过程中，人们欣赏美、辨别美的能力提高的同时，会带来人精神品位的提高。例如，阅读《红楼梦》，一个人的审美品位会得到提升，同时其性情也可能会受到感染，从粗俗而变得雅致，从野蛮而变得文明，从卑鄙而变得高尚，从而使精神品位得到提高。

（四）文化产业价值

随着知识和科技对经济社会发展的影响日益深入，文化与经济出现加快融合的趋势，文化产业作为一个向阳产业蓬勃发展。21世纪以来，世界上主要大国都非常重视文化产业的发展，文化产业已成为国家间竞争的新领域。近年来，我国非常重视文化产业发展，《中华人民共和国国民经济和社会发展第十三个五年规划纲要》做出了"加快发展现代文化产业"的规划部署，党的十九大报告再次强调要"推动文化事业和文化产业发展"。中国优秀传统文化博大精深，与文化产业相辅相成、相得益彰，一方面，文化产业的发展有利于中国优秀传统文化的传承和弘扬；另一方面，中国优秀传统文化的优秀资源对于文化产业的发展也具有重要价值。

1. 为文化生产提供丰富的文化资源

文化产业的发展离不开优秀的文化资源。在文化资源中，历史文化资源是极为重要的资源。一些历史悠久的欧洲国家，如英国、法国、意大利等，其历史文化资源在其文化产业中都占有十分重要的地位。中国作为历史文化悠久的大国，历史文化资源非常丰富，这是我国文化产业发展所具有的得天独厚的优越条件。

中国虽然是历史文化资源大国，但开发和利用还非常不足。更有中国传统历史文化资源被其他国家利用的情况，如"花木兰""功夫"等中国传统文化元素被拍成电影《花木兰》《功夫熊猫》等好莱坞电影，《西游记》《水浒传》《三国志》等中国古典名著被日本游戏公司抢注为游戏商标，源于中国的端午节被韩国以"江陵端午祭"申遗成功等。这些现象充分说明中国优秀传统文化完全可以成为文化产业的优秀资源，同时也提醒我们要重视中国优秀传统文化在文化产业发展中的重要地位。

2. 为文化消费拓展强大的市场需求

文化产业的发展与消费者的文化需求数量和需求层次密切相关。一般来说，影响文化需求的因素包括消费者收入、消费者喜好、文化产品质量等几个方面。随着人们收入水平的提高，文化产品的消费占比将逐渐加大，文化消费总量也将大幅提升。与此同时，我国消费者受教育程度越来越高，这也将提升文化消费的层次。中国优秀传统文化不仅能够为文化产品的生产提供丰富的文化资源，而且可以为文化产品的消费拓展出强大的市场需求。中国优秀传统文化数量大、质量高，人们在传承和弘扬中华优秀传统文化过程中提升了文化素养，提高了欣赏文化产品的能力，从而提高了对文化产品的需求。事实表明，中国优秀传统文化作为文化产品的重要元素，促进了文化市场的繁荣。

另外，有学者曾指出我国文化产业发展中的一个尴尬现象：越来越多的中国企业挺进世界五百强，我们的文化企业却拿不出一个名扬世界的品牌；当美国大片、日本动漫、韩国电视剧攻占中国市场时，我们的文化产品"走出去"却始终步履维艰。这一尴尬现象说明了我国文化产业在世界上的弱势地位。要想改变这一尴尬现象，必须提高文化产品质量，改善文化产品形象。以电影为例，荣获第73届奥斯卡金像奖最佳外语片奖的中国古装电影《卧虎藏龙》，以中国元素为主要题材的好莱坞动画片《花木兰》和《功夫熊猫》系列，一定程度上为中华文化赢得了声誉，也为中国文化产业拓展了市场。推动中国优秀传统文化走出国门，走向世界，让世界人民体会到中国优秀传统文化的独特魅力和迷人风采，将提升中国文化产品在世界上的影响力和吸引力，为中国文化产业拓展出广阔的世界市场。

三、新时期优秀传统文化对社会主义建设事业的价值体现

（一）对社会主义政治文明建设的价值

政治文明指的是政治的不断进步和政治进步过程中取得的积极成果的总和。社会主义政治文明是人类社会政治文明的最高阶段，它主要指的是社会主义国家的执政党坚持在马克思主义及其与时代结合的产物的引领下，带领人民在实践中形成的在政治上的一种进步，包括进步过程、状态和结果三方面。一个国家走什么样的政治发展道路，除了与当前的基本国情息息相关之外，还和历史传统有很大关系。中华民族传统文化，特别是中国传统政治文化的优秀成果有助于推进我国社会主义政治文明建设。中国特色社会主义民主政治发展道路，离不开中国传统的政治环境、社会环境以及文化环境。

1. 民本思想有利于完善社会主义民主制度

民主制度的发展情况能够反映党的执政文明水平，社会主义民主制度的不断完善是党顺利实施各项政治活动的前提。目前，我国已经有了包括人民代表大会制度、民族区域自治制度、共产党领导的多党合作和政治协商制度等在内的一系列有中国特色的政治制度，奠定了民主制度的基础。民本思想具有传统文化特色，不仅在中国古代政治生活中发挥了积极作用，而且对当前社会主义民主制度的发展具有重大影响，我们需要不断发展和完善民主制度的具体细节，促进中国特色社会主义政治文明的建设。

中国的民本思想起源于远古时代，最早出现在《尚书·五子之歌》中，即"民惟邦本，本固安宁"。意思是人民是国家的主体，人民生活幸福了，社会就稳定，国家就安宁。春秋战国时期民本思想得到了较大发展，这一时期的民本思想体现在民贵君轻、安民利民、勤政爱民三个方面，出现了一批阐发民本思想的思想家如孔子、孟子、荀子，汉代思想家贾谊对民本思想进行了概括总结。虽然传统的民本思想在本质上是为了维护封建统治，但其优秀的部分值得我们借鉴。中国共产党的几代领导核心都合理地继承和发扬了民本思想。从毛泽东

提出"全心全意为人民服务"的宗旨，到邓小平 1992 年在南行讲话中提出衡量一切工作标准的"三个有利于"，江泽民的"三个代表"重要思想，胡锦涛的科学发展观，再到习近平总书记提出的"中国梦"和"四个全面"发展战略，无一不是借鉴和吸收了中国优秀传统文化民本思想的内容，把人民大众的利益放在第一位。

由此可见，民本思想为党和国家领导人制定正确的大政方针提供了参考，并成为新的民主实践原则，能够指导我们不断地完善社会主义民主制度。除此之外，民本思想可以激发公民参与政治生活的热情和信心，从而集中民智，推动我国社会主义民主制度的建设。

2. 德法兼重有利于丰富社会主义法治理念

中国传统文化历来重视德治思想，主张运用教化治理天下。中国两千年封建社会人治的特点决定了我国社会主义法治理念的发展和完善是一个长期而艰难的过程，但中国优秀传统文化中也包含法治的思想，并且德法兼重符合"以德治国"和"依法治国"相结合的治国方略。我们应该在社会主义法治建设中不断借鉴与吸收传统文化中的优秀成果。中国古代治国方略可以概括为"德主刑辅""阳儒阴法"或"王霸兼用"，既强调"德治"，重视发挥伦理道德的引导作用，但也不忽视法的惩治作用。从夏商周到明清时期，中国古代法律制度发展脉络清晰，内容虽然多以维护统治阶级为主，但从另一方面佐证了我国古代社会就蕴含了法治思想。

社会主义法治指社会主义国家坚持依法治国，表现为党依法执政、政府依法行政、公民依法行使权利履行义务。从 1949 年我国就开始了几十年社会主义法治国家建设的探索，今天，依法治国在我国的政治文明建设中被赋予了空前的地位，十八届四中全会通过了《中共中央关于全面推进依法治国若干重大问题的决定》。实现法治的第一步都是创制一套完备的法律和制度体系，做到有法可依，将国家事务的管理纳入法律和制度的轨道，公民依照法律要求行使权力、履行义务，任何公民平等适用法律，在违法时受到法律的制裁。但是如果单一强调法制会使民众对法律产生法不容情的心理认知疲倦，影响法律的实施，所以现在社会也不能忽视德治的作用。我国几代领导人都强调了"依法治国"和"以德治国"相结合，法治和德治是辩证统一、相辅相成的，用法治体现道德理念，用道德滋养法治精神，既强调法律对道德建设的促进作用，又强调道德对法治文化的支撑作用。由此可见，如果我们把传统文化中德法兼重思想融入当代社会的法制建设中，可以丰富社会主义法治理念，有利于维护良好的社会秩序。

3. 中庸思想有利于稳妥推进政治体制改革

政治体制改革是社会主义政治制度的自我完善和发展。随着经济改革深入发展，为了更好地解放社会生产力，充分发挥社会主义制度的优越性，中国共产党提出政治体制改革，希望能够建立起具有完备法治、富有效率和活力的社会主义政治体制。

中庸之道作为我国古代为人处世的重要原则之一，在治国理政中就是要坚持适度原则，不走极端，保持事物的稳定性与性质，推动事物发展。我们进行政治体制改革需要借鉴古代中庸精神，要与经济社会发展相适应，才能保证国家政治的稳定发展。如果政治体制改革背离社会经济发展，容易引起国家政局的动荡，不仅不能达到推动政治体制改革的目的，反而会影响经济发展速度和质量，不能满足人民日益增长的物质文化需要。所以，中庸思想的适度原则有助于我们去寻找一个现代文化与古代文化、中国文化与西方文化融合的"切入点"，为我们继续推进政治体制改革提供有益的参考。

改革开放四十多年来，我国政治体制改革在政治意识、政治制度和政治行为层面都取得了很大的成就。但我们必须清楚地认识我国将长期处于社会主义初级阶段的基本国情，明确党和国家在领导制度、工作方式等方面仍然有需要改进的地方，政治体制改革也并非一帆风顺。目前，以习近平同志为核心的新一代领导人特别重视"反腐倡廉"工作，多次强调要从严治党，"节用"思想可以运用在当今的政治管理中，从而加强和改进党的领导，保持政府廉洁，遏制腐败滋生。只有这样，才能不断调整社会主义上层建筑中不适应经济基础的部分，只有党和政府各领导班子切实把人民利益放在首位，人民民主才能够真正发挥作用。

（二）对社会主义市场经济建设的价值

1. 中国优秀传统文化与社会主义市场经济建设的关系

中国古代的经济形式为自给自足的小农经济，抑制了我国商业的发展；明清时期我国出现了资本主义萌芽，但资本主义经济形式并没有在我国形成；新中国成立初期，我国学习苏联走计划经济发展道路，国家管得过死，经济缺乏活力，制约了我国生产力发展；邓小平高瞻远瞩，提出市场经济并不是资本主义的专利，我们社会主义国家同样可以实行市场经济，从而解放和发展了我国生产力。每一种经济发展模式都有其利弊。虽然市场经济体制下我国生产力得到很大发展，人民生活水平得到明显提高，但由于我们国家是第一次尝试把社会主义制度和市场经济结合起来，摸石头过河，所以面对市场起资源配置作用的经济形式所带来的问题没有先例可学，我们更应该引起重视。

中国传统文化虽然是在小农经济的基础之上形成的，看似和市场经济没有任何关系，但其中蕴含的某些优秀成分正好可以弥补我国市场经济发展过程中存在的一些不足。

2.诚实守信观念能够规范市场主体的行为

市场经济是一种契约经济，某些生产者为了获得更大利润，想尽办法压缩生产成本，不惜损害了消费者的利益，生产一些假冒伪劣产品。近年来，毒奶粉、地沟油、黑心油、僵尸肉等问题层出不穷。除了受市场经济体制本身所具有的自发性、盲目性、滞后性等缺点影响之外，还有一个很重要的原因，那就是在市场经济环境下，人们为了追求自身的经济利益而违背"诚信"的原则，从而扰乱了社会主义市场的正常秩序。

为了减少上述情况的发生，首先要健全相关的法律法规，杜绝生产和销售过程中出现弄虚作假行为；其次，我们应该弘扬中国优秀传统文化中的诚实守信观念，只有让这种观念深入生产者内心，才能真正地杜绝市场中假冒伪劣等危害消费者身心安全的事情。所谓诚，即真实、诚实、实在、忠诚。《中庸》中提出："诚者，天之道也；诚之者，人之道也。"孔子孟子所认为的诚为诚实、真诚。朱熹指出："诚，实也。"真实指的是主观要符合客观；诚实指的是我们做人要讲真话，一是一，二是二；实在是指我们要一切从实际出发，实事求是；忠诚是指我们要忠于客观真理、忠于自己的信仰。《礼记·大学》中说："物格而后知至，知至而后意诚，意诚而后心正，心正而后身修，身修而后家齐，齐家而后国治，国治而后天下平。""信"刚开始是祭祀的时候要求诚实不妄言，后来发展为重要的道德规范，是"仁、义、礼、智、信"五德之一。总之，诚信就是要真实不妄，诚实不欺、言行一致、恪守诺言。

人的行为是由人的意识支配的，大力弘扬和倡导中国传统文化的诚实守信观念，在诚实守信观念支配下的市场主体的行为就能够在市场正常的秩序范围内进行，从而为生产、交换、分配、消费的良性循环创建良好的人文环境。

3.先义后利观有助于抑制拜金主义和享乐主义思想的蔓延

社会主义市场经济制度确立后，我国经济得到飞速发展，人们生活水平显著上升，人们的求利欲望也在上涨，拜金主义和享乐主义渐渐产生。拜金主义盛行会导致我们只看得见金钱看不到精神，只看得到利益看不到情义，只看得到享受看不到付出。与之相对应的是不少年轻人不思进取、贪图享受、讲究排场，工作上学习上贪求轻松，生活上追求享受，铺张浪费现象随处可见。央视曾报道，中国每年浪费的粮食有 800 万吨，可以供 2 亿人吃一年。

要清除市场经济的这些负面影响，除了大力宣传共产主义道德思想外，努力挖掘中国优秀传统文化中合理的价值观资源，古为今用，不失为一个好办法。孔子主张"见利思义""义然后取""富与贵是人之所欲也、不以其道得之，不处也。贫与贱是人之所恶也，不以其道得之，不去也"（《论语·里仁》）。强调正当谋利，君子爱财，取之有道，用之有度。这种先义后利、义利统一的观念有助于抑制拜金主义的蔓延。提倡勤劳节俭有助于人们摆脱享乐主义的心理基础，营造奋发图强、节俭有度的生活态度。

（三）对社会主义文化建设的价值

1. 中国优秀传统文化是构建核心价值观的传统基础

社会主义核心价值观不可避免地和传统文化发生联系，它的构建必须植根于中国传统文化。中国传统价值观蕴含丰富的文化精神，以人为本、和为贵、崇德重义等皆为中国几千年来文化立国的基础。孙中山先生曾在其《三民主义》中把传统道德按重要程度排序，分为忠孝、仁爱、信义、和平。他强调的这些道德应该理解为中国传统文化的核心价值观，与我们当今构建的社会主义核心价值观有相通之处。如果我们能进一步阐发传统资源，将有利于恢复民族文化自信、凝聚人心，从而促进社会主义核心价值观的构建。

首先是忠孝。忠的现代价值就是我们要忠于自己的祖国，忠于人民，《孝经》将忠孝阐述得淋漓尽致。孙中山指出，只要我们能把忠孝二字讲到极点，国家就可以强盛。其次是仁爱。仁爱思想是儒家思想的核心。"仁者，爱人。""老吾老，以及人之老，幼吾幼以及人之幼。"除儒家外墨家的"兼爱"也表达了仁爱这一思想，这些都是中国人民耳熟能详的观念。再次是信义。诚信是中国为人的基本准则，指出的是除了适用于市场经济外，政治文化领域如目前我国官场某些贪污失职、学术界剽窃抄袭、弄虚作假等现象的出现更多地也应该从个人道德低下找原因。中国传统价值观中提倡道义大于功利，甚至提倡"舍生取义"。当然，其有不合理之处，如果能够和时代结合起来，倡导利义统一，无疑对我们社会发展是有益无害的。最后是和平。中华民族向来有爱好和平的美德，传统文化中"和"文化不仅包含人与人之间，还包含人与自然，人与社会之间和谐共处，对于我们构建社会主义核心价值观中国家、社会、个人层面都是有帮助的。

2. 中国优秀传统文化是提高国民素质教育的优秀资源

现代化建设的最终目标是实现人的现代化，也就是说要立足于国民的整体素质，包括德智体美劳全面发展以及心理素质的提高。文化的本义是以文教化、人文育化，所以国民素质的提高与文化息息相关，而中国优秀传统文化是我们取之不尽的资源。中国优秀的传统思想如儒家的"外圣内王"，道家的"无为而治"，墨家的"兼爱"，法家的"人性恶"等思想，除去里面的消极部分，其本质是为了让个体成为社会层面的人。中国古代传承下来的典籍如四书五经、唐诗宋词，现在我们提倡加强对优秀传统文化课程的学习，其实就是想借此提高国民道德和文化素质。

很多行业其实是自古就有的，传统文化中有关于各行各业的书籍，能够为提高国民业务素质提供参考。孔子指出"有教无类""因材施教"对我国现在教师行业的发展还是有一定借鉴作用的；司马迁所著《史记》一书被称为"史家之绝唱，无韵之离骚"；医学著作《本草纲目》《黄帝内经》《伤寒论》依旧是从医者必读，而针灸、拔罐被一直保留至今。现代人生活节奏快、工作压力大，经常会觉得疲倦，甚至有些人出现一些身体、心理上的亚健康，古人推崇"日出而作日落而息"，坚持适度原则，很多名言警句中也蕴含着一些保持心理舒适的生活态度。

国民素质的提高还有赖于教化，中国古代向来重视教育的作用。中国传统教育的主要贡献是其价值观的塑造。"大学之道，在明明德，在亲民，在止于至善"，《礼记·大学》指出教育之道在于从德性出发直至真善美的人生境界。传统中国"视教育为民族生存的命脉"，这为我们挖掘中国优秀传统文化，最终作用到对国民素质的提高营造了一个好的氛围。综上，如果我们能充分挖掘中国优秀传统文化，并把它和当代实践结合起来，赋予其时代价值，将有利于我国国民素质的提高。

3. 中国优秀传统文化是发展文化产业的传统背景

文化是潜在的社会资源，在国内较早提出"文化力"的是贾春峰教授，他指出传统文化是文化力的组成部分。发展文化产业这一提法是在中国经济结构性调整，文化建设进入新时期的背景下产生的。十六大第一次将"文化产业"写入报告，十七大多次强调"文化产业"，说明这时我们国家已经开始着力发展文化事业，十八大强调文化产业要变成国民经济的支柱性产业，十九大提出了新时代文化建设的基本方略。从这几次重要的党会我们可以看出文化产业备受关注。中国传统文化中有很多珍贵的遗产，这是祖先留给我们的宝贵财富，为发展文化产业奠定了一定的基础。

　　首先，种类丰富的物质文化遗产是发展文化产业的实体基础。各种历史文物、建筑、著作、手稿等，既呈现地域特色，又具有价值整合的功能。其次，非物质文化遗产丰富多样。中国 56 个民族，每个民族有自己独特的语言、音乐、舞蹈和一些特色习俗，以及一些手口相传的传统手工业，这些都是珍贵的精神遗产，并且深深地带着中国特色的标签，在保护为主的前提下，依照法律和实际的需求合理开发这些丰富的文化遗产，可以发挥中国优秀传统文化的巨大作用，推动文化传承体制和经济的发展，从而促进传统文化与现代产业结合，推动文化的发展。最后，中国优秀传统文化的价值理念构成文化产业创作的灵感源泉。建设社会主义文化强国关键在于增强全民族文化创作的活力。中国优秀传统文化中一些价值理念如真善美、忠孝仁义等把它们运用到发展文化事业当中，可以推动文化产业创新，既传承了传统文化，增加人们对文化的认同感，又是传统与现实相互磨合促进传统文化去伪存真的好途径。

（四）对社会主义民生建设的价值

1. 中国优秀传统文化为改善民生提供思路

　　改善民生作为现代化建设中出现的重要议题，体现着社会主义的本质要求，民生问题的解决有利于和谐社会的构建。随着我国经济的发展，人民的物质生活已经得到一定的满足，在温饱层面的民生问题解决后，诸如教育、就业等发展层面的民生问题凸现出来。我国传统文化中蕴含丰富的民生思想，可以为新时期改善民生提供借鉴，即"以史为鉴，可以知兴替"。

　　民生指人民的生活问题。"民生"一词最早出现在《左传·宣公十二年》中，文中说"民生在勤，勤则不匮"。中国传统民生思想的内涵极其丰富，首先体现在重民贵民的民本思想上。"民为国本，食为民本"，中国传统民生思想强调以民为本，把人民看作国家的根本，而人民生活问题是其他问题的根基。其次体现在爱民亲民的养民思想上。传统民生思想强调君王要"与民同乐""先存百姓"，关心百姓疾苦。最后体现在富民裕民的安民思想上。传统民生思想强调发展农业，制定一系列惠农政策，轻赋薄敛，减轻负担，鼓励农业的发展满足人民生活需求。除此之外，强调建立学校满足人民受教育的需求。追求平均，帮助贫弱，伸张正义，缩小贫富差距，维持社会稳定也是传统民生思想的一个特点。孔子指出"不患贫而患不均，不患寡而患不安"。王安石提出"抑豪强，伸贫弱，使贫富均受其利"。社会保障方面，《礼记·礼运》中把"老有所终，壮有所用，幼有所长，鳏寡孤独废疾者皆有所养"作为一种理想的民生状态。

农耕的背景下土地的重要性越发凸显，很多改革者都通过各项政策重新分配土地，如孟子提出用井田制分配土地，洪秀全的"天下田天下人同耕，无处不平均，无人不饱暖"的大同社会观把平均主义发挥到极致。

改革开放以来，我国的民生问题得到了明显改善。生产力发展迅猛，人民物质生活得到了改善；教育科学文化事业得到了发展，教育经费投入越来越大；财政对于医疗卫生的支持力度加大，人均寿命有所提高。但是与此同时，我们又面临一些新的民生问题。物质生活好了，但是食品安全问题频出；总体生活得到改善，但是收入差距过大，房价居高不下；教育投入加大，但产业化背景下的教育质量令人担忧；医疗条件变好了，但看病难问题依旧存在。中国古代民生思想的根本出发点是为了维护封建统治，但这些思想具有朴素的人文关怀，体现了君王的民生意识。它的某些合理内核可以为我国当前政府提出的"改善民生"提供借鉴。

首先，完善收入分配制度，突出强调公平。针对目前我们国家收入差距过大这么一个现象，可以吸收传统民生思想中大同思想的合理成分——强调社会公平。提高低收入者的收入，提高最低工资标准，并且确保工资及时发到员工手上。提高扶贫标准比例，对贫困人口和下岗职工加强培训，多给予社会资源。

其次，完善经济领域的法律法规。传统民生思想更多的是体现在各政治家、思想家为国家制定的一些政策上，很多富民、惠民思想是具体而全面的。对于我国目前存在的诸如食品安全类的问题，应该用严格的法律制度、监管体系，严格的惩治政策来解决。

再次，大力发展教育事业，促进教育公平，避免教育过度产业化。传统民生思想中重视教育的作用，孔子主张"有教无类"，孟子提倡广设学校。我们国家现在虽然也很重视教育，还决定普及高中义务教育。但是我们不得不承认教育产业化之后，教育的质量在下降，并且市场经济下人们对教育的重视程度也不够。同时应该大力促进教育公平，合理配置教育资源，重点放在经济落后地区。

最后，完善社会保障体系。传统民生思想对于社会保障的思想是丰富的，既有"老吾老以及人之老"又有对鳏寡孤独的照顾，还有专门应对自然灾害的做法。今天我们的社会保障体制在完善，农村养老保险、困难群体的社会救助、低保制度等都需要丰富，尤其是对于现代人来说，关乎全国人民的更完善的健康政策应该提上议程。在住房方面给予低收入者一些政策性补贴，鼓励房地产商多建造一些小面积商品房，遏制一些富人以投资或其他名义过多购置房产，政府应加大经济适用房和廉租房的建设力度，着实稳定房价。

2.中国优秀传统文化为创新社会治理营造良好氛围

中国古代的社会管理思想以先秦时期为代表，主要包括远古的宗教神学控制论、儒家的道德约束观和礼乐治国体系、道家的无为而治主张、法家的社会控制理论。虽然在后来的两千多年社会里，有人提出过一些新的具体的社会管理举措，但是大方向并没有发生改变，儒、法结合成为主导的社会治理方式。虽然中国古代的社会治理是为了维护封建统治，更多地带有人治色彩，但不得不承认其中的合理部分可以为我们现在社会建设提供参考。

古代社会以儒家为首的国人追求无讼的社会环境，其中一个很重要的原因就是宗族等势力介入普通民众的生活中，担任社会管理职能，使得国家力量只是介入比较严重的刑事案件，很多民间纠纷就由宗族等民间力量调节。而诉讼会破坏这种民间力量，有悖于以礼治国理念。值得提出来的是，社会达到无讼状态更多的是作为一种治国追求，诉讼少在一定程度上意味着人与人之间矛盾少，社会和谐。所以从汉代开始，我国对官员的考核中就有一项是关于管辖范围内诉讼多少。但是我国古代也没有绝对地反对诉讼，我们在很多影视作品中就可以看到击鼓鸣冤。在严格控制诉讼的基础上，国家能处于一个稳定状态，与无讼思想下确立的以礼治国和家长宗族制有关。关于家长宗族制我们以前了解更多的是它束缚人性和自由的一面，但通过研究发现其在古代社会建设中起到很大的促进作用。突出的两点是：调节民间纠纷，在古代大多民间纠纷不通过司法程序而直接在本族内解决；族内福利救济，族内人员承担着经济互助的责任，很多宗族设有族田作为赈施的经济支撑。

（五）对构建社会主义核心价值体系的价值

中国优秀传统文化是社会主义核心价值体系的重要源泉，主要体现在以下几方面。

第一，"构建社会主义和谐社会"是党和全体人民的共同价值追求，这种主张就渊源于中国传统文化中的"和谐"思想。和谐，也称"和合""贵和""中和"，是社会主义最核心的价值理念，也是中国优秀传统文化之一。"和"不仅是儒家主张的哲学理念，也是我国古代各个不同的学派共同信奉的价值理念。孔子以"和"作为儒家人文精神的核心，他强调"和为贵"，主张治国处事、礼仪制度应以"和"为价值标准，要"宽以济猛，猛以济宽，政是以和"（《左传·昭公二十年》），要"君子和而不同，小人同而不和"（《论语·子路》）。孟子说，"天时不如地利，地利不如人和"（《孟子·公孙丑下》），这是追求人与人之间和谐关系的体现。老子在《道德经》中说："万物负阴而抱阳，冲气以为和"，在他看来，万事万物都包含着阴阳两个矛盾的方面，阴阳相互作用构成"和"，"和"是宇宙万物的本质以及天地万物生存的基础。墨子也提倡"和"的思想，他在《墨子·兼爱》中说："父子相爱，则慈孝。兄弟相爱，则和调。"总之，和谐思想在中国传统文化中处处可见，它为我们建设社会主义和谐社会提供了宝贵的文化资源。

第二，以"爱国主义"为核心的民族精神也吸收和借鉴了中国传统文化中的优秀内容，包含团结统一、爱好和平、勤劳勇敢、自强不息、共御外侮等内容。"爱国主义"始终是流淌于传统文化机体中的血液，千百年来，无数的爱国志士用他们的英勇事迹谱写了爱国主义的光辉诗篇。孔子的"志士仁人，无求生以害仁，有杀身以成仁"（《论语·卫灵公》），岳飞的"精忠报国"，文天祥的"人生自古谁无死，留取丹心照汗青"（《过零丁洋》），于谦的"一寸丹心图报国"（《立春日感怀》），都表明了高尚的忠于祖国、为祖国献身的人生价值观。范仲淹的"先天下之忧而忧，后天下之乐而乐"（《岳阳楼记》），顾炎武的"天下兴亡，匹夫有责"（《日知录·正始》），林则徐的"苟利国家生死以，岂因祸福避趋之"（《赴戍登程口占示家人二首》），孙中山的"亟拯斯民于水火，切扶大厦之将倾"（《兴中会章程》）都体现了个人对国家的兴亡负有义不容辞的责任的人生观。自强不息、奋发向上、坚韧不拔的奋斗精神在历史上也鼓舞了人们的爱国热情，晚清思想家王韬就有"尚戴头颅思报国，犹余肝胆肯输人"（《漫游随录·扶桑游记》）的抱负；这种精神还化为对国家事业的强烈关注，如陆游所说"僵卧孤村不自哀，尚思为国戍轮台"（《十一月四日风雨大作》），表明一心只想为国分忧的决心；这种刚健有为的精神更化为"撼山易"的一腔正气，谭嗣同临殆之前赋诗就说，"有心杀贼，无力回天，死得其所，快哉快哉"。

第三，中国传统文化积淀也为社会主义核心价值体系中的以改革创新为核心的时代精神提供了宝贵的思想素材。早在两千多年前的《周易·乾卦》中就载有"天行健，君子以自强不息"，这是进取精神的一种生动写照。在中国传统优秀文化中还一直强调一种"日新"精神。《周易·系辞上》曰"日新之谓盛德"；《礼记·大学》中有"苟日新，日日新，又日新"；"二程"则教诲："君子之学必日新，日新者日进也。不日新者必日退，未有不进而不退者"（《二程集·河南程氏遗书》卷二十五）；康有为在《论语注》卷九中也写道："德贵日新。""日新"指的就是一种与时俱进、锐意进取的创新精神。以改革创新为核心的时代精神是中华民族生生不息、继往开来的精神动力，也是激发当代中国人民社会创造活力、不断创造崭新业绩的力量源泉。

第四，中国传统文化本质上是一种德性文化，它包含的丰富且弥足珍贵的传统美德，是社会主义荣辱观的根基。源远流长的中国传统道德文化"其精要可简略地归纳为'仁、义、礼、智、信、忠、孝、廉、耻、谦'，它要求人们：要仁爱济众，不要恶意向人；要重义轻利，不要见利忘义；要守礼修身，不要无礼莽撞；要睿智博学，不要孤陋寡闻；要诚实守信，不要失信于人；要忠仁端直，不要叛逆奸行；要循孝敬老，不要目无尊长；要廉洁自爱，不要贪赃枉法；要知耻向义，不要寡廉鲜耻；要谦虚谨慎，不要专横跋扈等"。以"八荣八耻"为主要内容的社会主义荣辱观的形成，正是吸收了古代的"知耻"传统文化，继承了古代思想家的"仁则荣，不仁则辱""无羞恶之心，非人也"（《孟子·公孙丑上》）、"一曰礼，二曰义，三曰廉，四曰耻，四维不张，国乃灭亡"（《管子·牧民》）等荣辱思想的精华。

中国传统文化是中华民族祖先在五千年的发展历程中所创造的宝贵精神财富，它被世代传承，并深深沉淀在中国人的思想意识之中，影响着人们的思维方式、习惯心理、价值取向及行为方式；它是民族的灵魂，是维系民族团结，形成民族亲和力、凝聚力和向心力的思想基础与精神纽带。因而，加强社会主义核心价值体系建设应该扎根于传统文化，并使中国传统优秀文化在社会主义建设事业的开展下得到充分的传承、弘扬与发展。

第三节　实现中国优秀传统文化当代价值的历史经验与教训

中国优秀传统文化在发展过程中，从简单质朴的文化样式发展为博大精深的文化体系，从起源于黄河、长江流域的中国文化发展为享誉全球的世界文化，历经许多曲折，也取得了辉煌成就。在这一过程中，中国历代先祖传承发展中国优秀传统文化的成功经验值得今人认真总结和借鉴，并且还要认真从失败中吸取教训。

一、实现中国优秀传统文化当代价值的历史经验

（一）尊重传统，坚守文脉

世界文化史上，有的传统文化绵延不绝，有的传统文化中断消亡，大多与其是否得到尊重和坚守有关。没有后人态度上的尊重和行动上的坚守，传统文化就难以传承。中华文化几千年来绵延不绝、生生不息，是中华民族始终尊重传统和坚守文脉的结果。魏文帝曹丕在《典论·论文》中指出："盖文章经国

之大业，不朽之盛事。"这里说的虽是文章，但也可充分表明中国古代对文化事业的重视。中国古代对传统文化的尊重和坚守方面，有以下成功经验。

1. 重视传统文化教育

中华民族自古重视传统文化教育。孟子说："夏曰校，殷曰序，周曰庠，学则三代共之，皆所以明人伦也。"（《孟子·滕文公上》）从夏商周时代起，我国就有国家学校"学"和地方学校"校""序""庠"等，用以教育民众，达到"明人伦"的目的。春秋时期，孔子收徒讲学，私学开始盛行。秦汉以来，政府设有太学、国子监，民间设有私塾、书院。但不论官学还是私学，不论政府开办的学校还是民间开办的学校，传统文化总是作为教学的主要内容。据记载，周的官学教授"六艺"，即礼、乐、射、御、书、数。礼是周公创制的古礼乐，是流传下来的古乐，都是传统文化。孔子收徒讲学，传授"六经"，即《诗》《书》《礼》《易》《乐》《春秋》。孔子说"不学诗，无以言""不学礼，无以立"（《论语·季氏》）。可见其对传统文化的教育非常重视。汉武帝"独尊儒术"，在长安建"太学"，设五经博士，专门讲授儒家的五种经典：《诗》《书》《礼》《易》《春秋》。魏晋以来，历代政府或设太学，或设国子监，均把儒家经典作为主要教学内容。除了政府教育机构，我国古代民间还盛行私塾，以《三字经》《百家姓》《千家诗》《千字文》《弟子规》"四书五经"等为主要教学内容。中国古代在教育上对传统文化的尊重和坚守，使传统文化，特别是优秀传统文化得到长久的传承和弘扬。

2. 热衷传统文化经典的编纂

古代文化传播手段有限，传统文化容易丢失或消亡。中国历史上经过多次文化劫难，有些文化作品甚至永久消亡。但中华文化能够传承不绝，与古人重视和热衷于编纂文化经典密不可分。

（1）史书的编纂

中国从先秦开始就注重编纂历史书籍，产生了《春秋》《左传》《国语》等优秀史书。汉代司马迁编纂《史记》，班固编纂《汉书》，形成了良好的国史编纂传统。这些优秀史书，使传统文化得到很好的保存和传承。

（2）文集的编纂

中国古代注重编纂文集，从《诗经》《楚辞》开始，各种经典文集层出不穷。这既包括《论语》《孟子》《老子》《庄子》《墨子》《韩非子》等先秦诸子的文集，也包括秦汉以来文化大家们的各种文集，如《陶渊明集》《李太白集》《杜工部集》等。另外，还有《全唐诗》《全宋词》《唐诗三百首》《宋词三百首》《元曲三百首》《古文观止》等经典文集，在后世流传极广。

（3）丛书的编纂

中国古代政府注重大型丛书的编纂，《昭明文选》《永乐大典》《四库全书》是其中的代表作。以《四库全书》为例，该丛书分经、史、子、集四部，收录图书超过 3500 种，成书为 7.9 万卷，3.6 万册，约 8 亿字，基本包罗了古代所有书籍。这种政府编纂的大型丛书，对民族传统文化的传承极为重要。

3. 注重传统文化人才的选拔

在中国古代，选官制度虽几经变化，但传统文化通常是选官的重要标准。先秦选官采用"世袭制"，官职根据血缘关系世袭，但能够出类拔萃的官员往往也是对传统礼乐文化掌握较好者。据《左传》《国语》等先秦史书记载，尧、舜、禹、汤、文、武、周公等形成的文化传统、留下的文化典籍都被当时政治所重视。孔子说："诵诗三百，授之以政，不达；使于四方，不能专对；虽多，亦奚以为。"（《论语·子路》）可看出当时官场对《诗经》等传统文化的看重。战国时期，有文化有才能的士阶层崛起，逐渐取代世袭贵族的地位。汉代选官采用"察举制"，选拔德才兼备者任官，特别选拔"秀才"和"孝廉"，所推举者是能够躬行传统美德、具有治国能力的人才，对传统文化的掌握程度是重要标准。

隋唐以来，选官实行"科举制"，开始通过考试选拔官吏，儒家经义成为重要考试内容。贞观年间，政府规定只要通晓《礼记》《左传》等经典中一门的都可以入仕做官，很多儒士因学业优异被提拔任用。宋真宗赵恒在《励学篇》中说"书中自有黄金屋""书中自有颜如玉""男儿欲遂平生志，五经勤向窗前读"。他鼓励人们通过读书获取功名利禄，而读书也强调要读"五经"等传统文化经典。明清之后，科举制度更为完备，考试内容限定在"四书五经"以内，阐释解读必须参照朱熹的《四书章句集注》，这种情况一直延续到清末科举制度废除。在中国历史上，传统文化作为选拔官吏的重要标准，无疑对传统文化的不断传承起到了关键作用。

中国古代之所以对传统文化如此尊重和坚守，是因为古人始终认为传统文化是国家长治久安、社会和谐有序、文脉传承发展的精神基础。后人在传统文化中学习治国理政的智慧，培养为人处世的品质，汲取文艺创作的营养，乃至获得实现人生价值的资本。这些动机都激励着人们尊重和坚守传统文化，使传统文化得到成功传承。

（二）广泛争鸣，深度交融

在唯物辩证法看来，矛盾是事物发展的源泉和动力，也是事物保持活力的内在依据。文化作为由诸多文化要素有机构成的系统，其活力源于系统内部诸要素之间、系统与系统之间的矛盾运动。文化只有始终存在这种活跃矛盾运动，才能保持长久的生命力和创新力。这种矛盾运动既表现为文化争鸣，即文化上对立的一面；又表现为文化交融，即文化上统一的一面。一种文化就是在不断的争鸣与交融中，保持着向前发展的动力和活力。中华文化几千年来生生不息，始终保持生机活力，正是由于传统文化的广泛争鸣与深度交融。

1.广泛的文化争鸣

所谓文化争鸣，是指文化上的差异和对立。在中国传统文化发展史上，文化争鸣是广泛而持久的。

（1）主次文化争鸣

纵观中华文化史，儒家文化居于主导地位，其他文化居于次要地位。但这种主导地位的确立，是经过长期的争鸣实现的。孔子创立儒家思想之后，就一直受到其他思想的挑战。这些挑战先是来自先秦墨家、道家、法家等思想，后又来自秦汉以来佛学思想和其他思想。通过一次又一次儒与墨、儒与法、儒与道、儒与释和儒与其他思想的争鸣，儒家思想逐渐丰富和完善，成为中华民族古代社会的主导意识形态。

（2）内外文化争鸣

中国传统文化从古至今，经历了一个由小到大、由弱到强的过程。在这个过程中，中国传统文化内部系统与外部文化系统不断争鸣，在争鸣中逐渐发展壮大。最初，中国传统文化主要繁荣于黄河两岸的中原地区，在与周边其他民族和地区文化的争鸣中不断扩大影响。随着中华民族疆域的扩大和世界文化交流的推进，中国传统文化与世界其他文化，特别是印度文化、伊斯兰文化和西方文化也发生了广泛争鸣。

（3）古今文化争鸣

中国传统文化在发展过程中，还一直进行着古今争鸣。中华民族自强不息的精神和革故鼎新的理念，决定了文化上必然发生古今争鸣。在思想领域，孔子的儒家思想产生以后，后起的墨子、庄子、韩非子等思想家对孔子儒家思想进行了猛烈批判。在儒家思想内部，孔子之后，孟子、荀子、董仲舒、朱熹、王阳明等思想家也对儒家思想进行了不同于前人的阐释。在文学领域，唐诗、宋词、元曲、明清小说等文学样式先后出现，产生了许多优秀作品。通过文化上的广泛争鸣，传统文化始终保持了发展的活力。

2. 深度的文化交融

所谓文化交融，是指文化上的融合和统一。文化争鸣是文化"异"的一面，文化交融是文化"同"的一面。文化争鸣的过程，往往也是文化的交融过程。

（1）主次文化交融

儒家思想在传统文化中虽处于主导地位，但儒家思想也一直与其他思想进行着深度交融。先秦时期，儒、墨、道、法等诸子百家思想既广泛争鸣，又深度融合。《汉书·艺文志》说："其言虽殊，辟犹水火，相灭亦相生也。仁之与义，敬之与和，相反而皆相成也。"说的正是诸子百家思想深度交融的一面。秦汉以来，"儒学在发展过程中，大量地吸收了佛教、道教的营养，不断充实自己的内容，完善自己的形式，从而保持了自己蓬勃的生命力"。儒家思想与道家思想、佛学思想深度交融，甚至一度出现儒、释、道三教合流的文化现象。

（2）内外文化交融

中国传统文化发展的过程，也是中国传统文化内部系统与外部文化系统不断深度融合的过程。张岱年认为："中国文化的主体和核心——华夏文化是在华、戎、狄、夷等部族的融合中诞生出来的。"汉代佛教传入中国，魏晋南北朝之际，北方少数民族文化大量传入中国，与中原地区的华夏文化产生激烈碰撞和融合。"野蛮但充满生气的北族精神，给高雅温文却因束缚于严格传统而冷淡僵化的中国文化带来了新鲜空气。"内外文化的深度交融，给中国传统文化输入了新鲜血液。

（3）古今文化交融

文化上的古今交融，表现为历史上一些时期文化上融合古今的现象。以古代文学为例，虽然一个时代有一个时代的文学，但后人的文学创作经常自觉地融合古今，纠正时弊，创造出新的文学作品。唐诗、宋词、元曲、唐宋散文、明清小说，每一代新的文学形式，都表现出融合古今的情况。以《红楼梦》为例，它是创作于清代的章回体长篇小说，它在思想上融合前代儒、释、道等各家思想，文体上融合了前代诗歌、散文、戏曲等各种文体，艺术上借鉴了前代《西厢记》《金瓶梅》等文学经典，成为中国古代文学的集大成者。传统文化的深度交融，使它可以不断地博采各家之长，保持长久的生机活力。

文化争鸣与文化交融相互促进，文化争鸣使不同文化显示优劣和高下，为文化交融提供前提；文化交融使不同文化相互吸收精华，为文化争鸣提供保障。在中国传统文化发展过程中，文化争鸣使传统文化系统始终保持发展的张力。文化交融则经常给传统文化系统输入来自外部的、时代的新鲜血液，使传统文化经常以新的面貌获得发展。文化争鸣与文化交融共同使传统文化保持生机活力。

（三）注重继承，勇于创新

传统文化"传"下去，有两种基本方式：一是保持原样"传"下去，二是有所创新"传"下去。也就是说，传统文化的持续传承，是通过文化继承和文化创新两种基本方式实现的。文化继承，侧重于"继"，是把传统文化、特别是把优秀传统文化"继"下来、"传"下去。文化创新，侧重于"新"，是通过对传统文化的创新发展，使传统文化以"新"面貌"传"下去。文化继承和文化创新是相辅相成的，没有文化继承，文化创新就缺少根本和源泉；没有文化创新，文化继承就失去生机和活力。

1. 继承传统文化

传统文化需要继承，是因为传统文化中一些核心内容，是该文化系统的基因和标志，如果改变或丢弃，这种文化就会发生性质变化，甚至面临中断消亡的危险。中国传统文化在发展过程中非常注重文化继承，特别是对传统文化中的核心内容，注重尽量保持原样地继承。中国传统文化的关键人物孔子，说他自己是"述而不作，信而好古"（《论语·述而》）。朱熹解释说："述，传旧而已；作，则创始也。"（《论语集注·述而》）也就是说，孔子对传统文化主要采用的是一种"继"下来、"传"下去的方式。孔子晚年整理修订六经，对《诗》《书》《礼》《易》《乐》《春秋》做了大量"述"的工作，对中华文化产生深远的影响。秦汉以来，知识分子对传统文化"述"的工作可谓持之以恒，特别是汉代、唐代、清代的知识分子尤其重视对文化典籍的整理修订，中国先秦乃至后世历代的重要文化典籍，也因此能够原汁原味地保存至今。

不仅在文化典籍方面，中华民族对传统文化中的民族精神、治国理念、传统美德、文学艺术、历史经验、思维方式、语言文字、民俗节日、饮食服饰等方面，都注重进行一以贯之的继承。例如，热爱祖国、自强不息等民族精神，"民为贵""为政以德"等治国理念，仁爱、诚信等传统美德，春节、端午、中秋等民族节日，这些都被很好地继承下来。传统文化的继承，既使中国传统文化绵延不绝，也给中华民族带来深厚的文化营养和持久的文化动力。

2. 创新传统文化

与文化继承相结合，文化创新也是传统文化持续传承的重要方式。在传统文化传承过程中，完全保持原样的继承几乎是不可能的。传统文化需要创新，因为时代一直在"变"，文化必须因时而变、推陈出新，否则就难以为继。以儒家思想为例，作为中国传统文化中处于主导地位的思想，其本身的传承过程，也是继承和创新相结合的过程。

儒家思想创立之后，随即就受到来自墨家、道家、法家等思想的挑战，秦汉以来又受到道教、佛教等思想的挑战。儒家思想为了生存和发展，进行了一系列创新。战国时期的孟子和荀子，汉代的董仲舒，宋代的"二程"和朱熹，明代的王阳明，都对前代儒学思想进行了创新性的阐释和发展，儒学也先后出现了先秦儒学、两汉经学、宋明理学、陆王心学、清代朴学等不同发展阶段。传统文化的创新，不仅发生在思想领域，而且发生在语言文字、文学艺术、伦理道德、制度礼仪等其他文化领域，中国古代的语言、文学、书法、绘画、建筑、戏曲、制度等，都出现了不同程度的创新。这种持续的文化创新，使中华文化得到了更好的传承。

总结来说，传统文化的传承，首先，需要后人对传统文化的尊重和坚守，通过态度上的尊重和行动上的坚守，使传统文化绵延不绝。其次，也需要人们在传承传统文化过程中，注重文化的争鸣和交融，保持传统文化的生机活力。再次，人们只有既注重继承，也注重创新，两者有机结合，才能使传统文化得到持续传承。

二、实现中国优秀传统文化当代价值的历史教训

中国优秀传统文化发展过程中，在保持持续发展、取得辉煌成就的同时，也经历过许多坎坷曲折，甚至遇到过巨大文化危机。其中需要总结和汲取许多深刻的教训。

（一）文化结构失衡

从文化系统性角度看，一种文化是由诸多文化要素组合而成的文化系统。在一个文化系统中，文化要素有主次之分，如果主次文化要素地位恰当、组合合理，文化就有活力；反之，就会导致文化结构失衡，进而导致文化僵化。文化结构失衡，有时是因为文化独尊，过于强调主导文化要素，而损害其他文化要素；有时则是因为文化迷失，主导文化要素地位丧失，从而丧失文化的根本和灵魂。这两种情况，都会造成传统文化传承的严重问题。

1. 文化独尊

在一定历史时期，确定一种稳定的主导文化，既利于社会发展，也利于文

化发展。但这种主导文化的确立，不应以排斥其他文化为基础。文化上的独尊，乃至文化上的专制，往往会对文化的发展造成严重伤害。在中国历史上，文化独尊，甚至文化专制的现象时有发生，而产生的危害也是深远而巨大的。秦帝国建立后，文化上实行独尊和专制，尊崇法家思想为唯一合法思想，甚至实行"焚书坑儒"的文化政策，既对中华文化造成极大破坏，也对秦帝国造成致命伤害。秦亡汉兴，黄老学说盛极一时，到汉武帝时，实行"罢黜百家，独尊儒术"的文化政策，确立了儒家思想的主导地位。在很长一段时间里，儒家思想与其他多元文化争鸣交融，主导文化与多元文化相得益彰，保持了文化的长期繁荣。

明清以来，在所有思想中独尊儒家思想，在儒家思想中又独尊程朱理学，使主导文化地位越来越突出，其他文化地位越来越降低，从而使中国传统文化发展进入狭窄而僵化的境地。在明代，一些反思批判儒学、反思批判程朱理学的思想家，如何心隐、李贽等被斥为"异端"，甚至被迫害致死。在清代，文化上实行专制，且大兴"文字狱"，制造"避席畏闻文字狱"（《咏史》）的恐怖氛围，导致文化上"万马齐喑"，思想文化变得越发僵化落后。

中国历史上，文化的发展呈现这样一种现象，即主导文化被恰当定位的时候，文化比较繁荣，如先秦文化和唐宋文化；主导文化被过度强调的时候，文化发展比较僵化，如秦代文化和明清文化。总之，中国历史上文化独尊乃至文化专制造成的文化伤害是巨大的。

2. 文化迷失

在相当长的一段时间内，中国传统文化以儒家思想为主导，主导文化与多元文化相得益彰，文化上取得了巨大成就。但也有一个历史现象值得注意，就是当儒家思想的主导地位受到猛烈冲击和严重削弱时，中国传统文化的发展也会出现动荡，甚至出现文化迷失现象。文化迷失是文化失去根本和灵魂的现象，不利于文化的发展。

西汉"独尊儒术"以来，儒家思想主导地位第一次受到严重冲击源于魏晋南北朝之后的佛教盛行。佛教从汉代传入中国，经过长期发展，在南北朝盛极一时。据《洛阳伽蓝记》记载，仅北魏都城洛阳，佛寺就超过一千三百座。南朝佛教也非常盛行，唐代杜牧描绘这一现象时说："南朝四百八十寺，多少楼台烟雨中。"（杜牧《江南春》）佛教的盛行虽然给中国传统文化注入新鲜血液，但它危及了儒家思想的主导地位，造成了严重的文化迷失，甚至危及了国家政权的稳固，乃至发生了"三武一宗灭佛"的文化悲剧。

儒家思想主导地位第二次受到严重冲击源于近代以来的西学东渐。近代以来，西方列强用坚船利炮敲开中国大门，西方文化汹涌而入。在中西文化激烈碰撞中，儒家思想的历史作用受到质疑和批判，其主导地位也受到挑战和削弱。因此在很长一段时间内，中国传统文化缺乏一种稳定的主导文化，这就造成了文化上的迷失。迷失表现为文化发展上的一系列极端观点和现象，如"全盘西化""打倒孔家店""废除汉字"等，都是旧的主导文化崩塌、新的主导文化缺位造成的迷失现象。近代以来的文化迷失现象，造成了对传统文化的巨大伤害。

文化独尊和文化迷失是文化结构失衡的两个极端。前者过度强调主导文化地位，窒息了多元文化的发展，最终也伤害了主导文化自身。后者削弱否定主导文化地位，使多元文化发展失去根本和灵魂，从而对文化造成伤害。中国传统文化史上的文化独尊和文化迷失现象，给我们传承传统文化以深刻的教训。

（二）文化关系失当

文化既有时代性，又有民族性。因此，不同文化之间既存在古今关系，即传统与时代的关系；又存在内外关系，即本来与外来的关系。传统文化既是一种"古"文化，也是一种"内"文化，传承传统文化必然要处理文化的古今关系和内外关系。这两种关系处理得当，文化就能发展；反之，文化就会落后。在中国文化史上，文化保守和文化排外，往往会导致文化的落后。

1. 文化保守

对传统文化的尊重与坚守，是中华文脉连绵不绝的重要原因。但在处理传统与时代的关系时，如果过分强调传统、忽略时代，在文化上过于保守，就容易造成文化的落后。中国历史上出现过多次大的古今之争，而当文化保守派抱残守缺、顽固守旧时，就会阻碍文化的进步和社会的进步。战国初期，秦孝公任用商鞅变法图强，不仅在政治、经济、军事领域进行深刻变革，更是在思想文化领域革故鼎新。商鞅变法伊始就受到文化保守势力的反对，反对者声称："圣人不易民而教，知者不变法而治。""法古无过，循礼无邪。"（《史记·商君列传》）商鞅变法虽然艰难推进，但商鞅本人却遭到保守势力的迫害。商鞅变法之后，历代推行变法或新政总会受到文化保守势力的阻碍，如胡服骑射、北魏孝文帝汉化改革、王安石变法、张居正改革等。

文化古今之争最为激烈、文化保守势力最为顽固的情况发生在近代。鸦片战争之后，传统文化受到近代文化的强烈冲击，也就是"古"文化受到了"今"文化的冲击。一方面，一些有识之士认为落后的传统文化必须代之以先进的近代文化，不如此中国就不能进步。另一方面，一些传统文化的保守者，以保卫传统文化为己任，认为丢弃传统文化就会亡国灭种。极端的文化保守态度阻碍了中国文化的进步和社会的进步。鲁迅说："可惜中国太难改变了，即使搬动一张桌子，改装一个火炉，几乎也要血；而且即使有了血，也未必一定能搬动，能改装。不是很大的鞭子打在背上，中国自己是不肯动弹的。"（《娜拉走后怎样》）在这种激烈的古今之争、顽固的文化守旧中，洋务运动、戊戌变法、辛亥革命相继失败，中国的近代化之路障碍重重。文化的古今之争，有厚古薄今、厚今薄古两种倾向，它们都不利于文化进步，但厚古薄今的文化保守倾向在中国文化史上产生的负面影响尤其巨大。

2. 文化排外

从起源看，中国传统文化是中原华夏文化和周边各民族文化，乃至世界其他文化长期争鸣交融的产物。但在相当长的时间里，华夏文化处于领先和主导地位。中华文化具有较强的包容性，特别是汉唐时期大量吸收了周边少数民族文化和世界其他文化。但也有一些时期，人们对"夷夏之辨"极为敏感，甚至发展到文化上盲目排外的程度。华夏民族对自身文化非常自信和自豪，《左传·定公十年》上说："裔不谋夏，夷不乱华。"孔颖达对此解释说："中国有礼仪之大，故称夏；有服章之美，谓之华。"（《春秋左传正义·定公十年》）相反，华夏民族对"夷狄"文化非常鄙视。孔子说："夷狄之有君，不如诸夏之亡也。"（《论语·八佾》）孟子说："吾闻用夏变夷者，未闻变于夷者也。"（《孟子·滕文公上》）基于此，中国古代就有了所谓的"夷夏之辨"。冯友兰认为："在传统上，中国人与外人即'夷狄'的区别，其意义着重在文化上，不在种族上。"可见"夷夏之辨"不是一种种族认同，而是一种文化认同，它认为"华夏"文化与"夷狄"文化之间存在优劣差别，应防止用"夷"变"夏"。孔子、孟子都是"夷夏之辨"的支持者，视"披发左衽""南蛮𫛭舌"的夷狄文化为低等文化。

明末清初，西方文化随利玛窦、汤若望、南怀仁等传教士传入中国，中国获得了一次学习西方、赶上西方的绝佳机会。但以杨光先为代表的中国士大夫，严守"夷夏之辨"，拒斥西方文化。在拒斥西洋历法时，杨光先说："宁可使中夏无好历法，不可使中夏有西洋人。"（《日食天象验》）中国严守"夷夏之辨"，关闭了内外文化交流的大门。鸦片战争之后，西方用武力打开中国大门，西方文化再次传入中国。中国知识阶层的许多人仍不识时务、盲目排外，阻挠"师夷长技以制夷"的洋务运动，阻挠"救亡图存"的戊戌变法，使中国的近代化步伐极为艰难。历史证明，这种文化排外不仅没有使传统文化得到很好的传承和弘扬，反而使传统文化更加落后和僵化。

古今之争是文化时代性的争论，夷夏之辨是文化民族性的争论，但这两者又经常交织在一起。例如，在近代文化争论中，中国自身的传统文化既是一种"古"文化，也是一种"夏"文化；而西方文化既是一种"今"文化，也是一种"夷"文化。因此，在中国近代，传统文化与西方文化的冲突，既是"古今之争"，也是"夷夏之辨"。但不管怎样，在文化"古今之争"和"夷夏之辨"的区分中，极端保守和盲目排外的偏见，必然会造成文化的落后。

3. 文化定位失度

文化独尊或文化迷失，文化保守或文化排外，反映了人们对传统文化作用的定位失度。毋庸置疑，传统文化有其正面作用，也有其负面危害，但对其作用和危害都应理性认识、恰当定位，如果定位失度，就会产生文化走极端的倾向。如果过度夸大传统文化的作用，就会产生厚古薄今、盲目排外的倾向；相反，如果过度贬低传统文化的作用，就会滑向厚今薄古、崇洋媚外的极端。同样，对传统文化危害的定位失度，同样会对传统文化造成破坏。

（1）传统文化作用的定位失度

传统文化有重要作用，这是毫无疑问的，也是被历史反复证明的。但传统文化到底有多大作用，却时常成为人们争论的焦点，而夸大或贬低传统文化作用的情况时有发生。特别是近代以来，在古今文化、中西文化的冲突中，这种失度表现得尤其明显。夸大或贬低的失度，往往造成对传统文化的破坏。

在夸大传统文化作用方面，晚清时期的士大夫曾经普遍具有这种倾向。他们饱读传统经典，深明孔孟之道，认为只有传统文化才能使中国在千年变局中化险为夷。以洋务运动为例，保守派高呼"立国之道，尚礼仪不尚权谋；根本之图在人心，不在技艺"，认为只有传统文化才能救国。洋务运动推动者，虽然也认为"以忠信为甲胄、礼义为干橹"不切实际，应该"师夷长技以制夷"，但"他们觉得中国的政治制度及立国精神是至善至美，无须学西洋的"，也是明显夸大了传统文化的作用。虽程度有所不同，但洋务运动的支持者和反对者都夸大了传统文化的作用，这场运动的失败就在所难免了。

在贬低传统文化作用方面，以清末民初的知识分子为典型代表。鸦片战争之后中国在军事上一败再败，洋务运动、戊戌变法、辛亥革命等救国图存运动无一成功，这就使当时的知识分子将反思批判的矛头对准了传统文化。当时的许多知识分子普遍认为传统文化已经失去了富国强兵、治国安民的作用，要使中国走出困境非引入西方文化不可，"全盘西化""废除汉字"的主张一时甚嚣尘上。在当时处境下，对传统文化的反思和批判自有进步意义，但这种贬低传统文化作用的倾向，无疑使传统文化的地位一降再降。

（2）传统文化危害的定位失度

明清以来，传统文化阻碍社会进步，产生巨大危害，这是毋庸置疑的。但对传统文化的危害如何定位，近代以来也出现了不小的偏差。夸大危害的有之，忽视危害的亦有之，这两种倾向都对传统文化造成了破坏。

在夸大传统文化危害方面，以"五四"时期的知识分子表现最为激烈。在新文化运动中，一些知识分子向传统文化发动了猛烈攻击。今天看来，他们显然严重夸大了传统文化的危害。他们的偏颇在于以偏概全，把小的危害夸大，从而全盘否定传统文化。如果彻底否定了孔子，废除了汉字，中国传统文化也就失去了根本和灵魂。

前事不忘，后事之师。中国传统文化五千年跌宕起伏的历程，给后人留下许多经验和教训。在实现中华民族伟大复兴的新视野下实现中国优秀传统文化当代价值，需要我们认真总结和汲取这些历史经验教训。

第三章　新时代中国优秀传统文化的传承

中国传统文化是五千年华夏文明的进化，通过连续的历史的沉淀与积累，反映了中华民族的特征，也是中华民族历史上各种思想文化、意识形态的总体表征，对于中华民族的发展有着重大的意义，更饱含着鲜明的民族特色。因此，在新时代促进中国优秀传统文化的传承与发展有着重要意义。

第一节　中国优秀传统文化传承的内涵、特征与意义

中国传统文化是中国文化的主体部分，也是我们从先辈传承下来的丰厚的历史遗产。它不仅记录了中华民族和中国文化发生、演化的历史，而且作为世代相传的思维方式、价值观念、行为准则、风俗习惯，渗透在每个中国人的血脉中，传承中国优秀传统文化，培育和弘扬民族精神，对于增强民族自尊心、自信心、自豪感，凝聚和团结全国各族人民，起着重要的纽带和基础作用。可使全国人民始终保持奋发有为、昂扬向上的精神状态，对实现中华民族的伟大复兴，具有特别重要的意义。

一、中国优秀传统文化传承的内涵

党的十八届五中全会提出，要"构建中华优秀传统文化传承体系"。这不仅有利于实现优秀传统文化的创造性转化和创新性发展，也有利于推动中华文化繁荣兴盛，推动中国优秀传统文化走向世界。

关于中国优秀传统文化的传承，首先，要了解中国优秀传统文化当中所包含的精华所在和思想内核，并明确传承的内容、方法和传承的对象。习近平说："优秀传统文化是一个国家、一个民族传承和发展的根本。"对于中国优秀传统文化的传承，必须要充分理解中国优秀传统文化的内涵和其中的学术价值和文化价值，联系当代生活实际，将中国优秀传统文化运用到生活的各个方面，

对个人和社会进步提供有用价值和实用方案。

其次，重视对中国优秀传统文化的传承，秉持传承是我们民族延续和发展的重要条件，也是未来中华民族实现伟大复兴的重要保证。中国优秀传统文化中蕴含着巨大的思想价值和文化价值，对实现中华民族伟大复兴的中国梦具有非常重要的作用。中国优秀传统文化的传承不仅有利于我们走好中国的发展之路和建设之路，也有利于为世界各国提供中国智慧和中国方案。

最后，围绕当前传统文化传承的现状，探索实现新时代中国优秀传统文化传承的具体目标和方案。中国优秀传统文化的传承，一方面，要注重对受众的接受能力和实际效果的估测，充分保障社会公众的广泛性和稳定性，让社会公众主动发现、学习和传承文化的内容和价值。另一方面，要合理运用当前信息化社会的网络数字化的技术，将互联网作为传承中国优秀传统文化的途径和手段，让其在数字化技术的包装下焕发新的活力和生机。

二、新时代中国优秀传统文化传承的特征

（一）自我革新的品质保留最核心的特征

中国是世界四大文明古国之一，令亿万中华儿女值得骄傲和自豪的是，中华文明历经数千载，经历多次朝代更迭和外族入侵，却是世界上唯一一个没有中断的文明。中国的传统文化也饱经沧桑，虽在某些短暂的历史时期内有所中断，在不同的历史时期或多或少地有所改变，但是大体上没有中断过，总的来说变化不大。这主要得益于它能在多次朝代的更替中不断进行自我调整，而其核心要素一直保留下来。比如，对"天"的崇拜，人们认为天是仁慈的化身，而"皇帝""君主"是上天任命来管理天下的。"天"代表了非排外的世界观，这使得其他民族文化通过融合而不是被征服而友好地融入中国传统文化。因此，中国优秀传统文化也得以绵延不绝下去。

中国传统文化强大的自我革新、调整能力，使得近代以来一些西方大国惧怕"中国复兴"。但是崛起后的中国是否会如威斯特伐利亚体系中的大国诉诸武力，还是按传统文化的精髓以和平手段解决？实践中的中国方案已经给出了答案。如今得到世界各国普遍认可并写入联合国决议的"人类命运共同体"思想，就是来源于儒家的"仁政"思想、墨家"兼相爱，交相利"的兼爱思想、法家"兵者，国之大事，死生之地，存亡之道，不可不察也"（《孙子兵法·计篇》）的反战思想等中国优秀传统文化。2019年第72届世界卫生大会首次将起源于中医药的传统医学纳入《国际疾病分类》，传统医学进入国际标准体系，

这彰显了我国中医药服务在人类健康服务中的能力和地位，体现出中医乃至中国传统文化中的"合和之道"。

随着历史车轮的滚动，无论是在古代还是在新时代，无论是自然地传承还是选择性地传承，中国优秀传统文化在不断自我革新的过程中能取各家文化之长而保留其最核心的特征，且其核心特征又能适应新时代的需要而赋予新的内涵和价值。

（二）特有的多民族传统造就独特的文化

中国传统文化是中国所特有的，与世界上其他民族文化不同。中国传统文化是以满足自身需要的农业经济为主、手工业为辅，以汉族文化为核心，在与其他各族人民的交流中融合发展的。这种条件下特定区域特定民族形成的文化圈，具有强烈的民族性。正因为它具有强烈的民族性，所以它是中华民族所特有的，具有独一无二的特性。当代著名的国际政治理论家塞缪尔·亨廷顿在其出版的书《文明的冲突》中指出"世界上是存在着多种文明的"，而"中华文明作为单一且独特的文明被大家所认可"。

由于我国幅员辽阔，地大物博，长期处于一个自给自足的环境下，中国传统文化因不同地区、不同民族便形成了具有不同特点的地方民俗，如农民丰收节、传统古庙会、元宵节、少数民族庆贺节等，而且形成了独特的文化区域，如中原、荆楚、巴蜀、吴越等文化区域。不同民族、派别学说之间交融争鸣，形成了诸子百家的文化思想：儒家的"中庸"思想、道家的"无为"思想、墨家的"兼爱、非攻"思想、般若学说六家七宗的佛学思想等各家思想。传统文学中有律诗、古体诗、绝句、楚辞、宋词等。传统医学中有"望闻问切"四诊合参的方法、中医疗法、肢体疗法等。传统文化渗透在中国的政治、经济、文化、社会等各个方面，区别于世界上其他国家的传统文化，特定的区域及特有的多民族传统造就独特的中国传统文化。

（三）海纳百川的胸怀使其源远流长

中国传统文化历经五千年的历史沉淀而能源远流长的最重要的原因，就是其自身的包容性。在历史中成长的传统文化，虽然受传统自给自足的小农经济和中原地区自远古以来"面朝黄土背朝天"的生产方式影响，中国人的思想中难免会有封闭保守的一面，但是在多民族融合中成长起来的中国传统文化，却具备绝大多数国家都不具备的兼收并蓄的大包容、大气势和大气魄。其中最有说服力的是儒家文化，儒家学说是不局限于自身而汲各家学说之长的集大成者。

儒家的"仁政"思想使得传统中国没有出现极端的专制和暴政，与同时期西方国家霍布斯的"利维坦"式国家形成鲜明对比。现今儒家的"己所不欲，勿施于人"的名言仍挂在联合国大厅里最显眼位置，作为对工作人员的要求，体现了西方思想界对儒家文化所体现的道德优势的推崇。

我们所称的"华夏文明"在夏商周时期只包括陕西、山东、河南等中原地区的思想文化，而现在的含义远超于这一地域限制。这是中国传统文化不断地吸收包容、兼收并蓄的结果，这是因为中国传统文化不仅吸收了包含藏族、回族、满族、维吾尔族等游牧民族、少数民族和其他区域在内的多种优秀文明成果，近代还吸收借鉴了西方文明，并形成了自己特有的文化。中国传统文化有以汉字汉语、中华武术、传统节日、传统文学、传统建筑等为载体的丰富内容；同时还有佛教的清心寡欲、儒学的中庸致和、道家的无为而无不为的人生哲学……丰富的内容、多样的形式、高深的哲学思想使其融进社会生活的各个方面。因此，中国传统文化这种强大的包容性，使得优秀传统文化冲破历史的障碍被累积下来而非互相取代。

简而言之，中国优秀传统文化在历史长河中所表现的自我革新性、独特民族性、兼收包容性等特征是五千年文明光辉灿烂的重要原因，但是传统文化的传承特点绝不仅限于这三个，其世俗性、开放性、多样性、悠久性等都是中国传统文化传承中的特点，这些特点融进上面三个特点之中而构成中国传统文化最重要的特质。

三、新时代传承中国优秀传统文化的意义

中国优秀传统文化所蕴含的内容是很丰富的，是全世界文化宝库中最为璀璨的一颗明珠，必须要加大力度进行继承与弘扬。实践是检验真理的唯一标准，把握新时代背景下中国优秀传统文化的传承要从实际出发，充分考虑其现实意义，为进一步深入研究做准备。

（一）有助于增强全民的文化底蕴

新时代背景下实现对中国优秀传统文化的传承不仅对于提升我国国际地位具有重要作用，也可以潜移默化地提高全民族的文化知识水平和涵养，并在一定程度上增强国人的文化底蕴。第一，为应对当前国际社会政治冲突、恐怖主义、文化多元化的现实境况，必须认识到传承传统文化的重要性。中国优秀传统文化作为中华民族的共同财富，至今都对我们的生活、工作和学习有一定的指导和借鉴意义。第二，新时代背景下对传统文化进行创新要从青年一代开始着手，

青年一代相对来说接受新鲜事物和外来事物的能力较强，易于吸收和了解传统文化中的精华。另外，青年一代能够起到承上启下的作用，他们更具影响力，推广范围更大，受众人群更广。第三，新时代背景下加强中国优秀传统文化的传承，对传统文化资源的保护与开发有一定的促进作用。文化本身有着润物细无声的效果，在潜移默化中能够实现对人的熏陶和感染。由此可见，新时代背景下对传统文化的创新与传承对培育中国人民的民族自尊心和自信心都大有帮助，也可以进一步提高我国在国际社会中的话语权。

（二）有助于增强中华民族凝聚力

中国的传统文化当中有着充盈的中华文化和厚重的中国智慧，在国际社会中具有一定的影响。一方面，新时代背景下对中国优秀传统文化的传承不仅要加强对优秀传统文化的挖掘，也要充分利用当前新时代背景下的网络环境和科学技术。实施中国优秀传统文化"走出去"战略，进一步通过文化"润物细无声"的渗透力，实现增强中国人民的民族凝聚力和认同感，并以其自身的文明性、亲和力和感染力提升中国的国家形象。另一方面，要深入挖掘中国优秀传统文化的思想价值，使中国优秀传统文化成为建设中华民族共有精神家园的重要支撑，成为新时代鼓舞人民前进的精神力量。中国优秀传统文化中独具魅力的价值观念和道德情操是中华民族屹立于世界民族之林的文化之根。因而，作为炎黄子孙的新一代社会主义接班人更要从内心深处强烈认同中国优秀传统文化所承载的价值理念，共同维护民族的团结统一。

（三）有助于提高国家文化软实力

在经济全球化、政治多极化和文化多元化的时代背景下，当前全球时代的主题已经转变为和平与发展，各国之间综合国力的竞争转向了国家文化软实力的竞争。由此，文化软实力成为彰显国家的民族凝聚力、生命力的独特表现，并且在国际文化与交流中被作为衡量国家综合国力的重要因素。面对当前现状，提升我国的文化软实力迫在眉睫，充分发挥中国优秀传统文化在提升国家文化软实力中的作用更是刻不容缓。

中国自古以来就是四大文明古国之一，凝聚了中国先祖丰富的智慧和充盈的知识涵养。中国经济地位当前位居世界第二，同时中国又是最大的发展中国家，中国的一举一动都吸引着世界人民的目光。新时代背景下对中国优秀传统文化的传承一方面对于宣传中国的文明古国形象有一定帮助，有助于提升我国在国际社会中的知名度；另一方面可以维护全球语境下我国意识形态的安全，提升我国的文化软实力，扩大中华文化国际影响力。新时代背景下对于中国优秀传统文化的传承，不仅提升了中国在国际社会中的话语权，也对进一步传播中国的大国形象奠定了坚实的文化基础。由此可见，文化同样也是彰显综合国力的重要指标之一。

（四）有利于社会主义经济健康发展

随着世界各国间的联系越来越紧密，西方加快了以经济实力为基础的"强势文化"的输出，其形式不局限于文化方面，更多借助于经济、政治来发力：肯德基、麦当劳、好莱坞、NBA等带有美国文化元素的事物席卷中国大地。对于这些外来文化，我们要抱有强大的包容性，但又不得不时刻警惕它带来的强大冲击，无论是文化价值观方面的还是经济、政治方面的。文化与政治、经济相互交融，同时文化对经济又具有强大的反作用。研究中国近代思想史的主要代表约瑟夫·列文森教授认为"中国的儒学被认为是历史博物馆中的优美陈列品"；儒学学者郑家栋则认为儒家传统在图书馆里或文人学者的书架上。但是两位著名学者在某种程度上似乎都肯定了儒学与今天的断裂。因此，我们要传承并复兴优秀的传统文化，发挥其新时代的经济价值。中国传统文化作为五千年来中华文明的结晶，其在新时代有大量可挖掘的资源，如中国的武术吸引众多海外弟子慕名而来，中医药传到海外治病救人的例子比比皆是。但是，我国虽拥有丰富的文化资源，但对于文化产业的开发利用却大为缩水，因此，我们应充分挖掘中国传统文化的经济价值，提高其在文化产业中的利用质量和效率。此外，中国传统文化的经济价值不能仅停留在文化产业上，还要体现在对于经济领域行业的规范上。

优秀的中国传统文化有利于促进社会主义经济的发展。例如儒家文化中的"仁"与"和"，"仁"就其基本含义而论就是爱人，即爱他、利他、成就他人的精神；而"和"的思想几乎存在于人、自然、社会等多个关系链中，其"团结一致、和睦相处"内涵在当代经济发展中要求人们在追求自己利益的同时要关切他人利益，进而照顾到社会影响。它让人们自觉意识到只有整个国家的经济发展了，只有将市场共同做大做强，自己才能分得更大的"蛋糕"，有一个更为广阔的市场前景。"仁"与"和"对西方世界中所强调的个人本位所带来的社会纷争无疑是具有调和矛盾的功效的。近年来，诚信问题受到人们的广泛关注，如"毒奶粉""假粉条""阴阳合同"和广告的虚假宣传……这些失信问题一次次触动着人们的神经。儒家的"仁"与"和"无疑会给予这些企业正确的道德鞭策，使得整个行业健康成长。

（五）有利于社会主义和谐社会建设

优秀的传统文化是社会主义文化的根基，其核心是儒家、道家与佛家思想。建设社会主义，建设和谐社会，离开这优秀的部分，就缺少了根基，先进文化就成了无源之水、无本之木。伴随改革开放的大潮，西式教育方式下的国人痴迷于过西方的洋节日，如圣诞节、万圣节等，一些人提到民族传统节日反而认为太土，认为不爱洋节就是落伍。这说明我们对传统节日的宣传不够。我们要形成以中国传统文化为主体的氛围，把各少数民族团结在优秀的汉文化周围，使汉文化成为具有向心力的主体文化精神，这才是真正的兼收并蓄、海纳百川。

社会主义核心价值观提倡的价值追求要去中国传统文化中找答案：几千年来中国传统文化形成了以儒家的"仁义礼智信、温良恭俭让"为核心的道德准绳，对于当代和谐社会的构建具有重大意义。钱逊先生认为："传统文化中的仁爱精神，威武不屈的独立人格精神，忧国忧民、竭诚尽忠的爱国精神，'慎独'的高度自觉的道德精神以及敬老爱幼等，都是'传统美德'。"作为传统文化中的精髓部分，中国传统文化传递的精神价值是人类文化价值的精华，备受世人瞩目。众所周知，"善行"是中国文化的主导思想，对于崇高的思想品质的追求，高尚情操的陶冶，是大多数中国人所热衷的，这一道德传统亘古未绝。这些优秀的传统道德无疑有利于社会主义和谐社会的构建。

另外，溯流至中国神话体系可知，其中就已有催人向上、顽强不屈的传奇人物，如精卫、夸父及愚公等，此后又有如"厚德载物""天行健，君子以自强不息""民吾同胞，物吾与也""先天下之忧而忧，后天下之乐而乐"等著名的观念。这既是民族活力的体现，也是民族自豪感的源泉，使得中国历史上出现了一代代英雄人物。我们要继续发扬这些宝贵的精神财富，使其展现出更强大的时代活力。这些高尚的道德无论在引导人们树立爱国主义精神方面，还是在自觉提升自身的道德素养方面，都具有良好的教化作用。此外，历来主张以"和"为贵的中国传统文化，在"睦邻友好"等方面提供了参考，为和谐社会的建设提供了规范。为此，我们党和政府高度重视对中国传统文化尤其是优秀的传统文化的传承，显然是十分有远见的睿智之举。

（六）有利于新型大国外交关系的构建

中国传统文化中的"以和为贵"思想，是我们对外交往和处理民族问题的一贯主张。中国传统文化历来奉行"大一统"的思想，而中国传统文化也是维系两岸同胞亲如一家的纽带。同时，中国传统文化中的一些论述为中国实际问题的深入研究提供了新的方向。五四运动以来，中国共产党把马克思列宁主义思想与中国文化、中国的革命实践相结合，形成了毛泽东思想。周恩来在日内瓦会议中提出的和平共处五项原则，因被作为国际处理国家间关系的准则而得到广泛认同，其"求同存异"的思想就来源于儒家的和而不同思想。邓小平理论关于建设有中国特色社会主义的实践及其一套方针政策，使中国的经济、政治、文化有了突飞猛进的发展，改革开放震惊了全世界。习近平总书记提倡的"人类命运共同体"思想和"一带一路"倡议，体现了中国秉承和平共赢的外交政策，与世界各国人民共享发展成果。这既符合传统文化的义利观，更符合共产党人为人类幸福而奋斗的伟大使命。

第二节 我国传承弘扬传统文化的历史进程与基本经验

从新中国成立以来，传统文化的传承有挫折也有发展，总体趋势是进步的。进入新的发展时期，传统文化的作用也越来越受到重视，其规模不断扩大，更加体现民族特色，文化消费也在不断升温，但也存在着传承人的断层化，传承环境的缺失，传统文化保护机制与传承体系不够完善，对传统文化知识产权保护不够重视及传统文化产品缺乏内在魅力与强势品牌等问题，所以发现传承过程中出现的问题并分析问题的成因对于传承并发扬传统文化是十分必要的。

一、我国传承弘扬传统文化的历史进程

中国共产党一直主张把马克思主义原理和中国具体实际情况结合起来，这个实际也包括中国传统文化。回顾建党 100 年来党和国家对待传统文化的策略和态度，是有进步也有挫折的。其基本轨迹正如学者杨凤城在《中国共产党对待传统文化的历史考察》一文中所说，"从革命思维和行为下的激烈否定、基本否定，到执政思维和行为下的理性看待，再到新世纪不同文明或文化之间百舸争流背景下的高度评价。既反映了时代主题的变换，也反映了中共思想认识的与时俱进"。

近代以来，我国传承弘扬传统文化主要经历了以下四个历史阶段。

第一个历史阶段为中国共产党成立到抗日战争全面爆发。近代以来，儒学总是被保守派和反动势力维护其利益集团的统治所利用。五四运动时期激进的反传统思想，加之中国共产党的革命纲领，使得这一时期对待传统文化基本上是采取排斥和否定态度，这种否定的态度有其历史的合理性，是启迪民智、改变当时中国半封建半殖民地性质的中国社会结构所采取的一种必要策略。

第二个历史阶段为抗日战争到新中国成立。虽然依然受到五四新文化精神的影响，但在空前的民族危机下，这一阶段对传统文化也采取理性的态度。如1938年10月毛泽东同志在六届六中全会上的讲话指出"我们是马克思主义的历史主义者，我们不应当割断历史。从孔夫子到孙中山，我们应当给以总结，承继这一份珍贵的遗产"。1940年1月，毛泽东在《新民主主义论》和张闻天在《抗战以来中华民族的新文化运动与今后的任务》的讲话中，都正面阐述了中共对待传统文化的评价和态度。

第三个历史阶段为新中国成立以后到改革开放前夕。此阶段又可分为1949年到1965年和"文化大革命"两个不同时期。前一个时期，我党"左"的错误思想逐步萌芽、抬头、加剧，对待传统文化的反对态度也逐渐加剧。虽然毛泽东在1956年提出了"双百方针"，但由于当时的国际国内气候，并没有能够在实践中加以落实。在"文化大革命"期间，传统文化的继承遭遇了寒冬。

第四个历史阶段为改革开放以后。随着世界环境和中国社会的巨变，中国共产党、专家学者、群众等不同主体对待传统文化的态度逐渐归于客观与理性。改革开放以来，实现了意识形态从革命话语到建设话语的历史性转型，正是在这种转型中我们开始把民族优秀文化传统作为中国特色社会主义建设的文化资源和思想资源。传统文化中的许多理念，结合中国发展的实际情况，完全可以有效地服务于当前的经济建设与社会发展，为实现"中国梦"提供精神动力和道德指引。

二、我国传承优秀传统文化的基本经验

正确、充分地传承中国传统文化，是一个重大的理论和现实问题。要回答和解决好这一问题，必须牢牢坚持历史唯物主义和辩证唯物主义，旗帜鲜明地反对全盘否定、虚无历史，以古非今、简单复古，故步自封、盲目排外，妄自菲薄、"去中国化"等四种错误倾向。

（一）坚持客观对待、辩证分析，反对全盘否定、虚无历史

在对待中国传统文化问题上的全盘否定、虚无历史的倾向，其主要表现是，否定传统文化的历史作用和现实意义，把传统文化说得一无是处、漆黑一片。其主要危害在于，否定了传统文化的作用和意义，否定了科学对待中国传统文化、正确传承和弘扬优秀传统文化的重要性和必要性，进而科学对待中国传统文化、正确传承和弘扬优秀传统文化也就成了伪命题。

中国共产党人是马克思主义者、历史唯物主义者，不是历史虚无主义者、

文化虚无主义者,我们始终坚持历史唯物主义和辩证唯物主义的观点、方法看待文化与历史问题。在对待中国传统文化问题上,我们要看到其在形成和发展过程中,不可避免会受到当时人们的认识水平、时代条件、社会制度的局限性的制约和影响,因而会存在陈旧过时或已成为糟粕的东西,会阻碍和束缚社会的发展进步。但与此同时,我们还应看到其在历史上发挥的进步作用和其思想精华在今天依然具有的借鉴价值。

从历史上看,中国传统文化中的优秀成分,对中华文明形成并延续发展5000多年而绵延不绝,对形成和维护中国团结统一的政治局面,对形成和巩固中国多民族大家庭,对形成和丰富伟大的中华民族精神,对激励中华儿女维护民族独立、反抗外来侵略,对推动中国社会发展进步都发挥了十分重要的作用。从现实来看,中国优秀传统文化中蕴含的"积极向上向善"的、具有"跨越时空、超越国度、富有永恒魅力、具有当代价值"的思想精华,依然可以对我们今天正在进行的中国特色社会主义伟大事业发挥积极作用,为我们认识并改造世界、治国理政、道德建设提供有益借鉴和启示。

因此,中国优秀传统文化的历史作用和时代价值,是客观存在的事实,是不应该也不可能被否定和无视的。这是历史唯物主义和辩证唯物主义的基本要求。从这个意义上说,科学对待中国传统文化、正确传承和弘扬中国优秀传统文化,就不是一个虚无缥缈、无关痛痒而是一个实实在在、关系重大的重要问题,不是要不要回答并解决而是怎么样回答并解决的实际问题。

(二)坚持以古鉴今、古为今用,反对以古非今、简单复古

在对待中国传统文化问题上的以古非今、简单复古倾向,其主要表现是,美化历史,主张复古,照搬古代历史上的做法,甚至提出"以儒治国""以儒代马"的主张。其主要危害在于,割裂马克思主义与中国传统文化的辩证统一关系,模糊马克思主义与中国传统文化的本质差异,企图动摇和代替马克思主义的指导地位。

这一问题与上一问题,实际上是一个问题的两个不同侧面,本质上还是如何客观辩证看待中国传统文化的历史作用和时代价值的问题。

中国传统文化中的思想精华、有益成分并不能代替其思想糟粕和历史局限;中国传统文化所起的历史作用和具有的时代价值,也不能掩盖曾长期占据中国传统文化主导地位并作为封建社会意识形态的儒家思想中的许多落后、消极因素,曾束缚和阻碍中国社会发展进步的历史事实。因此,对待传统文化,既不能无视其历史作用和时代价值,把它说得一无是处、踩到地上,视之为影

响中国进步的万恶之源，又不能忽视其局限性和落后、消极因素，把它说得尽善尽美、吹上天去，视之为解决一切问题的万能妙药。

中国共产党带领全国人民开展革命、建设、改革的一条根本成功经验，就是把马克思主义基本原理与中国具体实际有效结合起来，不断推进马克思主义中国化进程，并利用马克思主义中国化的理论成果指导新的实践。其中的中国具体实际当然包括中国的历史文化实际。因此，推动马克思主义与中国传统文化的有机结合，是马克思主义中国化的题中应有之义；马克思主义与中国传统文化都是推进和发展中国特色社会主义事业的必需因素，二者互为需要、不可割裂。但这并不意味着二者就没有区别、不分彼此，甚至可以相互取代。实际上，它们不仅有时代性上的差异，更有层次和本质上的区别。马克思主义是中国共产党的指导思想和立身之本，是全党全国人民团结奋斗的共同思想基础，在思想意识形态领域具有指导地位。坚持马克思主义的指导地位，是中国共产党作为马克思主义政党的必然选择，也是中国共产党经过历史实践反复检验的正确选择；走马克思主义道路不是谁强加给我们的，也不是天上掉下来的，而是中国共产党和中国人民多方比较、反复检验后做出的自主的具有历史性的选择。

因此，传承和弘扬中国优秀传统文化，绝不是要动摇和代替马克思主义的指导地位，而是要坚持以古鉴今、古为今用，发挥优秀传统文化以文化人、资政育人的作用，助力社会主义文化的发展和繁荣，为中国特色社会主义事业服务，在推进马克思主义中国化进程中不断巩固马克思主义的指导地位。

（三）坚持兼容并蓄、交流互鉴，反对故步自封、盲目排外

在对待中国传统文化问题上的故步自封、盲目排外倾向主要表现是，自满于自己已经取得的文化成就，排斥甚至拒绝学习、借鉴世界其他地区的文化成果。其主要危害在于，看上去"维护了民族文化自主性"，实际上违背文化发展规律，封闭日久难免走向没落。

"物之不齐，物之情也。"（《孟子·滕文公上》）文化多样性是客观存在的。每种文明和文化都是在特定的地理环境和特定的人群中产生和发展的，都有自己的本色、长处、优点，相应地也就都有需要丰富和提高之处。不同国家、民族的文化和文明各有千秋，只有姹紫嫣红之别，而无高低优劣之分，唯我独尊、"只此一家，别无分店"的文化优越论是不切实际的。

"独学而无友，则孤陋而寡闻。"（《礼记·学记》）文化和文明因交流而多彩，因互鉴而丰富。取人之长，补己之短，是增强本国本民族思想文化自尊、自信、自立的重要条件。任何一种文化和文明，不管它曾经如何辉煌，如果陶

醉于过往的辉煌，故步自封、封闭排外、不思进取，必然会陷入僵化、走向衰败。这是文化和文明传播和发展的一条基本规律。中华文明之所以能够遭受各种磨难而绵延不绝，其中一个重要原因，就是中华文化具有兼收并蓄、开放包容的特性，注意在同其他文化和文明的交流中汲取有益的营养，不断丰富和发展自己。

因此，科学对待中国传统文化，传承和弘扬中国优秀传统文化，不仅不能故步自封、盲目排斥域外文化，而且还应虚心学习、积极借鉴世界其他国家文化的一切有益成果，从中寻求智慧、汲取营养、取长补短、融会贯通，推动中华文化的繁荣与发展。

（四）坚持文化自信、洋为中用，反对妄自菲薄、"去中国化"

在对待中国传统文化问题上的妄自菲薄、"去中国化"倾向，其主要表现是，以洋为尊，唯洋是从，盲目追随所谓"现代潮流"，跟在别人后面亦步亦趋，主张割断历史，"去中国化"。其主要危害在于，割断中华民族的精神命脉，消除中华民族的身份认同，模糊中华民族的来路，扰乱实现中华民族伟大复兴的既定部署。

这一问题与上一问题，也是同一个问题的两个不同侧面，本质上都是属于如何正确对待民族文化与域外文化的关系问题。

习近平指出："文化自信，是更基础、更广泛、更深厚的自信。在5000多年文明发展中孕育的中华优秀传统文化，在党和人民伟大斗争中孕育的革命文化和社会主义先进文化，积淀着中华民族最深层的精神追求，代表着中华民族独特的精神标识。"不忘历史才能开辟未来，善于继承才能善于创新。任何一个国家、民族都是在承前启后、继往开来中走到今天的。身份认同是一个国家、民族凝神聚力、团结一致的重要前提，所谓身份认同，也就是要知道自己是谁，是从哪里来的，要到哪里去；优秀传统文化是一个国家、民族传承和发展的根本，如果丢掉了，就割断了精神命脉和思想灵魂。如果不知道自己是谁，不坚守甚至放弃自己的身份认同，不了解甚至有意模糊自己的来路，不正视甚至全面否定自己的历史，不珍惜甚至彻底贬损自己的思想文化，就会行无依归、丢魂落魄，就会失去方向、陷入迷途，就会丢掉根本、丧失命脉，这样的国家、民族"不仅不可能发展起来，而且很可能上演一场历史悲剧"。

中国优秀传统文化是中华民族的"根"和"魂"，积淀着中华民族最深沉的精神追求，其最核心的内容已经成为中华民族最基本的文化基因，成为中华民族和中国人民逐渐形成的有别于其他民族的独特标识，是中华民族在世界文化激荡中站稳脚跟、坚定文化自信的坚实根基和突出优势。因此，对于世界其他国家创造的优秀文化成果，既要认真学习借鉴，为我所用，又要始终坚持以我为主，坚定文化自信，坚决反对妄自菲薄、"唯洋是从"，甚至搞削足适履、去中国化的思想与做法。

三、我国传承弘扬传统文化所取得的成果

（一）传统文化产业规模不断扩大

文化消费水平是一个国家或地区经济社会发展、历史文化沉淀、国民精神素养的重要标识。近年来，我国文化产业规模不断扩大，文化消费势头迅猛，已成为经济转型的新动力。随着文化的大发展、大繁荣，传统文化在发展规模上也得到了不断扩大。社会资本投资文化产业热情高涨，文化生产能力大幅度提高，新型文化产业形态不断涌现，为社会提供了丰富多样的文化产品，文化产业在国民经济中的比例逐步增加。

文化消费的个性化、多样化，网络文化消费等新兴文化消费形式，是新常态下文化消费的基本特征。尤其是网络文化消费增长势头迅猛，网络、数字等高新技术的成熟与应用，使人们传递信息、获取知识、鉴赏文化的渠道和方式都发生了深刻的变化。互联网和移动互联网的媒体化、大众化为文化产业的表现形式提供了广阔空间。在文化产业发展的浪潮中，作为中华文化精髓的优秀传统文化以影视、综艺、旅游、展览等多种形式得到了传承与发扬。

传统文化的传承和发展所保留下来的内容数量较多，但是体现得较为杂乱，需要进行专业化的系统梳理，针对传统文化的类别和学科特点进行细致的划分。而在表现的形式上来看，中国传统文化更加注重对于人们感官体验和内心感受的启发，通过传统文化表现形式的保留，加之以现实性的创新呈现，让现代人能够感受到传统文化的现代力量。中国传统文化的影响力需要保持一种长效性的发挥，而不是一时的社会效能。在传统文化发展规模扩大的同时，注重教育和宣传的影响力，将传统文化渗透到生活中去，进行加工和创造。

（二）传统文化消费内涵明显提升

随着社会政治、经济、文化的建设的推进，人们的物质文化生活水平得到了极大的提升，在精神文化生活需求上也有了较高的要求。在文化消费上人们愿意付出更多的时间和精力，文化消费在现代社会发展环境上得到了迅速的升温。

在民族文化自信逐渐建立的背景下，承担着优秀民族文化传承和发展的

使命的旅游业将进一步繁荣，尤其是民俗体验旅游将进一步受到人们的热捧。伴随着经济的发展，旅游价格和景点距离已不是决定游客流向的决定条件，很多游客越来越重视旅游的质量。传统民俗景点过往用知名度和噱头吸引游客的策略将逐渐落伍，提高旅游品质、丰富景点传统文化内涵、诚信经营将是旅游业发展的新策略。中国人的出行目的地不再是仿建的法兰西小镇和少数的几个名山大川，而是开始倾向于蕴含中国优秀传统文化的地方，具有"民族特色"和"当地特色"的相关旅游产品和下游服务将会越来越受到人们的青睐。

图书影像消费方面，越来越多的人摒弃所谓的成功学、管理学、心灵鸡汤等图书而倾向于选择中国古典名著，如《曾国藩家书》《论语》《小窗幽记》等一大批经典图书受到年轻人的追捧。与此同时，具有中国古代侠义风格且做工考究的影视作品也层出不穷，如侯孝贤的《刺客叶隐娘》、李安的《卧虎藏龙》等都取得了巨大的票房收入。

此外，社会上国学班、书法班非常受欢迎，家长让孩子在入学前就开始接受国学的教育，对于传统文化内容进行学习和了解，注重对于传统文化的德育引导作用，通过传统文化的内涵性影响孩子的行为方式，以家庭教育和学校教育的共同推动帮助孩子形成较好的思想意识和品德修养。一方面，可以透过传统文化的学习来获得德行上的熏陶；另一方面，可以通过书法教育、国画教育、戏曲教育等多种传统文化形式去深入了解中华民族的文化发展历程，以此来提升自身的传统文化素养。

在文化消费的理念上，中国传统文化所传达的是理性、适度的理念，讲求的是以和为贵的思想。勤俭节约是中华民族的传统美德，也是市场经济环境下消费行为所要秉承的重要理念。文化消费就是引导大众更加理性地消费，注重对于消费的合理分配，注重在精神文化消费上的投入。文化消费能够推动社会文化氛围的营造，能够提升大众的思想意识和行为方式的统一。中国传统文化有很多亟待挖掘的文化内容，文化消费能够在思维方式上给人们以启发：一方面，在大众的消费选择上给予积极的引导，提升大众消费视野，以更加多样性的文化产品满足消费者的需求。另一方面，给市场主体以启发，通过利用传统文化特有的文化内容发展文化产业内容，形成科学的文化消费体系，活跃市场经济下的产业结构，形成传统文化独立的消费格局，引导市场经济的规范化、稳定化发展。

（三）传统文化的世界影响力增强

随着全球性竞争的日趋激烈，文化竞争作为一种软实力对于提升中国的战略地位有非常重要的作用。"中国制造"从整体上看是一个全方位的商品，不仅包括物质成分，也包括文化成分和人文内涵。中国传统文化的发展受到了世界广泛的重视，如中国的武术蜚声世界，如美国系列电影《功夫熊猫》和《花木兰》都是对中国传统文化的高度弘扬，证明了中国文化的世界影响力。中国传统文化中有着非常丰富的文化内容，反映了中华民族的文化品质和民族情怀，其中涵盖的传统文化元素较为多样，可以充分融入诸多产品设计和产业发展中。优秀的传统文化不仅仅能够提升中国在世界市场竞争中的实力，还能够打造中国特有的文化品牌，让世界认识真正的中国。中国传统文化的传承需要形成产业化模式，以极具特色和文化影响力的内容来提升产业的附加值，将传统文化作为一种重要的手段来提升我国的竞争地位，打造中国传统文化的品牌内容。

中国传统文化蕴含着中华民族深沉的精神诉求，蕴含深厚的文化软实力。传统文化的"中国制造"不仅仅需要发掘民族文化、本土文化的特色，以具有创新性的文化内容、文化形式来产生较为深刻的文化影响力，同时也需要注重对于时代性文化元素的融合，注重对于中西方文化的融合，在传统文化的"中国制造"中下足功夫，找到文化交流的契合点。"中国制造"体现在市场经济条件下中国文化的产业化升级，使文化和经济相互推动，在实现文化传承的同时提升传统文化的经济价值，为传统文化的传承创造更多的发展空间，积累传统文化发展的基础。对于中国传统文化走向世界应该体现思维的灵活性和开放性，注重细节的设计和内涵性的赋予，用文化交流的语言打入国际市场。优秀传统文化的传承与创新也是永无止境的，对于传统文化的"中国制造"应该有世界性和时代性的发展眼光，以更为长远的战略规划，打造有中国特色的文化品牌。

第三节　新时代中国优秀传统文化传承面临的发展机遇与挑战及继承的必要性

一、中国优秀传统文化传承面临的发展机遇

（一）国内机遇

中国优秀传统文化传承面临的国内机遇包括：文化自觉是优秀传统文化发展的巨大动力；经济发展是优秀传统文化的根本条件；政治的发展是优秀传统文化最好的环境支撑。

在中华民族优秀的传统文化之中，诸子百家的思想观念成为一个整体。优

秀的传统文化不管是在思想上还是在艺术、伦理上，都有着很大的成就。在中华民族的发展过程中，优秀的传统文化始终都在传承着，一直为人们提供着精神上的支撑和心灵上的慰藉。近代以来，虽然中华民族有着非常大的变化，但是中华优秀的传统文化越来越被人们重视，不会消失，它是先进文化的重要思想资源，支撑着中华民族的精神世界，鼓舞人民奋勇向前。中华民族和文化主体具有历史统一性和生命生态性。

在优秀的传统文化之中，一定要坚持和发展中国特色的社会主义理论体系，主要内容有：

第一，前提条件是树立正确的传统文化观念。传统文化的内容是十分丰富的，包括它和民族文化、世界文化之间的相互关系，它与马克思主义中国化的相互关系，它和当今文化发展的关系。所以，正确而且科学的传统文化观念是马克思主义中国化伟大事业的前提条件，它也能发挥出传统文化自身的现实性。

第二，实践是传统文化的基本立足点。优秀的传统文化要实现其价值，就要在坚持和发展中国特色社会主义理论体系的过程中始终坚持实践，要实现现代化的发展，就要适应当今社会实践的现实性。

第三，经济和政治基础是优秀传统文化发展的重要保障。

第四，文化的创新是传统文化的核心。文化的创新是十分重要的，优秀的传统文化要想适应当今社会的发展，就要创新。要发挥传统文化的特长，重新定义传统文化，建立好社会主义核心价值体系，用正确的方法实现传统文化的创新转型。

第五，执政党建设是关键。中国共产党要担负传承优秀传统文化的责任，利用其加强党的建设，这是非常重要的，它关系着国家和民族的命运还有未来前途。要想办好中国的事情，关键在党；能否充分利用优秀传统文化来发展中国特色社会主义理论，关键也在党。

第六，根本是提高人民的文化素质和修养。人是最重要的因素，而文化素质是人最根本的素质，文化素质是国家素质。要想提高人民的文化素质，就要鼓励全民阅读。解决好文化创新问题，就要通过全民阅读提高国民的文化素质。

（二）国际机遇

中国优秀传统文化传承面临的国际机遇如下：第一，人们对于西方文化的思考和对中国传统文化智慧上的热切盼望；第二，经济的全球化给中国文化走向世界提供了机遇；第三，文化全球化加快了人类为世界文化的发展提供支持，中华民族文化得到传承和创新。这些机遇帮助我们树立世界性的文化发展理念，有利于我们增强民族自尊心和自信心，我们能更强烈地认清我们自己的文化，在与各国文化的交流中互相切磋。

经济全球化的迅猛发展，使得整个国际社会变成一个更加紧密联系的体系，没有任何一个国家能够置身其外而"独善其身"。经济全球化极大地推动着中国的产业升级和社会转型，过去长期存在的落后的产能和体制机制都将被市场化大潮所淹没，而经济全球化倡导现代性思维，又在很大程度上了减轻了制约文化创新发展的制度性因素，这对于中国优秀传统文化的创新发展来说，不失为一个机遇。

经济全球化极大地推动着中国特色社会主义市场经济的发展和完善，它不仅推动着中国经济从传统到现代的发展转变，还从根本上推动着中国社会由传统到现代的历史性跨越。当今中国传统文化在很大程度上已经显现出与时代要求不相适应的问题，必须在内容上注入更多的时代元素，必须对其内涵、精神特质、价值追求等方面进行扬弃，对其传播手段进行创新，才能更好地适应新的发展要求。在经济全球化的推动下，市场的规则惯例、经济的管理和运行方式、现代企业制度等都要与国际接轨，由此在文化层面上引入了一整套法律法规及与之相适应的思想观念、价值体系，而这一点正是我国传统文化中所欠缺的部分。在经济全球化背景下，越来越多的国际性行业标准、国际性规范，以及达成的国际共识，将直接影响到我国的一系列对内对外政策，从而催生新的发展理念、管理模式，并在很大程度上影响到我们的生活方式、思维理念和价值观念，这都将对我国优秀传统文化创新发展产生重大的影响。

市场经济的快速发展与文化创新二者之间是相辅相成、互相促进的关系。一方面，市场经济体制的不断发展和完善，必然在自觉与不自觉间改造中国传统文化，形成新的更加融合包容的文化；另一方面，适应发展变革的、具有极强活力的优秀传统文化又能反过来带动市场经济的发展。经济全球化既为中国优秀传统文化的创新发展提供经验借鉴，同时又为中国优秀传统文化走向世界、扩大自身文化的影响力提供了广阔的平台。

二、中国优秀传统文化传承面临的挑战

（一）国内优秀传统文化传承面临的困境

1. 传承的内容不够丰富

新时代中国优秀传统文化的传承内容不够丰富。第一，中国优秀传统文化在新时代得以发展和创新，但对于巨大的文化宝库而言，已开发的中国优

秀传统文化的内容只是冰山一角。中华民族五千多年来形成的中国优秀传统文化中所蕴藏的巨大文化宝库仍然未被全面开启。面对庞大的消费群体，如何开发和创造出更多更好的内容和素材是未来我们要努力的方向。第二，西方文化和外来文化对中国优秀传统文化的冲击，导致无法有效保证传承内容的多样性、多元性和有效性。中国优秀传统文化的传承内容难以被理解、运用和开发，离开了具体的时代背景和社会条件，便难以深入理解其真正的内涵和价值。因此，在创造和转化的过程中就往往会存在被曲解、误导的状况。第三，对中国优秀传统文化的挖掘不够深入。例如，文字、服饰、建筑和节日等元素背后都蕴含着所需传承和发展的内容。实践证明，越有文化底蕴的产品越能获得公众的认可。所以说，这种文化自觉的打造也是必不可少的。此外，在实际过程中，往往会忽视对日常必需品的创新和改造，传承内容显得单一无趣并且日常利用率偏低。

2. 传承体制不够完善

对于中国传统文化内容的传承和保护不仅仅需要大众的广泛参与，更需要政府、社会组织和相关机构的参与管理。但是目前传统文化的传承和保护现状并不是很乐观，在出现不可挽回的文化损失之后人们才认识到传统文化的重要性。很多传统文化中的文化遗产已经受到了大规模的破坏，甚至很难去修复。这样的遗憾时有发生，其根本原因就是在法律法规保护上存在着很大的缺失和漏洞。很多人意识不到传统文化的继承和保护是涉及法律范畴的，而仅仅依靠道德的约束是不可能完全实现对传统文化的传承和保护的。

基于上述现象，应该有严格的法律规范实现约束力，让大众意识到破坏传统文化遗产的严重性，认识到中华文明传承的重要性，提升大众的责任感和道德感。不仅仅是针对不文明的行为，对于倒卖和偷盗的行为更是要通过法律进行严厉的制裁。传统文化的法律保护不是一句口号，需要形成具体的法律条文的规定，但是目前在传统文化继承方面的法律法规并不完善，很多内容都亟待重视和丰富起来。不仅仅要完善法律法规的内容，还需要在大众范围内进行普法教育，需要法律的约束和大众的监督，保障传统文化的传承发展更具威慑力和权威性。

3. 传统文化产品缺乏竞争优势

目前在市场上充斥各类传统文化产品，对于这些种类繁多的文化产品，很大一部分人们感受不到其吸引力所在。传统文化不是若干个文化符号的拼凑，其体现在一种文化精神的凝聚力。在文化产品的设计上，设计者应该赋予文化产品很多的情感内容，体现传统文化发展下的人文关怀程度，将传统文化内容和精神实质得以真正的传承。传统文化一向是中国人的情感倾诉的窗口，民族情怀、文化情感，透过一种颜色、图案，甚至是一个简单的符号都能够唤起人们的心理的变化，但是在设计和搭配上设计者和商家往往更多的是考虑商业价值，在搭配上一味地追求新意而忽视了用户对传统文化产品真正的需求。

现代人的物质文化生活得到极大的丰富，因而人们在文化产品的选择上更加注重的是整体的功能性发挥，注重实用性、审美性和情感性的综合性考量。文化产品如果缺乏中华文化内在的魅力是很难长久占领市场的。文化产品的附加值的产生需要重视对于文化内涵性的发掘，真正地呈现文化产品的特色。传统文化的传承和发展需要形成产业文化，融入产品的设计和生产中，融入市场的环境中，在市场竞争中获得发展的机会，这种环境下的传统文化发展才能够更具坚韧性，发挥更多的现实魅力和影响力。

4. 部分非物质文化遗产的传承人逐渐减少

物质文化遗产以物质的形式存在，较早地受到关注和保护；而非物质文化遗产是抽象的、无形的，在我国的受重视程度一直不够。在漫长的历史时期，非物质文化遗产一直是以口头语言、表演艺术、传统技艺、表演艺术、实践活动等形式存在，传承媒介单一，主要还是靠着人与人之间的传承。因为受众的减少，一些传统技艺的修习难度高，城市化进程对青年人生活习惯的影响，部分非物质文化遗产的传承人的老龄化加剧，而青年人对这些文化和技艺缺乏兴趣，在传承梯度上出现后继无人的局面。尤其是对于一些民俗技艺，非物质文化遗产的传承主体是民间团体和个人，传承人趋于老龄化，他们对于一些传统文化的内容有较为深入的了解，是这些文化的最直接的接触者和应用者，而且能够很好地表现出这些文化形式，他们生活成长的环境始终保持着和传统文化的密切联系。而且在其所在的历史时期，人们对于传统文化的重视程度远远高于现在，传统文化素养被作为衡量一个人文化水平的重要标准之一。

以古琴为例。古琴是中华传统美德的载体之一，古琴历史悠久。弹奏古琴历来被称为文人雅士修身养性必由之径，古琴是浓缩了中国古典文化的一种艺术形式，历代琴人都强调天人合一的理念，众多的琴曲都强调淡泊的心境。在几千年的古琴历史文化中，受到儒家中正和平、温柔敦厚和道家顺应自然思想的影响，古琴音乐风格追求的是闲适、清淡、含蓄、幽远的意境。2003年古琴被评为世界非物质文化遗产。古典名曲高山流水便是古琴所奏。正因为古琴的弹奏更强调心性的修为，当今浮躁的社会风气是古琴文化流失的一个重要原因。

而且古琴技法多变，技术娴熟的老一代琴师逐渐老去，受西洋乐器的冲击，修习古琴的人越来越少，古琴文化逐渐势微。

（二）外来文化对中国优秀传统文化的冲击

不同文化的碰撞融合不仅仅为中国优秀传统文化发展带来机遇，同时使中国优秀传统文化面临着极大冲击，深刻影响并改变着中国人的传统观念，为中国优秀传统文化的传承与发展带来了巨大挑战。

1. 文化渗透威胁国家安全与社会稳定

文化是维系一个国家和民族的精神纽带。在经济全球化背景下，西方国家借助强大的经济实力和先进科学技术，利用其文化产品发达的优势，用尽各种隐晦方式和传播媒介来宣扬资本主义的意识形态，推行西方的价值观念，控制意识形态领域的话语权。中国作为世界上最大的发展中国家，经济总量位居全球第二，是维护世界和平的重要力量，自然引起了美国等西方国家的担忧，其将中国看成竞争对手。若任由这种情况发展，不仅会影响我国意识领域安全，也会威胁我国的社会稳定。

2. 西方霸权带来的文化入侵阻滞我国的文化发展

在经济全球化进程中，由于西方资本主义国家在经济、政治等方面占据主导地位，因而他们利用商品销售和资本输出的优势，极力推行文化霸权，通过各种联盟、论坛、学术会议、评奖和网络文化宣扬资本主义文化的优势，控制文化交流对话的话语权。一方面，西方一些发达国家，为了达到文化入侵的目的往往打着"民主""自由"的幌子，宣扬资产阶级民主，单向输入自己的价值标准，而现实中又利用文化霸权采取双重评判标准，指责别人，掩饰自己的霸权行为，有时极具欺骗性。不仅如此，西方文化霸权还利用其发达的技术和文化产业优势侵占我国文化资源，挤压我国文化产业发展空间。这些行为严重阻滞中国优秀传统文化的传承与发展。

3. 文化与经济"有机融合"致使文化商业化"作秀"

经济与文化相互制约、相互影响。文化作为一种观念形态而存在的社会意识，它又区别于经济发展规律，存在着相对的独立性。然而经济全球化条件下这种独立性逐渐被削弱，优秀传统文化在传承上容易形成商业化"作秀"。

文化与经济的"有机融合"不仅体现在文化作为上层建筑对经济的发展反作用，更是体现着经济作为物质基础对文化发展的决定性作用。因此，文化的商业化运作既是文化生存和传承的一种方式，也是促进经济发展的一种方式。但出于对利润的追求而进行的商业化运作，成为一种自发的逐利行为，而不是自觉的文化传承需要。例如，古朴的小镇中充斥着一些不知含义的西式商店名称，古寺院门口摆放了一些充满商业气息的广告等，冲淡了传统文化的感染力，使人们在享受消费过程中潜移默化地接受了西方文化，从而淡化了对自己优秀传统文化的了解。因此，如果不加强管理，文化传承的根基就可能会受到影响。同时，文化与经济"有机融合"过程中，必然会滋生一些拜金主义、享乐主义、极端个人主义、唯利是图等腐朽思想。这些物化了的文化内容和形式对中国优秀传统文化传承与发展形成了严峻的挑战。

4. 文化冲突冲淡国人对中国优秀传统文化的文化认同

文化认同，是人们在一个民族共同体中长期共同生活所形成的对本民族最有意义的事物的肯定性体认，其核心是对一个民族的基本价值的认同，是凝聚这个民族共同体的精神纽带，是这个民族共同体生命延续的精神基础。特定的民族和地域有着特定的文化，不同文化在行为习惯、价值标准、思维方式方面具有先天的差异性。由于它们天然价值标准和评判尺度的不同以及利益追求的不同，必然会在文化碰撞中发生冲突。中国优秀传统文化传承发展了五千年从未中断过，所倡导的爱国主义、仁爱平等、自强不息、"和合"、勤劳、尊重自然等先进的价值观念对维系社会和谐、促进社会进步发挥着重要作用。但随着经济全球化的不断深入发展，世界各国文化以其独特的民族性广泛交融，相互影响，中国优秀传统文化自然也面临多元文化的强力冲击，从而导致国人淡化对中国优秀传统文化的文化认同。

总的来说，中国传统文化的发展之所以受到西方文化的冲击，从根本上来说在大众范围内，传统文化的影响力不足发展动力不足，没有形成较为深厚的基础，其实大众对于传统文化的了解并不是很深入，甚至有的人对传统文化存在着极大的偏见，认为传统的就是过时的，不符合现代文化发展需求性内容，因而全盘的抛弃传统文化，不愿意去深入学习和传承，这就陷入了传统文化传承的误区。传统文化的继承发展和外来文化的借鉴学习之间并不矛盾，但是对于现代人来说，应该分清主次，分清文化传承是首要的任务，提升对于传统文化传承的重视程度。

三、新时代继承中国优秀传统文化的必要性

发展以继承为前提，并且是继承的必然要求。中国优秀传统文化凝聚了中

华上下五千年的创造力和智慧，是中华儿女赖以生存的精神支撑。推动文化强国离不开对传统的继承，一旦离开，文化发展就是无本之木、无源之水。

（一）文化内源性发展的需要

内源性发展是指从事物内部产生的、以更好地满足人们需要的发展。传统文化作为历史的产物，既包括不符合时代发展要求的糟粕，也包括符合时代要求的精髓。文化内源性发展即指立足于传统文化自身发展的内在诉求，要有选择性和针对性地剔除传统糟粕文化，继承传统文化中的优秀因子，使优秀的中国传统文化在新时代焕发新的生机和活力，满足人民日益增长的美好生活需求。

新时代，我国的社会生产力水平得到了广泛程度的提升，人们的生活水平也有了显著提高，但是依然存在着贫富差距扩大、利益阶层固化、文化道德信仰危机、社会矛盾加剧和生态破坏严重等发展不平衡、不充分的问题。从历史传统中汲取经验，把中国优秀传统文化中所蕴含的爱国、自强、人本、中和、协调、崇德等思想精神和人文诉求与新时代要求相融合，可以为当下问题的解决提供可行的思路。要剔除传统文化糟粕、挖掘继承中国优秀传统文化，就必须结合新时代新要求，赋予中国优秀传统文化以新的时代价值，使中国优秀传统文化焕发生机与活力，以助推文化的内源性发展。

（二）构建当代文化认同的必要基础

文化认同作为一种文化信仰，是指人们对其所属文化和文化群体形成的承认感和归属感。这种认同能够增进民族凝聚力和向心力，推动中国特色社会主义文化建设和文化软实力的提升，进而助力社会主义现代化和中华民族伟大复兴中国梦的实现。

新时代，随着信息社会的发展，各国间的普遍联系进一步加强，在文化建设中不可避免地存在着多元文化价值观的碰撞与冲击。面对外来文化，需要保持清醒独立的态度，在吸收借鉴有益于自身发展的文化的同时，要坚决摒弃外来消极文化。但是在这个过程中并不是每个人都能够对外来文化的适用性加以区分，一旦思想立场不坚定，就极易受到外来文化的荼毒而偏离中国特色社会主义的主流价值观，崇尚享乐主义、拜金主义和极端主义，甚至认为"外国的月亮比中国圆"，引发对中国特色社会主义文化的认同危机。

民众面对外来多元文化，动摇思想立场和缺失文化自信，实际上最深层次的原因是作为当代文化源头的中国传统文化中的优秀基因没有得到有效的继承。构建当代文化认同离不开传统文化中精华因子的被继承。不忘历史才能开辟未来。优秀传统文化是一个国家、一个民族传承和发展的根本，如果丢掉了，就割断了精神命脉。只有继承了优秀的中华传统文化因子，才能加深民众对优秀中华文化的理解，进而认同凝聚了传统文化精髓的中国特色社会主义文化，从而有效地坚定民族文化自信以及增强国家文化软实力，在文化多元化的大背景之下有力抵制外来文化的渗入并保障国家文化环境的安全。

（三）创新中国优秀传统文化的首要前提

文化源于实践。文化创新要立足于新时代新背景，但是立足于新时代背景进行的文化创新需要以文化继承为前提。继承传统文化，不是为继承而继承。继承的最根本的目的是实现传统与现代的对接，为现代服务。但如果是不加选择地对传统文化生搬硬套，就会阻碍社会的健康发展。创新不是对中国所有传统文化的全盘创新，而是有选择性、针对性地创新优秀的中国传统文化，而这一前提就是挖掘优秀中国传统文化的内涵。在此基础上，结合时代要求，赋予传统文化新时代内涵，才能实现中国优秀传统文化的创新。

联系是普遍存在的，新事物在原有事物的基础上形成和发展。因此，不能够空谈创新而离开传统文化之基；更不能不加选择地脱离优秀传统文化，全盘文化创新。空谈文化创新和全盘文化创新都不利于塑造民众的文化信仰和坚定民众的文化自信心，从而造成文化大厦的崩塌，影响国家文化软实力的提升。习近平在纪念孔子诞辰 2565 周年国际学术研讨会暨国际儒学联合会第五届会员大会开幕会上的讲话中提出，"我们要善于把弘扬优秀传统文化和发展现实文化有机统一起来，紧密结合起来，在继承中发展，在发展中继承"。缺少了继承，就谈不上创新。缺少继承的创新是无水之源、无根之木。

第四节　新时代传承弘扬中国优秀传统文化的基本思路和有效举措

一、新时代传承弘扬中国优秀传统文化的基本思路

（一）对中国传统文化要有扬弃地继承

炎黄子孙之所以有着强烈的归属感，正是因为中华民族源远流长的传统文化深深地把我们凝聚在一起。但是我们也不能一味盲目地推崇传统文化中的全部内容，因为随着我国国情的变化、社会经济的发展，传统文化中的许

多内容早已与当今时代不相匹配，甚至背道而驰。如何让我们的传统文化在当今时代继续传承发展，这是历史赋予我们的宝藏，同时也是时代赋予我们的难题。

要解决这一难题，最好的办法就是对中国传统文化进行扬弃继承。只有扬弃继承，才能充分挖掘中国优秀传统文化的精华，才能充分展现价值，才能充分激发生命力。习近平用他的实际行动为我们做出了亲身示范，继承中国传统文化的精华部分，并且充分与我国国情、时代特色和马克思主义理论相结合，赋予传统文化鲜活生命力的同时在全社会形成传承中国优秀传统文化的热潮。扬弃地继承更要充分利用新媒体的力量，微博、微信和各种微视频有着庞大的受众群体、极快的传播速度和可观的浏览量，要真正做好扬弃继承，还要信息发布者的自律、平台的审查和国家的监管多方面共同努力，让规则成为习惯，为传统文化扬弃的继承创造条件。传统文化的扬弃继承离不开个人的努力，只有在思想上真正树立良好的传承优秀传统文化的意识，才能在能力上不断充实自己，面对传统文化时才可以做出正确的判断，真正做到对中国传统文化扬弃的继承。

（二）对优秀传统文化进行创造性转化

"中国传统文化"是农耕文明的产物，轴心时代形成并传承至今的儒、道文化，几千年来一直是中国传统文化的思想内核。中国传统文化在历史上多次转化，第一次较大的转化发生在西汉时期，第二次大转化发生在两宋时期，第三次最大的转化伴随着哲学革命发生在近代。其结果是实现了中国主流文化的创造性转化和创新性发展，产生了当代中国马克思主义，同时形成了"马、中、西"的三足鼎立。在马克思主义理论与中国优秀传统文化相结合、相碰撞的今天，对其进行创造性转化，从而更好地继承和弘扬中国优秀传统文化。习近平不止一次强调过传承优秀传统文化的重要性，对中国优秀传统文化进行创造性转化就是最好的传承方式。

要做好中国优秀传统文化的创造性转化，可以充分学习毛泽东曾提出的"古今中外法"。首先要处理好优秀传统文化与外来文化之间的关系，需要我们树立起文化自信，以高度的文化自信去接纳、借鉴和吸收外来文化中符合我国国情特点的有益成分，充分发挥中国优秀传统文化的包容性，通过融入新的文化因子来激发优秀传统文化的活力。同时，把中国优秀传统文化与现代文化相融合也是其创造性转化的重点之一，把中国优秀传统文化中的精华部分与当今时代相结合，是优秀传统文化创造性转化的重要实践。

（三）对优秀传统文化进行创新性发展

针对中国优秀传统文化的创新性发展，就是以优秀传统文化为底蕴，充分发挥现代社会的创新努力，把优秀传统与现代文化形态的新内容相结合，从内容和形式上进行创新性发展。

一方面，中国优秀传统文化创新性发展的重点就是其内容的创新，目前我国坚持马克思主义理论为社会主义先进文化引领方向。因此，就必须在优秀传统文化的内容上与马克思主义理论进行充分融合和创新，其不仅是优秀传统文化传承的需要，更是建设中国特色社会主义文化的需要。

另一方面，要充分利用当代新媒体等新兴传播媒介，让中国优秀传统文化在传承方式上加以创新。面对层出不穷的各种新兴科技，在我们体验新鲜感的同时，不妨把优秀传统文化创新改变为一个更加时尚的方式，让这些古老的文字，变得鲜活可爱起来，在新的时代焕发出新的活力。近年来，《中国诗词大会》《经典咏流传》《国宝档案》等喜闻乐见的电视节目用一种流行时尚的方式，把中国优秀传统文化展现在观众的面前，不仅满足了观众的视听享受，而且也以一种创新的方式为中国优秀传统文化的传承做出良好的示范。以中央频道播出的《经典咏流传》为例，其中一期把白居易的经典长诗《琵琶行》改编成流行歌曲，不仅是对优秀传统文化的创新性表达，更是让人耳目一新，充分激发了广大群众对于优秀传统文化的学习热情。

（四）坚持马克思主义的思想指导

马克思主义是中国特色社会主义意识形态的核心和灵魂。加强社会主义先进文化建设，必须坚持马克思主义的指导地位，这是弘扬与创新中国优秀传统文化的首要原则。马克思主义是在汲取人类优秀文化财富基础上形成的科学的理论体系，是社会主义国家居于主导地位的意识形态。文化在本质上是"人"的文化，它以体现人的本质、提高人的素质、实现人的自由为价值目标。而马克思主义正是这样的一种价值体系，它以人的全面自由发展为自己的终极目的。马克思主义自诞生以来，以其自身实践性、科学性、革命性、批判性的品质，始终引领世界思想潮流，成为改变世界的强大思想武器。

马克思主义在十九世纪末二十世纪初传入中国，使中国人民在精神上由被动变为主动，并跟上了世界发展潮流。近代以来，中国人如果没有对马克思主义的充分信仰，没有把马克思主义和中国实际情况结合起来推进马克思主义中国化，中国革命和建设也不可能取得成功，中国现在仍然四分五裂，没有独立，也没有统一。中国现代化的命运、中华民族伟大复兴中国梦与对马克思主义的坚持与发展紧密联系在一起。正如习近平所说："马克思列宁主义、毛泽东思想一定不能丢，丢了就丧失根本。"学者陈秉公则认为，"马克思主义成功地指导中华民族实现独立解放和现代化的伟大实践，已有近百年历史，在中华民族的精神世界已经形成了一个传统——马克思主义中国化传统"。

这种新的传统已深深融进中国先进文化建设之中。中国先进文化应该是马克思主义指导的，体现民族性、科学性、大众性，继承了中国传统文化精华的文化。在弘扬与创新中国传统文化的过程中坚持马克思主义的指导，不仅是抑制传统文化沉渣泛起的需要，更是保持文化发展方向性的关键。因为我们强调重视传统文化的力量，并不是简单的复古，也非全面的回归，而是在辩证唯物主义和历史唯物主义的指导下，对传统文化进行甄别筛选，取其精华去其糟粕，把优秀传统文化纳入社会主义核心价值体系，让社会主义先进文化更接地气，更有力量。

（五）坚持以人民为中心的价值追求

人民群众的需要是思想工作的价值指向。2014年10月，在文艺工作座谈会的讲话中，习近平指出，"人民既是历史的创造者、也是历史的见证者，既是历史的'剧中人'，也是历史的'剧作者'"。在党的十九大报告中，他再次强调了以人民为中心的发展理念。这种理念体现了中国共产党的性质，体现了思想政治教育的本质，也体现了中国特色社会主义先进文化的发展目的。中国特色社会主义先进文化的服务对象和依靠力量当然是人民群众，弘扬和创新优秀传统文化也应该坚持以人民为中心的价值追求。如果脱离了这个价值追求，将会使我们的传统文化资源失去它的主体性、方向性和目标性。

坚持以人民为中心的价值追求，必然要求文化扎根于人民，为人民抒写、为人民抒情、为人民讴歌，必然要求文化传承应针对当前人民群众思想文化中存在的问题，推出符合实际的解决方案，强化价值引导。深刻的社会变迁使社会主义意识形态面临着思想上的风险挑战。市场经济丰富的消费文化给人们提供了一个自由思考、自由表述、自由感受的广阔空间，但同时过度强调"口味即市场"，只要有人喜欢，就有人生产，感性战胜了理性，欲望超越了意志，本能僭逾了精神，思想活动的独立性、选择性、多变性、差异性明显增强，人们容易对主流的价值观念产生怀疑。党的十八大以来，这些情况大为好转，但我们要做的工作还有很多。针对思想道德领域的薄弱环节，我们要把以爱国主义为核心的民族精神，伦理道德中的"仁、义、礼、智、信"，人格修养中的内省自律、克己慎独、重义轻利等与人民对美好生活的向往联系起来，用传统文化的力量怡情养志、涵育文明。

（六）立足于当代中国的社会实践

改革开放是当代中国最鲜明的时代特征，经过四十多年的改革开放，中国特色社会主义进入了新时代。新时代的主要矛盾不同于以往其他历史阶段，已经转化为人民日益增长的美好生活需要和不平衡不充分的发展之间的矛盾。矛盾的变化是当前中国社会最大的实践，文化的传承、创新与发展都要围绕解决这个矛盾而进行。当前，我国的文化事业和文化产业都取得了较为显著的成绩，但从中外对比来看，与中国在国际上的地位、与人民日益增长的精神生活相比，还存在较大差距。

党的十九大报告宣示中国进入了社会主义新时代。这个新时代，是承前启后继往开来的新时代，是全面实现小康社会、建成现代化强国的新时代，是实现中华民族伟大复兴中国梦的新时代，也是我国日益走近世界舞台中央的新时代。新时代要有新气象、新作为、新思想，对文化建设来说就是要围绕新的社会矛盾，在马克思主义的指导下，萃取中国传统文化的精华，形成具有中国特色、中国风格、中国气派的话语体系，能够用"中国话"讲述、传播、传承中国故事。中国故事来自当前中国特色的社会主义社会实践活动，这种实践活动是与改革开放40年的历史、新中国近70年的历史、社会主义500年的历史，中华文化5000年的历史紧密联系在一起的。要讲述当代故事，必须拥有历史思维、传统底蕴、文化观念。当前，我们要结合思想文化领域的热点难点问题，深入挖掘传统文化与时代契合的内容，不断赋予其新的时代内涵，使之与实践发展要求相适应。

二、新时代传承弘扬中国优秀传统文化的有效举措

（一）坚持价值引领，增强文化自觉

费孝通指出，文化自觉的意义在于生活在一定文化中的人对其文化有'自知之明'，明白它的来历、形成的过程，所具有的特色和它的发展的趋向，自知之明是为了加强对文化转型的自主能力，取得决定适应新环境、新时代文化选择的自主地位。那么在当代的直接表现就是对中国优秀传统文化发展方向的认同、对中国特色社会主义道路的认同、对社会主义核心价值观的认同。要在经济全球化的进程中传承和发展中国优秀传统文化，首先要明确中国优秀传统文化传承和发展在当代的评价标准。从古至今，任何一个社会都有着自己的价值导向，"统治阶级的思想在每一个时代都是占统治地位的思想"。我国是中

国共产党领导的、人民民主专政的社会主义国家，这也就决定了我们社会的价值导向是社会主义核心价值体系。

那么在这一价值导向前提下，我们建设的一定是社会主义文化，中国优秀传统文化的传承和发展也一定要符合社会主义核心价值体系的评判标准，一定要坚持社会主义核心价值观的价值引领。社会主义核心价值体系不仅是社会主义内在精神的体现，更是社会主义制度在价值观上的本质要求。社会主义核心价值体系不仅展现我们对社会主义现代化建设的要求，更揭示了"以人为本"的执政理念是推动实现人民利益诉求的根本所在。中国优秀传统文化只有坚持以社会主义核心价值体系为导向，只有以这样的方式传承和发展才能形成一个统一的文化精神。人民大众只有在社会主义核心价值体系的引导下，才能认识和体会到中国优秀传统文化的魅力所在，积极探索优秀传统文化的当代内涵，赋予优秀传统文化时代气息，增强民族文化认同。以文化自觉提升核心价值观建设，以核心价值观建设提升文化影响力，推动中国优秀传统文化的传承与发展。

一方面，弘扬中国优秀传统文化是以社会主义文化建设为基础的。那么一定要坚持以马克思主义、毛泽东思想和中国特色社会主义理论体系为指导，坚持以人民为中心的理念，坚持"文化创造性转化与创新性发展"的文化发展方针，发展和谐文化，提高文化产品质量，让文化引领时尚，推动社会发展进步，教育和熏陶广大人民。另一个方面，"一个政权的瓦解往往是从思想领域开始的……我们必须把意识形态的领导权、管理权、话语权牢牢掌握在手中，任何时候都不能旁落，否则就要犯无可挽回的历史性错误"，坚持马克思主义、毛泽东思想和中国特色社会主义理论为指导，就是要牢牢掌握意识形态的主导权。意识形态领域的主导是社会稳定、国家安全的保障，当国家安全和稳定的社会基础都不存在，就根本无法谈论其他一切的发展，那也就无从谈起如何传承与发展中国优秀传统文化。

只有对中国优秀传统文化有着高度的自觉，才能深刻地认识到中国优秀传统文化历史地位和当代地位，把握住中国优秀传统文化的发展方向。只有坚持社会主义核心价值体系，坚持马克思主义、毛泽东思想和中国特色社会主义理论体系的指导，运用好马克思主义中国化最新理论成果——习近平新时代中国特色社会主义思想，才能实现中国优秀传统文化的传承与发展。

（二）坚定文化自信，增进文化认同

文化自信是中国优秀传统文化传承与发展的重要影响因素，它是一个民族对自身文化价值的认可。只有对自身文化有着坚定信仰，才能使传统文化在经

济全球化背景中充满活力，得以延续和发展。而文化自信的底气来源于中华民族在绵延五千年文明发展中对优秀传统文化的文化认同，也来源于中国革命、建设、改革的伟大实践过程形成了革命文化和社会主义先进文化的文化认同，正是因为有着坚定的文化自信，才能在历史长河中保持自我，在优秀传统文化基础上不断地吸收外来文化优秀成果，形成了独具特色的中国文化。中国文化的文化自信不仅是对自身文化价值认可和坚守，还包含了对其他文化价值的认可，并从中充分认识中国文化的独特性和包容性，使我们更加坚定自身的文化信仰和追求。

中国优秀传统文化是我国文化发展的根基，是中华民族区别于其他民族的特别标识。传承和发展中国优秀传统文化要"发挥文化的教化功能和养成功能，推动全民族道德、理想、信念和精神境界的提升"，实现中国优秀传统文化的文化自信。中华民族千百年来传承的"以文化人"文化理念已经深深地镌刻在每个人的心里，并潜移默化地指引着人们的价值观，构建起中国人民的精神世界，使国民能够自觉地认可和坚守中国优秀传统文化。博大精深的优秀传统文化积淀的价值追求，如"协和万邦"的和平理念、"修齐治平"的人文素养、"居安思危"的忧患意识、"先天下之忧而忧"的社会责任意识、"求同存异"的人际和国际交往法则，自古以来都是社会治理、国家治理和人自身发展的重要思想渊源，并在经济全球化时代仍然散发耀眼光芒，在中国社会发展、建设中得以传承与发展。革命时期形成的革命文化蕴含了长征精神、延安精神、井冈山精神，社会主义现代化建设时期形成的社会主义先进文化蕴含的雷锋精神、两弹一星精神、航天精神、抗震救灾精神，都来源于中国优秀传统文化的深厚底蕴，在时代发展中不断生成、升华。文化自信使中华民族在坚定和认可自身文化价值过程中夯实了中国优秀传统文化现代创新发展的基础。

不仅要坚定和认可中国优秀传统文化的文化价值，还要以"海纳百川"的胸怀无惧外来文化带来的压力和冲击，敢于认可其他优秀文化价值和成果。中国传统文化本就以汉文化为主并融合吸收其他55个少数民族文化而形成，在几千年与其他外来文化交流中，兼收并蓄外来文化优秀成果。当然并不是对外来文化生搬硬套、简单接纳，而是要批判吸收，使外来文化逐渐转化为中华传统文化的一部分。例如，佛教文化本非中华文化，在鸠摩罗什和玄奘等人的努力下逐渐使佛教思想有了中华话语体系的阐释，将佛教文化融入中华传统文化之中。还有近现代的马克思主义中国化，从毛泽东思想的形成到中国特色社会主义理论体系的建立与发展，是马克思主义在传入中国后，同中国革命和建设相结合产生的一系列马克思主义中国化伟大成果。我们对自身文化有着足够的自信和认同，才能在历史上使其他文化逐渐融入中华文化，使中华文化得以蓬勃发展。那么如今我们更要坚定文化自信，深入挖掘、研究中国优秀传统文化的内涵，以规范的学术研究方式引导民众认识中国优秀传统文化，形成对中国优秀传统文化的认同感和自豪感。

坚持"文化自信"，不仅是对优秀文化丰富内涵和价值的认同与坚守，更是对落后的或者不符合自身发展的价值取向的自觉纠正与革新。中国优秀传统文化中蕴含的"有则改之，无则加勉"的处事原则，使我们可以正确处理在发展中落后的价值取向，并给予及时的更正。习近平提出，"要使中华民族最基本的文化基因与当代文化相适应，与现代社会相协调"。在总结前人经验教训基础上提出这样的观点，旨在将中国优秀传统文化的传承与时代生产生活结合，在时代进步发展过程中不断更正落后的不符合自身发展的价值判断，增强对中国优秀传统文化的自信。经济全球化时代，就是在对多种文化交流碰撞中的更正与选择，使一种文化与现代化文化相适应。如传统文化中"君君臣臣，父父子子"内含的尊重长辈、孝敬父母的原则和精神仍要传承，但对于"君要臣死臣不得不死，父要子亡子不得不亡"的"愚忠"，以及将下属、子女视为私有财产的观念则需摒弃。中国历代制度文化重视的"以德治国""以仁治国"的精神对当代社会治理仍有借鉴参考价值，但也要符合现代民主精神和以法治国思想，使"仁治"和"法治"完美结合。同时，要给中国优秀传统文化找到准确的定位，发挥它在当代社会的价值引领作用，使其敢于更正自身落后价值取向，做出适应现代化发展方向的调整，促进当代文化构建与形成。每一个历史时期，中华民族都在总结和更正以往社会建设中落后的、不完善的价值判断和选择，认清和辨别传统文化的本质与内涵。

总之，传承和弘扬中国优秀传统文化需要坚定文化自信，只有了解传统文化的历史价值和时代价值，才能认可中国优秀传统文化，进而增强民族文化的自信心和自豪感，才会有人愿意去传承优秀传统文化，中国优秀传统文化才能实现"明其来处，知其去处"。

（三）吸收优秀成果，推动文化创新

文化创新是促进中国优秀传统文化长足发展的根本动力。中国优秀传统文化与世界各民族之间的交流对话是传统文化发展进步的前提，也是中国优秀传统文化传承性、革新性、开放性、包容性的时代体现，文化要在交流借鉴中实现创新。习近平在联合国教科文组织上的演讲明确指出："文明是多彩的，人类文明因多元才有交流互鉴的价值；文明是平等的，人类文明因平等才有交流

互鉴的前提；文明是包容的，人类文明因包容才有交流互鉴的动力。"平等交流与对话就是要理性地看待中外文化的差异，是对不同文化、不同民族之间关系的认可，世界文化的交流、融合不是对一种文化对另一种文化的取缔，而是民族文化之间的相互学习借鉴、促进共同进步。应该客观地认识西方文化、落后国家文化、中国优秀传统文化与中国特色社会主义文化的关系，以马克思主义唯物论观点为指导，对文化进行反思，批判地吸收世界所有文化优秀成果，丰富中国优秀传统文化内涵，最终达到中国优秀传统文化同其他各民族文化积极因素互鉴，进而推动文化创新。

首先，从内容和目标上要进行基于国家建设和发展需求的文化创新。中国优秀传统文化典籍《诗经》讲的"周虽旧邦，其命维新"；《韩非子》里的"世异则事异，事异则备变"；《周易·系辞下》说"穷则变，变则通，通则久"等论述，是内含在不同时期中华民族探寻繁荣富强的精神指引，也成为我国当前"全面深化改革""全面依法治国""创新、协调、绿色、开放、共享"等治国理念的思想基础。中国共产党深刻认识到中国优秀传统文化对社会发展和建设的重要作用，并在党的十九大报告中提出"推动中国优秀传统文化的创造性转化和创新性发展"。只有基于当代中国建设和发展实践需要出发，吸收外来文化优秀成果，深刻挖掘和研究中国优秀传统文化中蕴藏的智慧并赋予其时代价值的创新，中国优秀传统文化才会被重视。习近平新时代中国特色社会主义思想，是中国优秀传统文化同马克思主义的有机结合，是马克思主义中国化的最新成果，将指引着中国建设和发展方向。

其次，要推动文化表达形式的创新与超越。文化以其思想性和启发性感染人、教育人、熏陶人。文化的传承与创新也需要有一定的形式和载体，无论是以《诗词大会》《经典咏流传》《国家宝藏》《舌尖上的中国》等综艺节目形式推广和弘扬中国优秀传统文化，还是以《上下五千年》《孔子》《神笔马良》等电影、纪录片形式阐释中国优秀传统文化，或是以孔子学院为代表的教育机构推动中华文化向世界范围传播，京剧、相声等传统艺术结合时代内容有了新的剧目、新的表现方式，等等，这多种多样的文化表达形式首先作为精神文化层面，丰富了人民的精神文化生活，更重要的是这些多样化的文化表达形式创新，实际是中国优秀传统文化在吸收世界先进科技文化之后的创新发展，并为更广大的人民群众所接受。习近平曾指出，"要系统梳理传统文化资源，让收藏在禁宫里的文物、陈列在广阔大地上的遗产、书写在古籍里的文字都活起来"，就是要让社会通过多种的文化表达形式来推动中国优秀传统文化的创新与发展。

（四）完善体制机制，促进文化发展

各级宣传、教育、行政等部门要加强和完善对优秀传统文化制度建设，创造良好社会文化环境，加快政府、学校、企业和家庭文化教育理念更新和协调配合，推动传统文化健康发展。

首先，要完善传统文化传承与发展的体制机制，加强政府在健全制度、舆论引导、条件保障、规范文化产业行为等方面建设。优秀传统文化的传承与发展离不开政府部门的重视、支持和引导。各级管理部门要履职尽责，充分发挥主导和监管作用，把对文化传承工作落到实处，凸显优秀传统文化建设的重要性。要统筹协调各方面力量，制定有利于优秀传统文化发展的规章制度，完善管理措施，将优秀传统文化的建设推向新高度。要严格落实责任制，加强监督检查，建立完善的社会参与机制和政策保障机制，形成一套完整的、科学的优秀传统文化建设的保障体系。

其次，要创造良好的社会文化氛围。面对市场经济日益发展和信息科学技术的不断进步，必须加强正确的舆论引导，切实提高舆论导向的能力。要充分发挥主流媒体的作用，加大优秀传统文化宣传力度，通过新闻媒体和社会舆论提升正面宣传效果，扩大优秀传统文化的影响。同时，要切实加强网络舆论的监控，牢牢把握话语权。要牢固以民为本的理念，深入基层、面向大众，夯实群众基础。推进文化惠民工作，切实保障群众的文化基本需求和权益，拓展文化宣传渠道，鼓励和支持广大群众开展各式各样的文化活动，使文化活动开展常态化。

最后，要加快教育体制改革，使学校和家庭形成良性互动。良好的文化底蕴离不开健康的身体和积极向上的心理，只有家庭和睦、学校学风浓厚的环境，才能使学生在潜移默化中打好优秀传统文化学习和认知的基础。可以说，家庭和学校是学生的示范和思想发展的主要阵地。在经济全球化时代，学校和家庭要协调配合，将教育理念贯彻到学校和家庭对学生优秀传统文化素养培育的各个方面。家长应坚持学习，从自我做起，不断充实自己，加强对优秀传统文化的认知，以身作则，提升自身人格魅力，使孩子有一个良好的素质培养环境。对于学校而言，不仅要营造出积极向上的学习中国优秀传统文化的氛围，丰富校园优秀传统文化活动，加大对中国优秀传统文化的宣传。还要加快中国优秀传统文化课程的创新和教学方法的改革，调动学生参与的积极性和主动性，提高学生思想的认识。教师要提升自己对优秀传统文化的认知和人格魅力，全面提高教育教学能力，为更好地培养传承与弘扬中国优秀传统文化的接班人做出应有的贡献。

（五）发展文化产业，繁荣文化市场

经济全球化时代，网络、信息、计算机技术的高速发展使文化产业化在经济发展中所占的比重越来越不容忽视。积极挖掘中国优秀传统文化丰富的资源，大力发展与中国优秀传统文化资源相关的文化产业，对促进中国优秀传统文化的传承与发展、提高我国的国际竞争力具有深远影响。随着经济全球化的推进，市场经济体制深入发展，人类交流更加频繁。文化作为"人的生活样法或生存方式"，深刻地影响人类生活的方方面面。因此要通过利用先进的科学技术手段和制度手段来对精神文化产物进行创新、创造，助推文化产业发展建设，促进和弘扬中国优秀传统文化的传承与发展，走向"文化自强"。

首先，用市场经济体制助推和引导文化产业获得更好的社会效益和经济效益。在现代科学理性思维引导下，提升对中国优秀传统文化产业的投入，用合理的产业制度引导和规范文化产业发展，将中国优秀传统文化的传承与发展融入社会主义的市场经济体制建设当中，实现文化凝聚力、国家文化软实力与经济的结合，促使产生具有思想内涵、艺术价值和满足人民精神文化、物质文化需要的文化产品，增强国家经济实力。

其次，借助现代科技手段推动文化产业发展。科技革命促使网络信息科学技术发展，这也将使经济全球化迈入新的国际合作阶段。在经济全球化的民族文化交流状态下，互联网技术作为支撑"第三次科技革命"的支柱，互联网技术也成了中国优秀传统文化传承与发展的重要载体。网络作为新的文化载体，一方面使信息技术与文化紧密结合形成发展前景更为广阔的信息文化产业，克服了传统文化由于地理、传播和制度的障碍而产生的惰性，以一种全新的生产方式和交往方式，加速各种文化的相互交流与影响；另一方面也成为当今各国文化竞争、拓展的新式武器，成为其增强文化力的重要工具。这就需要我们用积极的态度、开阔的视野去认识中国优秀传统文化的传承与发展，将当代科学技术同中国优秀传统文化的传承与发展联系在一起，用现代技术不断挖掘中国优秀传统文化的精神力量，汲取不同民族文化的新鲜血液，注重作为中国优秀传统文化一部分的少数民族优秀传统文化的保护与发展，赋予中国优秀传统文化生命力，将中国优秀传统文化转化为推动社会经济发展的强大生产力，丰富人民大众的精神文化生活和物质文化生活。

（六）健全培养机制，提高人才素养

中国传统文化的传承对于人才的需求非常迫切，随着领域的拓展，传统文化的研究内容呈现多样性的特点，因而对于研究的专业性要求就更为迫切。

在传统文化的传承和发展过程中需要通过教育手段健全人才的培养机制，重点是对于那些濒临消失的传统文化种类的地域性人才的培养。例如，在语言、民族文化等很多非物质文化遗产的传承上，更需要在当地培养出一批具有责任心、使命感和民族情感的有识之士，注重地域性的文化传承和保护，让青年人发挥主观能动性，提升传统文化传承的时代牵引力。而对于传统文化的人才培养机制的创设需要大量的人力和财力的支撑，很多传统文化遗产都需要进行保护和修复，并在研究的基础上还原其历史面貌，同时，对于艺术表现内容通过现代技术和观念可进行重新的演绎。传统文化的传承需要保持民族独立性，同时也需要保持文化的完整性。

对于传统文化传承的人才培养，还需要注重对于产业人才文化素养的提升，传统文化的现实传承需要丰富其表现形式，对于价值的呈现也应该予以现实的肯定，通过审美价值、功能价值、精神价值和经济价值等多种价值表现，将传统文化的传承上升到新的高度，达到传统文化传承的现实目的。传统文化产业人才的培养不仅仅要求人才在文化专业领域有所研究，更要有所突破，还需要对市场发展环境有所把握，能够灵活地运用思维和行为能力，创造新的文化产品，将传统文化的多个层面表现出来，通过启发和引导让人们获得传统文化体验。传统文化的产业化发展是未来传统文化发展的一大趋势，培养具有传统文化素养和产业文化发展能力的综合性人才是人才培养机制的关键点。

建立专家学者管理制度。高校和科研机构有一大批具有专业的优秀传统文化知识的专家学者，他们是一支研究、保护、传承中国传统文化的重要力量，应充分利用他们的专业优势，为优秀传统文化的保护开发与传承提供理论依据与智力支持。文化工作者本身也应认清自己的使命担当，做好本职工作，不忘本分，坚守本位，知难而进，保持对中国传统文化发展的自信心。

第四章　新时代中国优秀传统文化的创新发展

　　网络、信息、通信等现代科技的飞速发展，大大缩短了人类社会交往的时间，各国之间的文化交流日益频繁，人类文明的相互碰撞、相互融合深刻地影响人们的日常生活。如何抓住机遇、应对挑战，推动中国优秀传统文化的创新性发展，从而实现中华民族伟大复兴，就成为文化建设面临的重大研究课题。

第一节　中国优秀传统文化创新发展的基本内涵、时代背景及可能性

　　中国优秀传统文化崇高的价值追求、丰富的精神内涵、有效的教育措施为中国人提供了精神滋养，是中华民族生生不息、发展壮大的最深厚的软实力。创新发展中国优秀传统文化，是习近平新时代中国特色社会主义思想中关于文化建设的重要思想。中国优秀传统文化是中华民族的"根"与"魂"，是中华民族最深厚的软实力，蕴含着后世文化发展繁荣的根本生长点和优秀基因，是培植中国特色社会主义的沃土，是我们在文化激荡的世界中站稳脚跟的根基所在。历史经验和当前实践告诉我们，对传统文化的创新发展必须尊重其内在规律，坚持正确价值导向。只有在充分吸收传统文化精华的基础上，才能为社会主义先进文化建设提供正确的精神指引和强大的精神动力。

一、新时代中国优秀传统文化创新发展的基本内涵

　　中国优秀传统文化的创新发展，实质上是中国优秀传统文化的现代化问题，即冯友兰先生和陈来等先生所谓的"旧帮新命"。冯友兰先生晚年对《诗经》中的"周虽旧邦，其命维新"进行了自己的阐发。他认为，所谓"旧邦"，即指文化传统；而所谓"新命"，即指现代化。陈来先生也对此做出过类似的阐释。他指出，所谓"旧邦"指具有古老的历史和文化，"新命"就是在历史的连续

中不断地有新的发展。多少年来，众多从事文化研究的学者对"旧邦何以新命"问题进行了各种探索。有"中学为体，西学为用"说，有"抽象继承"说，有"马魂、中体、西用"的综合创新说。毛泽东作为继承创新中国优秀传统文化的杰出代表，提出"古为今用，洋为中用"；新时代，作为传承发展中国优秀传统文化的优秀思想家和领导人，习近平提出"创造性转化、创新性发展"中国优秀传统文化。

"创造性转化、创新性发展"，是创新发展中国优秀传统文化的两种基本方式。"创造性转化，就是要按照时代特点和要求，对那些至今仍有借鉴价值的内涵和陈旧的表现形式加以改造，赋予其新的时代内涵和现代表达形式，激活其生命力。创新性发展，就是要按照时代的新进步新进展对中国优秀传统文化的内涵加以补充、拓展、完善，增强其影响力和感召力。"这里，无论是"创造性转化"还是"创新性发展"都突出了两个共同之处：第一，强调了时代要求，无论是转化还是创新，都是应时代发展之需。第二，都体现出了创新本质。"创造性转化"，表述上虽为转化，但转化成果获得了新的时代内涵，或者取得了新的表达形式，都渗透了人的创造性劳动。"创新性发展"，是对优秀传统文化内涵的时代创新，其不仅是中国优秀传统文化的补充、拓展、完善，更是完全具有创造性的精神劳动。因此，两种发展方式，可以统一称为创新发展，既有传承，又有创新，在创新中实现了传承，在传承中实现了创新，是传承与创新的统一。

二、新时代中国优秀传统文化创新发展的时代背景

党的十九大做出"中国特色社会主义进入了新时代"的重大政治判断，并阐释了新时代中国特色社会主义的历史性变化和下一步的形势任务，为新时代创新发展中国传统文化提供了时代语境和时代要求。

党的十九大指出，"中国特色社会主义进入新时代，意味着近代以来久经磨难的中华民族迎来了从站起来、富起来到强起来的伟大飞跃，迎来了实现中华民族伟大复兴的光明前景"。强国，是十八大以来党的报告中开始密集阐发的概念。它具有整体性，表明我国不仅要在经济、科技、军事等硬实力方面实现强国，更要建设文化、政治、外交等软实力强国。如何建设文化强国？推动中国优秀传统文化创新是一条重要途径。

党的十九大指出，新时代"我国社会主要矛盾已经转化为人民日益增长的美好生活需要和不平衡不充分的发展之间的矛盾"。不平衡不充分，既有物质生产发展的不平衡不充分，也有文化发展上的不平衡不充分，当然还有其他方

面的不平衡不充分。这决定了，新时代必然"是全国各族人民团结奋斗、不断创造美好生活、逐步实现全体人民共同富裕的时代"，是"全体中华儿女勠力同心、奋力实现中华民族伟大复兴中国梦的时代"。中国优秀传统文化，滋养并引领了一代又一代的中国人民，新时代，还需要深入挖掘传统文化中育人化人思想，增强人民创造美好生活、实现中华民族复兴的精神力量。

党的十九大指出，中国特色社会主义"为解决人类问题贡献了中国智慧和中国方案"。自改革开放以后中国开始走向世界，不断融入世界，走出了一条与西方发达资本主义国家不同的现代化道路，这条道路背后，渗透着中国优秀传统文化的价值理念、基本精神、卓越思想。中国优秀传统文化中蕴含的丰富治国理政思想等待我们去挖掘，这决定了新时代我们还要大力创新发展中国优秀传统文化，助力中国继续成为世界新文明的坚强领航者。

三、中国传统文化创新发展的可能性

德国哲学家伽达默尔曾说过："不管我们是想以革命的方式反对传统还是保留传统，传统仍被视为自由的自我规定的抽象对立面，因为它的有效性不需要任何合理的根据，而是理所当然地制约我们的。"历史已经证明，不管我们曾以"全盘西化论""破四旧"等激进方式，还是以西方国家实施的"文化殖民"等温和方式意图使我们与传统说再见都是不可能的。传统如影随形地跟随着我们，它的存在并不单单以人类的主观意志而改变，其发展演进有着自身的规律。正是这些规律，既使那些视传统如敝屣者的错误显而易见，也使文化保守主义者把传统作为久封陈坛老酒的做法不证自伪。同样，正是这种原因使我们对传统文化进行创新发展具有了可能性。

（一）传统文化有着自我发展的内在逻辑

中国传统文化，尤其是作为其核心的思想文化的形成和发展，大体经历了中国先秦诸子百家争鸣、两汉经学兴盛、魏晋南北朝玄学流行、隋唐儒释道并立、宋明理学发展等几个历史时期。为什么中国传统文化在封建社会的不同阶段会呈现各具特色的时代特征？原因就是文化发展有着自身规律，这个规律在根本上受制于社会生活的基本现实。诸子百家、经学、玄学、儒释道并立、理学等虽然在基本内容上有着较大差别，但在基本价值取向上并没有发生大的翻转，它们共同体现着中国传统文化的基本精神。这在根本上是由于它们都处于封建社会的历史时代，社会经济基础决定了内在一致性，但不同时期的特殊情况也发挥着重要作用，这就使它们呈现出不同特征。正像先秦诸子百家转向两汉经学的原因是当时经济社会稳定发展几十年后需要大统一思想和加强中央集权制度的需要一样，魏晋南北朝玄学兴起、隋唐儒释道交融、宋明理学繁荣也都是与社会发展紧密相连的。

（二）传统文化内部存在相对稳定的结构

孙家正说："文化的结构，一般来说分为四个层面：第一个层面是认知层面，第二个层面是情感层面，第三个层面是伦理道德，第四个层面是信仰价值观。"这四个方面的内容自从在中华大地上萌发之后，就逐步固定下来，沉淀成中华民族的特色，比如孝敬、诚信、爱人等。陈先达先生说，"封建时代的文化并不等于封建主义文化，它不会因为社会经济制度和政治制度的变化而断流"。随着历史的变迁，人类社会进入大数据时代，在互联网的影响下，人类认知世界的方式有了新的变化。但不管怎么变化，都是建立在以往文化的基础上，中国人的情感，特别是以爱国主义为核心的团结统一、爱好和平、勤劳勇敢、自强不息的民族精神，并没有随着市场经济的建立而失落，反而在复杂的世情、国情、党情情势下，成为中华民族永远繁荣昌盛的精神之钙。而传统的伦理道德虽然有些糟粕，但占据主流地位的精华在今天非但没有过时，反而对世界来说都具有重要的借鉴意义。

（三）传统文化蕴含着现代文化因子

辩证唯物主义认为，事物发展变化过程中，内因起主要作用，外因仅是事物变化的条件。相对于世界其他文化，中国传统文化作为"早熟的文化"，在其长期发展过程中蕴含着大量的超越时空的内容。比如对未来理想社会的认识，早在2000多年前的《礼记·礼运》篇就提出了大同思想。这种思想一直嵌入中国传统文化的长河中，成为一代又一代有志之士所推崇的理想社会目标，并且在历朝历代末期周而复始地成为起义的口号。而大同社会作为人类终极关怀思想的重要组成部分，直到马克思主义诞生后才有了科学理论做支撑。类似的思想，还有天人合一思想、民本思想、公平正义思想、换位思考心理、和谐社会追求等。这些内容是传统文化的精华，蕴含着现代性精神，如果没有西方列强入侵打断中国经济社会内在发展规律，它们或早或晚也会在中国以制度化的方式得以实现。同时，这些思想具有普遍性的价值，是人类文明的"共相"，对目前正经受多重矛盾和冲突困扰的西方社会来说，也具有重要的启发意义。

（四）文明交流互鉴的必然性

当前，全球总体呈现出和平发展趋势，但也不可否认国际形势的不稳定性不确定性也给各国人民带来挑战。在面临这样一个共同的挑战的时候，我们需要的不仅是发达的经济实力，文化软实力也显得尤为重要。而文明交流互鉴是国家、民族对外关系的维系和融合，是实现自身发展的必要条件。一方面，当今世界，世界各国不仅在经济领域有着愈发紧密的联系，在文化领域也同样相互联系、密不可分。另一方面，当今世界各国综合国力的竞争也不仅仅停留在经济、科技、军事实力的较量，而且也逐渐表现为各国之间文化软实力的较量。那么，基于此背景下，我们应当重视与其他国家之间的文化交流，并且学习和借鉴外来文化精华，从而能够更好地促进我国文化的发展和进步以及实现世界各国文化的发展。

正如习近平在 2019 年亚洲文明对话大会的开幕式上提出："文明因多样而交流，因交流而互鉴，因互鉴而发展。"各国之间的文化因为历史起源、发展时间、地理位置、风土人情等必然存在着多样性与差异性，我们应当以科学的态度面对。在此情况下，首先要尊重世界各国的多样文化，其次应当学习和借鉴其他国家的优秀文化，并且要做到以我为主，为我所用，这样才能够促进我国传统文化的创新发展。在立足于我国传统文化的基础之上扩大对外交流，在讲好中国故事的基础上主动学习并且吸收其他民族的文化精华，共同促进世界文明的和谐发展和繁荣共生，不断创造出杰出的文明成果。由此可见，文明交流互鉴的必然性为我们创新发展中国传统文化提供了可能性。

第二节　中国优秀传统文化创新发展的必要性与作用

一、中国优秀传统文化创新发展的必要性

在全体中华儿女共同努力奋斗下，中国特色社会主义建设事业进入了新时代。新时代对中国特色社会主义文化建设提出新要求，迫切需要实现中国优秀传统文化的创新发展。

（一）是实现人民对美好生活向往的必然要求

中国共产党长期坚持并努力实现的奋斗目标是实现人民对美好生活的向往。十八大以来，我国立足于提高人民的生活水平，致力于全体中国人的完全脱贫事业，2020 年要如期实现全面小康。新时代人们物质生活水平提高的同时，对精神文化生活的需求越来越强烈，更加注重从传统文化中吸收养分，学习文化经典。人民需要的不是僵死不变的文化，而是结合时代条件进行创新发展的文化。

中国优秀传统文化要想在新时代中国焕发生机活力，要想更好地满足人民对美好生活的向往，就必然需要实现中国优秀传统文化内容、形式等各方面的创新。

（二）是坚定社会主义文化自信的必然选择

"文化自信是更基本、更深沉、更持久的力量。"改革开放以后，随着开放的大门越开越大，中国人逐渐意识到与西方国家的差距，一部分人没能正确对待本国自身的发展，在不自觉中卷入西方强大的话语体系。应该注意到，新时代中国经济发展速度一直保持中高速稳定增长，综合国力得到增强，中国方案越来越得到国际社会认可。实践证明，中国人应该有自信从中国优秀传统文化中汲取义化养分，塑造符合自身发展的话语体系。

（三）是提高国家文化软实力的必然途径

新时代中国要想在激烈的国际竞争中赢得主动，拥有强大的话语体系，增强国家的影响力和感召力，需要拥有强大的文化软实力。当前，世界处于大变革大调整时期，各种思想文化纷繁复杂，我国面临西方价值观渗透的威胁。因此，提高国家文化软实力，展现中华文化独特魅力必要且迫切。拥有五千多年历史的中国优秀传统文化，是我们最深厚的文化软实力，提高国家文化软实力，必须珍惜这种独特优势，将这种文化优势转化为发展优势，将中国优秀传统文化以更加满足人民精神需求的方式进行创新，深入挖掘其中的时代价值。

（四）是实现中华民族伟大复兴的根本保证

实现中华民族伟大复兴是近代以来中华儿女的共同追求与梦想。中国传统文化的创新性发展则是推动这一梦想完成的前提和条件。较之于经济和政治，文化对于一个民族的影响更加深远、更加持久。纵观人类社会的进程，任何一个崛起的大国，除了拥有着雄厚的经济实力之外，还伴随着强大的文化实力。倘若一个民族的发展与文化相脱离，那么，这个民族将逐渐走向灭亡。由此可见，中华民族伟大复兴固然离不开中国传统文化的复兴。而其之所以如此，首先就是因为中国传统文化是中华民族的根本，并且是我们人民群众所认同的历史文化根基，是维系国家统一和民族团结的重要支撑与纽带，同时也是中华民族生生不息的强大精神动力。其次就是因为中国传统文化的复兴并不是传统文化在当代中国的"再版"，而是在新的时代背景下和新的实践的基础上的批判继承和创新发展。只有努力实现中国传统文化的创新性发展，才能赋予中国传统文化以新的时代内涵和新的生命与活力，才能为中华民族伟大复兴提供强大的精神动力。

（五）是中国共产党必然肩负的文化使命

文化使命是民族使命的应有之义，中国共产党肩负着带领中国人民实现中华民族伟大复兴的历史使命，就必然肩负着复兴中华文化的使命与责任。中国优秀传统文化是中华民族最为宝贵的历史财富，是每一个中华儿女都应自觉保护、传承和弘扬的珍贵遗产。作为代表民族根本利益、肩负民族复兴使命的中国共产党，更应自觉形成保护、传承和弘扬中国优秀传统文化的使命感与责任感，这也是中国共产党带领中华民族实现伟大复兴的必然要求。

与民族文化相结合是马克思主义本土化的必然要求。中国共产党信仰马克思主义，但不否定中国传统文化，而且善于运用传统文化中的优秀成分，善于将中国优秀传统文化与马克思主义相结合，这也促使中国优秀传统文化对中国共产党成功革命和科学执政发挥了重要积极作用。中国共产党自觉地肩负起继承弘扬中国优秀传统文化的历史使命，推动中国优秀传统文化创造性转化和创新性发展正是中国共产党文化使命的当代要求。

改革开放后，中国共产党逐渐将中国优秀传统文化纳入国家文化发展建设之中，不断提升中国优秀传统文化的地位，不断探索促进中国优秀传统文化现代转化的方法，提出了传统文化要"与当代社会相适应、与现代文明相协调"。十八大以后，中国共产党提出要推动中国优秀传统文化"创造性转化、创新性发展"。这一系列对于中国传统文化的方针政策是中国共产党对肩负的文化使命的自觉实践，其中，"创造性转化、创新性发展"正是中国共产党在当代自觉担起弘扬发展中国优秀传统文化之使命的重要体现。

二、推进新时代中国优秀传统文化创新发展的重要作用

新时代是中华民族即将迎来伟大复兴的强国时代，也是社会主义现代化和中华民族伟大复兴的历史关键时期。四十多年的改革开放，中国特色社会主义取得举世瞩目的成就，然而在硬实力得到迅速提升的同时，文化软实力却相对薄弱。深入挖掘中国优秀传统文化的宝贵资源，再创中华文化新辉煌，对于最大限度地从思想文化上凝聚全国各族人民的意志，提升国家文化软实力，继续坚持和发展中国特色社会主义，使中华民族更好地走向世界，具有重大的意义。

（一）有助于为人民提供更好的精神指引

文化是民族的血脉，是人民的精神家园。强国的根本在于强民，强民的根本在于强精神。"人民有信仰，民族有希望，国家有力量。"不断为人民提供

坚强的思想保证、强大的精神力量和丰润的道德滋养，是社会主义文化建设的重要使命。新时代人民对美好生活的期待，较之从前而言，精神层面的需要逐渐增强，"满足人民过上美好生活的新期待，必须提供丰富的精神食粮"。文化创新是提供新时代人民所需精神食粮的重要途径。深入挖掘中国优秀传统文化的丰厚思想资源，转化创新，有助于更有效地涵养人民的精神世界。习近平指出："对历史文化特别是先人传承下来的价值理念和道德规范，要坚持古为今用、推陈出新，有鉴别地加以对待，有扬弃地予以继承，努力用中华民族创造的一切精神财富来以文化人，以文育人。"

（二）有助于提升国家文化软实力支撑

文化软实力是国家综合国力的重要组成部分和深层支撑。"一个国家的软实力来源于文化、政治价值和外交政策。"其中，文化是软实力的核心。文化创新是提升文化软实力的重要途径。文化软实力不仅与一国文化的思想资源、价值取向等资质相关，还与能否充分开发利用好已有资源、不断开拓创新直接相关。"中华优秀传统文化是我们最深厚的文化软实力。"然而，由于现代转化创新不足，传统文化的很多宝贵资源目前仍作为"资源"躺在中华文化的"宝库"中。文化软实力得不到提升，难以实现全面现代化，也不可能真正实现民族复兴。中华文化若想在丰富多彩的现代世界文化激荡中站稳根基，必须致力于中国优秀传统文化创新，将优秀传统文化基因深度融入新时代的思想、观念、价值观中，与现代社会合理对接，创新中国优秀传统文化，增强现代中国优秀文化魅力，真正提升国家文化软实力。

（三）有助于中华文化更好地为世界文化交流发展做出贡献

中华文明曾是世界历史上耀眼的启明星，为人类文明做出了卓越的贡献。中华民族在历史上以文明著称于世，并长期屹立于世界民族之林，靠的不是强大的经济和军事力量，而是让世界瞩目的优秀文化。近代中华民族在西方工业文明扩张的铁蹄下渐趋落后，西方现代文化也取得了相较于中国传统文化的优势。随着中华民族伟大复兴进程的不断推进，今日之中华文化，带着社会主义建设的伟大成就，带着构建人类命运共同体的主张，带着解决世界面临的问题的中国智慧和中国方案，日益回归世界舞台的中央，成为对世界文明和人类发展不断做出更大积极贡献的中坚力量。以优秀文化立国，以创新文化兴邦，是中华民族立得住、站得稳、走得正、行得远的真正法宝。习近平指出："要推动中华文明创造性转化、创新性发展，激活其生命力，让中华文明同各国人民创造的多彩文明一道，为人类提供正确精神指引。要围绕我国和世界发展面临的重大问题，着力提出能够体现中国立场、中国智慧、中国价值的理念、主张、方案。""人类命运共同体"的新理念和"一带一路"的发展实践作为中华文化创新的优秀成果，有力地推进了世界的和平与发展。秉持"各美其美，美人之美，美美与共，天下大同"的理念，中华文明与其他民族文化在平等中交流互鉴，共同进步，为世界的文明和发展做出更大的贡献。

第三节　弘扬与创新中国优秀传统文化的原则及有效策略

中国传统文化在其漫长的发展历程中，既有值得大力提倡和创新性发展的精华，也有一些必须予以抛弃的糟粕。这些精华和糟粕所构成的"两种文化"并不是截然分开的，一些糟粕性的内容如等级意识、帮派体系、愚忠愚孝等显而易见，还有一部分则与优秀文化纠缠在一起，剪不断理还乱。这就需要我们进行甄别筛选，"循其旧法，择其善者而明用之"。

一、弘扬与创新中国优秀传统文化的原则

传承优秀传统文化是为了更好地使其发展，传承是发展的根基，发展是为了更好地展现传承下来的优秀传统文化的时代魅力。中国优秀传统文化只有不断进行创造性转化和创新性发展，才能展现它的深厚底蕴和时代价值。中国优秀传统文化的弘扬与创新应遵循以下几个原则。

（一）坚持先进文化前进方向原则

面对国际文化产业的挑战，我们必须清晰认识到世界各国文化产业的发展已经形成了各自的比较优势，如何准确定位我国文化产业的发展方向是保证文化产业安全的最重要问题。怎样定位我国文化产业的比较优势，使我国在国际文化贸易中取得与文化大国相称的地位，就必须明确文化产业发展类型，结合我国的传统优势以及国际文化产业的发展趋势。

当前文化产业大致可以分成四种类型：资源型文化产业、技术型文化产业、能力型文化产业和创意型文化产业。其分别以独特资源、管理组合能力、核心技术以及内容创新为核心要素，且层级逐步提升。发展资源型文化产业能够结合我国的传统优势，因为我国拥有丰富的自然、历史文化资源。能力型文化产业和技术型文化产业是一个国家发展的根本和基础优势，有效的组织管理与先进的技术是文化元素得以产业化的前提，所以这两种类型类似于经济类型中的

"制造业"。而目前，我国能力型文化产业和技术型文化产业发展水平仍相对滞后。从国际文化产业发展的趋势看，内容创新和具有核心要素的创意型文化产业代表了发展的方向。

综合考虑各种因素，我国文化产业发展定位应该以资源型文化产业为依托，充分利用金融危机背景下发达国家转移文化产业"制造业"的机会，提升我国能力型文化产业和技术型文化产业水平。以创意型文化产业为重点，实现我国文化产业的跨越式发展。

（二）坚持文化产业"走出去"原则

由于文化产业具有意识形态性和经济性的双重属性，各国发展文化产业无不着眼于全球文化市场，其中经济利益和文化安全的双重目的是不言而喻的。因此，要坚持文化产业"走出去"原则。

第一，放宽"市场准入"限制，充分调动国有、民营文化企业的积极性，并有效利用国家与地方文化力量夯实文化产业的基础。与此同时，参照国际上的惯例，开展国家间的文化代理还有中介服务，实施文化外贸的最新机制。

第二，积极倡导文化企业按照国际市场的要求生产具有国际竞争力的文化产品，就是依据世界上各个国家文化传统和文化消费之间不同的特征，区分国际文化的市场，生产出不同类型的文化产品，减少文化消逝现象。

第三，利用加入WTO后形成的国际文化贸易平台，完善我国对外文化贸易体制，为我国文化企业走向世界提供有效的金融、法律服务，形成具有国际竞争力的文化贸易体系，努力坚持文化发展中的自觉、自信、自强，增强文化软实力。

（三）坚持传统文化精神与时代精神相结合的原则

中国优秀传统文化的传承与发展应该同当代中国的国情相结合。一方面，中国优秀传统文化要顺应时代发展，使其可以同中国共产党领导人民在长期革命和建设中每个时期形成的时代精神相结合，赋予其时代特性。另一方面，我们必须特别注重中国优秀传统文化在目前"文化强国"战略中的重要地位，使中国优秀传统文化的价值观同社会主义核心价值观相统一。习近平在北京大学师生座谈会上的讲话中指出："中华优秀传统文化已经成为中华民族的基因，植根在中国人内心，潜移默化影响着中国人的思想方式和行为方式。今天我们提倡和弘扬社会主义核心价值观，必须从中汲取丰富营养，否则就不会有生命力和影响力。"对传统文化思想价值的挖掘和阐释对社会主义先进文化建设起着根本性作用，对优秀传统文化研究也有着重要的方法论指导意义。中国优秀传统文化传承与发展必须将传统文化精神与时代精神相结合，使其成为现代化建设的强劲动力，才能更好地传承与发展中国优秀传统文化，为我国社会主义核心价值观构建和人类文明进步贡献独特价值观。

（四）坚持文明对话交流、继承与创新相结合的原则

在经济全球化时代，要弘扬优秀传统文化，必须树立包容开放的理念，通过积极的文明对话交流来吸收借鉴外来优秀文化养分。当今世界越来越走向开放，人类历史形成的优秀文化成果，逐渐成为人类共同的财富。任何一种文化的发展都离不开同其他文化的对话交流，以此来从其他文化中借鉴与吸收优秀成果，进一步达到发展本民族文化。毛泽东指出："应该学习外国的长处，来整理中国的，创造出中国自己的、有独特的民族风格的东西。这样道理才能讲通，也才不会丧失民族信心。"邓小平指出："我们要向资本主义发达国家学习先进的科学、技术、经营管理方法以及其他一切对我们有益的知识和文化。"习近平也强调"我们要虚心学习借鉴人类社会创造的一切文明成果"。通过文明对话交流不是简单地实现文化之间的流动，而是为了实现中国优秀传统文化的发展进步，使中国传统文化可以满足经济全球化和现代化发展需要。而实现中国优秀传统文化的现代化发展，必须要坚定地以马克思主义的基本立场、观点和方法，批判地借鉴吸收外来文化价值观念里的合理内核，兼收并蓄、博采众长，在继承的基础上才能让中国文化创新发展，不断升华。

（五）坚持优秀文化遗产保护与开发利用相结合的原则

中国优秀传统文化是中华民族的根与魂，无论中国社会发展到什么程度，都是在中国优秀传统文化的根基上进行的，否则就是无源之水、无本之木。习近平强调，一是要讲清楚每个国家和民族的历史传统、文化积淀、基本国情不同，其发展道路必然有着自己的特色；二是要讲清楚中华文化积淀着中华民族最深沉的精神追求，是中华民族生生不息，发展壮大的滋养；三是要讲清楚中国优秀传统文化是中华民族的突出优势，是我们最深厚的文化软实力；四是要讲清楚中国特色社会主义植根于中华文化沃土、反映中国人民意愿、适应中国和时代发展进步要求，有着深厚历史渊源和广泛现实基础。只有对中国优秀传统文化有了清醒的认识，对传统优秀文化进行弘扬和创新，才能在传承中国优秀传统文化过程中形成中国特色、中国气派、中国风格，更加坚定文化自信。优秀民族文化遗产作为民族精神的物质文化体现，其不但是文化产业迅速发展和进步的最宝贵资源，而且也是中华民族永远存在的美好精神家园。

如今优秀文化遗产保护与开发利用却不能协调发展，大多数情况就是二者单一性的存在，要么只是对传统文化遗产进行严格的保护，却无从对文化遗产进行开发和利用，对当代的意义也仅仅是过去历史遗留的产物，并未对当代发展产生物质和精神上的作用；要么仅是注重经济发展而产生过度开发利用，导致传统文化遗产保护重视不足，甚至是遭到破坏。世界上的经济强国都在利用其产业优势，加紧掠夺文化产业相对落后国家的优秀民族文化遗产。中国是具有五千年悠久历史的文明古国，所拥有的丰富文化遗产自然成为一些文化产业强国觊觎的对象，因此提升优秀文化遗产的保护与开发相协调的能力已经刻不容缓，这也是在经济全球化发展大背景下传承与发展中国优秀传统文化的需要。中国优秀传统文化遗产不仅要在经济全球化的时代大背景中得以保存，更要在合理利用和开发中促进社会进步和经济发展。

二、弘扬与创新中国优秀传统文化的有效策略

（一）加强和重视中国传统文化的价值体系构建

中国传统文化具有鲜明的整体性，各种文化形式之间相互贯通，相互影响。只有在比较全面了解中国文化各个门类形式的基础上，才有可能对其总体特征与实质获得较深入的理解。中国传统文化中"孝、悌、忠、信、礼、义、廉、耻"是做人的根本，也是先师孔子的德育内容的全部精髓。"仁义礼智信""以和为贵""兼爱""尚贤""自强不息"等文化元素都需要大胆地发扬光大，都应该成为学习传统文化的重要组成部分。西方文化中包含的科学精神、民主思想、法制观念、人权理论等文明成果，要像学习马克思主义一样，吸收、消化并使之中国化，成为中国文化中浑然天成的一部分，使中国传统文化的价值体系更加完善。许多腐朽、落后、愚昧成分已经难以适应中国特色社会主义现代化建设实践的需要，必然会被文化自身的新陈代谢所抛弃。中国传统文化的传承与改造要有面向现代化、面向世界、面向未来的时代意识，坚持取其精华、去其糟粕，古为今用、洋为中用，从而构建完善的价值体系，使优秀的中国传统文化得到弘扬和发展。

（二）构建现代文化产业体系，发掘优秀传统文化

发展传统文化产业、满足人民不断增长的精神文化需求，是推进文化改革发展的重要抓手和重要途径之一。加快推进我国传统文化产业不断发展，应进一步结合现代科学技术，积极探索和创新传统文化产业的生产方式。各个地区

之间应结合自身优势，从自身实际出发，科学合理地谋划布局传统文化产业发展空间和发展潜力，寻找符合自身的传统文化发展体系和产业化道路。充分发挥市场的基础性作用，推动文化企业的改制与重组，使文化资源向具有一定优势的企业和领域内集中，集中培育一批新文化企业，加快与科学技术结合的步伐，加快技术创新，掌握核心技术尽快形成创新成果，丰富和发掘一批优秀传统文化产品，提高传统文化产品的质量，使文化企业不断增强竞争力，参与国际竞争。

要不断寻找突破口，推动文化产业与其他相关产业的结合、创新，深化文化产业结构调整，推动文化与农业、工业以及服务业的横向发展，不断融合、衍生产业链条，提高文化产业所蕴含的附加值。重视打造高端传统文化品牌，树立品牌形象。充分发挥高校、科研机构的科研优势，健全传统文化技术创新体系，增强文化产业核心竞争力。加强传统文化创意与文化企业的结合。同时，将城市建设和农村建设与传统文化建设相结合，统筹发展，科学规划，提高城市和乡村建设的文化品位。促进资本向文化产业的聚集，促进传统文化事业的壮大、发展。

（三）树立文化的品牌意识，创建名牌文化工程

文化是国家软实力的重要源泉，而且软实力已经成为衡量一个国家综合国力的重要因素。而传统文化发展的根本动力在于改革和创新，传统文化创新就是要不断创立自主知识产权的文化品牌。当今的世界竞争日益激烈，全球化不断加深，我国的文化市场也不断遭受着来自西方的侵蚀和冲击，唯一出路只有发展创建中国自己的传统文化名牌产品，积极参与国际竞争，同时不断借鉴国外的先进文化内容、文化技术和先进的管理经验，学习西方传承传统文化的先进做法，深度开发我国特有的传统文化资源，利用我国地大物博、文化资源丰富的优势，加大传统文化创新投入力度，形成自己的文化品牌和特色，鼓励、支持有实力的文化企业和优秀文化品牌"走出去"，和国外文化品牌进行竞争，在"走出去"过程中增强中国文化企业和中国传统文化产品在国际市场的核心竞争力。

要适应人民群众传统文化需求的新特点和审美情趣的新变化，不断推进传统文化内容形式的创新，推动不同艺术门类和传统文化活动相互融合，积极运用声、光、电等手段提高传统文化的表现力，实现题材、体裁、风格流派和表现手法的多样化。要积极运用现代科技手段开发利用民族文化资源，改造传统文化产业，催生新的传统文化业态，大力发展传统文化创意、文化博览、动漫游戏、数字传输等新兴产业，加快构建传输快捷、覆盖广泛的传统文化传播体系。通过举办具有本地和民族特色的文化艺术节、开展特色旅游和举行传统节日庆

典等文化活动与文化形式，如北京的"京剧"和各式各样的"庙会"，天津的"狗不理"、河南省的"武林风"和"梨园春"、云南省的"云南印象"系列、东北三省的"二人转"系列、陕北的"信天游"，以及闽台地区纪念妈祖活动等地方文化活动，都各具特色，形成了各自的文化品牌，是各自地区名片，也是我们中国优秀传统文化的代表和真实写照。打造文化品牌，使我国的传统文化事业生生不息，代代相传。

（四）依托现代传媒技术，拓宽传统文化的传播途径

随着网络信息化时代的到来，现代传播手段和传播技术极大丰富，中国传统文化的传承需要利用好这一发展契机，在网络、虚拟社区、媒体平台上更好地进行传播，提升其现实环境下的传播适应力，形成新常态下传统文化的长效影响力。网络信息传播技术具有易传输、成本低、高保真的特点，几乎综合了其他传播方式的所有优点。依托于现代的传媒技术和传播体系，传统文化内容的表现更显张力，这种灵活性的丰富表达让人们可以看到传统文化内容的多个层面。移动媒体平台已经完全渗透于人们的生活中，可以说大众随时随地可以接收到传统文化的内容。"互联网＋"的传播模式更是让传统文化形成产业文化的效应，在市场范围内推出的产品、服务更是受到广泛的欢迎。

在微信、微博、博客、贴吧、QQ 等平台上，人们通过文化交流，获取了更多关于传统文化的讯息，这种分享式的传播方式更能够提升传统文化的时代带入感，深化其现实主题价值。以多媒体发展为渠道的传统文化内容在传播上以音乐、视频表现的方式，将传统文化内容进行创造性的发展，为大众呈现出一道道艺术大餐，传统文化和大众的生活更加接近，在潜移默化中加深了大众对于传统文化内容的了解。

例如 VR（Virtual Reality）又称虚拟现实技术，它为人们提供了一个无法到达而又感受真实的虚拟世界，逼真可信的虚拟现实技术正在逐步成熟，成熟的 VR 技术将为我们提供一个 360 度视角、集听觉和触觉为一体的虚拟现实，这样综合化的感官体验技术也为传统文化的传承提供了契机，人们借助虚拟现实技术足不出户就可以看到完好无损的清代圆明园，可以看到明长城的巍峨壮阔，可以游览宋清明上河图中的热闹集市，前沿的科技技术为人们全方位、多感官、可互动地去体验欣赏中国优秀传统文化提供了可能。

（五）加大社会舆论宣传力度，创造良好社会氛围

思想空气和舆论环境是第一软环境。面对市场经济日益发展和信息技术广

泛应用的新形势，我们必须更加重视正确的舆论导向，切实提高舆论引导能力。面对市场经济日益发展和信息技术广泛应用的新形势，我们应该更加重视正确的舆论导向，切实提高舆论引导能力，加大文化宣传力度，面向社会，面向大众，不断提高正面宣传的能力。坚持以团结稳定鼓劲、正面宣传为主，充分发挥主流媒体的引领作用和桥头堡作用，要通过新闻媒体和社会舆论，加强宣传，完善文化建设服务平台，引领健康的文化生活和文化潮流，扩大文化影响力。高度重视互联网等新兴媒体的应用和管理，在提高网络文化产品服务和供给能力的同时，要切实加强网络舆情监测、分析和判断，及时发布权威信息，主动引导网上舆论，在重大问题上有所作为，在关键时刻有话说，牢牢掌握话语权和主动权。

　　要加大文化的宣传，就必须深入基层，面向大众，扩大群众基础。推进文化惠民工程，必须切实保障群众的基本文化需求和权益。同时在此基础上，我们要进一步加大工作力度和资金投入，提高服务质量和标准，改变工作方式和管理模式，鼓励和支持广大群众开展各式各样的文化活动，使广大农村地区和其他基层文化阵地范围不断发展壮大，充满活力与生机。要进一步健全机制，拓宽渠道，推进各项农村文化活动开展得经常化、固定化。继续推进广播、电视、电影进农村、到全家，建立健全农村文化信息和网络覆盖，完善农村文化服务体系，提高服务质量，实现资源共享，在广大农村建设一批重点文化建设与推广的惠民工程，形成完善的城乡一体的文化服务体系。合理配置城乡文化资源，把文化发展繁荣的重心放在基层，优先安排基层文化建设项目，大力实施"公益文化建设工程"，开展文化"三下乡""进社区""送书送戏送电影下乡"等形式多样的文化活动。大力宣传全国各地优秀的、具有特色的传统民俗文化和传统民族节日，如北京春节期间组织的各种庙会活动、西双版纳的泼水节、闽台地区纪念妈祖的仪式活动、蒙古族的那达慕大会等各式各样的群众性文化活动和节日，都需要通过电视、广播、电影、报纸、杂志、互联网等媒体，不断深化宣传，加大民族特色文化和传统文化在人民群众中的传播力度，夯实群众基础。

（六）积极吸收其他国家包括西方国家的优秀文化精华

　　不可否认，任何一种文化都有其历史进步意义和时代局限性。西方理性主义文化开启了西方现代化的新时代，也推进了整个人类社会历史发展的进程。较中国优秀传统文化相比，理性主义文化代表更先进的生产力，是对自然主义为基础的封建社会生产力的超越，具有历史进步意义。然而，理性主义文化的进步,并不完全否定中华优秀传统文化是那些人类恒久、共同追求的价值。随着西式现代化的不断推进,理性主义文化模式虽然在一定时期内推动了西方现代化历史进程,但现代性的资本主义属性,使其在促进人的全面发展和社会健康运行等方面的弊端日益出现,历史局限性逐渐显露,但这并不等于西方理性主义文化就再无任何价值。由此可知,从整个人类精神的总体性而言,人类共同的精神成果是累积的、相互补充甚至是趋向与共的。因此,正确看待他者文化,要在多种文化的交流互鉴中推进中国优秀传统文化转化发展。西方文化和中国传统文化,不是谁取代谁、谁战胜谁的问题,每种文化都有各自的独特价值和独特精神,都是适应一定时代一定民族而产生的,应该坚持和而不同、互通互鉴、取长补短、共同发展,真正做到各美其美、美人之美、美美与共、天下大同。

积极吸收其他国家包括西方国家优秀文化精华,首先应该立足本民族发展实际,坚定自我发展立场,在学习西方文化的同时注意用科学性对待西方文化,积极吸纳有益成分,坚决避免照搬照抄、全盘吸收的盲目现象。其次,在吸收其他国家包括西方国家先进文化思想精华的过程中,应注意克服盲目自大和自卑自弃两种倾向。这两种倾向是中国近代以来在对外文化交流中容易产生的两种错误态度,在学习过程中,应注意交流是双向和平等的,文明没有优劣之分,切忌自大或自卑心态。

第四节　中国优秀传统文化与社会主义核心价值观的融合

核心价值观是文化软实力的灵魂。2012年,党的十八大报告提出了以"三个倡导"为内容的社会主义核心价值观,即国家层面的"富强、民主、文明、和谐",社会层面的"自由、平等、公正、法治",个人层面的"爱国、敬业、诚信、友善"。社会主义核心价值观的提出是中国共产党在思想文化领域长期探索的结果,具有重大的理论和现实意义。

社会主义核心价值观作为社会主义先进文化中最持久、最深层的力量,学者刘书林认为其有三个来源,分别是"中国文化传统中的价值资源、西方文化传统中的价值资源、社会主义特别是马克思主义文化传统中的价值资源"。其中,中国传统文化有着自己深层的精神追求、独特的精神标识、完整的价值体系,习近平多次强调:"培育和弘扬社会主义核心价值观必须立足于中华优秀传统文化。"

一、中国优秀传统文化是构建社会主义核心价值观的民族基础

核心价值观是指文化内核中居支配地位、起主导作用的优秀价值观，它深刻地作用于人们的思维方式、行为准则、价值观念、审美情趣、心理结构和道德风尚中，成为维系本民族生存发展和社会进步的强大动力。党的十八大报告中提出："倡导富强、民主、文明、和谐，倡导自由、平等、公正、法治，倡导爱国、敬业、诚信、友善，积极培育社会主义核心价值观。"这旨在从意识形态领域，通过国家、社会、个人三个层面全方位地树立科学的价值导向，以引领社会思潮、凝聚社会共识。

现阶段中国特色社会主义核心价值观的构建，至少应该遵循以下准则：一是要以社会主义核心价值为核心；二是要与中国优秀文化传统和时代精神相结合；三是要吸收人类文明中具有普遍意义的优秀价值成分。无疑，中国优秀传统文化是社会主义核心价值观的民族基础和理论源泉。社会主义核心价值观深深植根于中国优秀传统文化精神的沃土中，是传统基础上的现代性诠释。

中国传统文化独特的价值观，诸如仁、义、礼、智、信等，蕴含着丰富而崇高的文化精神——以人为本、崇德重义、持中贵和与实践理性等，这些是中华民族几千年来文化立国的重要基础。有了好的价值观，国家才能长治久安，民族才能长久屹立，对世界文化的价值观也会有重要贡献。如何创造性地发掘中国传统文化中的优秀价值观，对其加以现代诠释，使之与现代文化精神相融通，成为构建中国特色社会主义核心价值观的重要思想基础，的确是我们面临的重大课题。这里值得重视的是，孙中山先生用"忠孝、仁爱、信义、和平"这八个字来概括中国传统价值观。他指出："讲到中国固有的道德，中国人至今不能忘记的，首是忠孝，次是仁爱，其次是信义，其次是和平。"这里虽然讲的是中国传统的道德精神，但其实质上就是中国传统的核心价值观，值得我们进一步阐发，这是恢复民族文化自信、弘扬民族精神的重要前提和条件。

上述忠孝、仁爱、信义、和平等精神元素，从很大程度上来说，的确反映了中国传统文化独特的价值观，与"仁、义、礼、智、信"的概括息息相通，与近代以来西方文化所倡导的"自由、民主、平等、博爱、人权"等核心价值遥相辉映，相得益彰，形成互补之势。这些价值观与中共十八大中所提倡的核心价值的内容，有不少是互通与吻合的，诸如爱国、和谐、诚信、仁爱等。我们在弘扬中华民族优秀传统文化的过程中，当然要学习借鉴国外文化创新有益的成果，兼收并蓄，博采众长，同时还要全面客观地挖掘传统文化中的现代思

想价值，使中华民族能凭借独有的文化价值观与民族精神屹立于世界民族之林，为我国现代化建设提供强大精神支柱和精神动力的同时，为人类文明进步做出应有的贡献。

二、社会主义核心价值观是对中国优秀传统文化的超越升华

社会主义核心价值观虽然离不开中国优秀传统文化的思想资源，但并非对中国传统文化的简单继承，作为引领时代思潮的社会主义核心价值观，其具有自己的先进性、时代性，是对中国优秀传统文化的超越升华。

（一）社会主义核心价值观是对传统文化中爱国主义思想的超越

中华民族具有爱国主义的光荣传统，但在封建社会，爱国往往打上了"忠君"的烙印，具有浓厚的封建色彩。随着时间的推移，爱国主义有了进一步的发展从忠君发展到爱祖国的大好河山和爱人民。孟子的"民为贵，社稷次之，君为轻"，于谦的"社稷为重君为轻"都是最好的证明。触及了爱国主义的深层内涵，表现为对同胞、对民族的热爱。在现代社会中，爱国主义具有鲜明的时代特点，正如江泽民所说的，爱国主义是一个历史范畴，在社会发展的不同阶段、不同时期有不同的内容。我们所讲的爱国主义体现为人民群众对自己祖国深厚感情的崇高精神，是同促进历史发展密切联系在一起的，是同维护国家独立和广大人民的根本利益密切联系在一起的。现阶段爱国主义不仅表现为捍卫国家和民族的统一，维护国家领土的完整和主权的独立，更扩大到世界范围内，比如维护国际和平与稳定。爱国就要爱祖国的大好河山、人文风物、历史文化，爱祖国的各族同胞，爱祖国的建设大业，不断增强对祖国的归属感、自豪感和认同感，坚定走中国特色社会主义道路，为实现中华民族的伟大复兴而不懈奋斗。

（二）社会主义核心价值观是对传统"平等""公平"思想的超越

中国传统文化中不乏平等、公平的思想，诸如"天下为公""人皆可以为尧舜""王侯将相宁有种乎""不患寡而患不均""等贵贱，均贫富""天地相合，以降甘露，民莫之令而自均"等无不渗透着公平与平等思想。但从整体来看，传统文化中的公平与平等思想具有一定的局限性，具有强烈的平均主义色彩。而社会主义核心价值观倡导的"自由、平等、公正、法治"是追求最大范围的人人平等与社会公平，表现为人与人之间的身份平等，法律面前人人平等，发展权平等，共享社会发展成果、社会公共资源、公共产品和公共服务等。因此社会主义核心价值观是对传统"平等""公平"思想的超越升华。

（三）社会主义核心价值观是对传统道德规范的超越

现阶段中国人民肩负着全面建设小康社会、实现社会主义现代化和中华民族伟大复兴的历史使命。这一伟大使命需要有新的价值观念和伦理道德的规范。社会主义核心价值观已经超越了传统意义上的道德规范，上升为社会主义意识形态，鲜明地展示了在新的历史条件下，我们党的理论旗帜和精神风貌。因此，社会主义核心价值观是对传统道德的一次全面升华。

三、立足优秀传统文化，培育和践行社会主义核心价值观

中国社会主义核心价值观取向，既体现出了建设中国特色社会主义的政治理想，也体现出了对中国优秀传统文化和民族精神的传承与血脉延续，传承了先人提出的"以和为贵""天人合一""包容会通"等思想及爱国、诚信、修身等中华传统美德。弘扬优秀传统文化，培育和践行社会主义核心价值观的途径，笔者认为应重视以下几个方面。

（一）通过全面的社会治理，形成健康向上、崇德向善的正风正气

培育和践行社会主义核心价值观应从中国优秀传统文化中汲取营养，充分发挥优秀传统文化怡情养志、涵育文明的重要作用。应以多种方式引导民众树立正确的义利观、荣辱观、是非观，推动形成知荣辱、讲正气、促和谐的社会风尚。要树立道德典范，因为道德典范是公众效仿或者学习的样板。当代涌现出的"最美人物"就是我们身边的道德楷模，如"最美妈妈"吴菊萍、"最美婆婆"陈贤妹、"最美教师"张丽莉、"最美司机"吴斌等，他们的无私无畏、舍己救人的事迹感动了无数人。其实"最美"人物就在身边，我们应该发现"最美"、崇尚"最美"、传递"最美"、争当"最美"。为此，广大党员、干部必须带头学习和弘扬社会主义核心价值观，用自己的模范行为和高尚人格感召群众、带动群众。

要按照社会主义核心价值观的基本要求，健全各行各业规章制度，完善市民公约、乡规民约、学生守则等行为准则，使社会主义核心价值观成为人们日常工作生活的基本遵循。加快推进政务诚信、商务诚信、社会诚信和司法公信建设，建立覆盖全社会的征信体系，鼓励守信、惩戒失信。

（二）重视家风教化，让核心价值观教育生动"落地"

青少年是国家、民族的希望和未来。国人社会主义核心价值观的培养，应该从娃娃抓起，要注重培养青少年高尚的品德和良好的习性，好习惯使人受

益终生。家庭是社会的"细胞",好的家风不仅直接决定了社会"肌体"的健康与否,而且是对青少年进行道德启蒙、品性养成的最自然、最有效的形式。家风是一种无言的教育,润物无声地影响孩子的心灵。我国古代一些有识之士致力于锤炼家庭成员的精神和品德,以求后代不辱祖先、光宗耀祖。古代乃至近现代都留下了不少熔铸着中华传统美德的家训、家书等,诸如《颜氏家训》《温公家范》《何氏家训》《朱子家训》《曾国藩家书》《新赣南家训》等,其凝结着中华民族的价值取向和精神追求,我们应重视继承这份宝贵的精神遗产。

如《曾国藩家书》中有近1500封书信,包含了他一生的主要活动和治政、治家、治学之道,平淡的书信中蕴含着一些至理名言。他在家书中写道:"余教儿女辈,惟以勤俭谦三字为主。"并留给家人十六字箴言"家俭则兴,人勤则健,能勤能俭,永不贫贱"。这样的箴言无疑是治家做人应有之道。再如《新赣南家训》,虽然只有几百字,却平实生动地道出了人应当遵循的日常礼仪和道德规范,一些话还很富有哲理性,如"青菜豆腐最营养,山珍海味坏肚肠。服装器具用国货,经济耐用顶适当。父母教子女、兄长告弟妹,勿贪钱财勿说谎,戒烟戒赌莫游荡。生活要刻苦,婚丧莫铺张;待人要诚恳,做事要有常;态度宜从容,举止要端方;友爱兄弟、孝敬爷娘、妯娌和睦、一家安详"等。这些治家良言,值得我们认真研究、挖掘,去其糟粕,取其精华,转化创新,融入当代核心价值观的新理念,倡导树立新的家风、家规,可制定《庭礼仪准则》《新家风读本》等,潜移默化地塑造青少年的品行。

(三)注重立德树人,学校教育应采用灵活多样的形式

核心价值观的培养应渗透到中小学教育中去,避免说教式的灌输,宜采用灵活多样、丰富多彩的形式,使青少年在喜闻乐见的各种活动中、在日常生活中,受到熏陶、浸润和洗礼。配合社会主义核心价值观的培养,教育部门可编写出适合各级各类学校教育的《行为礼仪规范守则》;重视非物质文化遗产的教育传承,编写出非物质文化遗产进校园、进课堂的特色校本教材等。这些教材应切合中小学不同年级教育教学的特点和要求,图文并茂、生动有趣,既有对传统文化知识或民族文化知识的认知,又有问题的探究和兴趣的激发;既有思考交流的环节,又有融入生活的体验和实践的要求,使青少年在学习、探索和实践中,感受、认同中国优秀传统文化的内涵,通过日常举止行为践行社会主义核心价值观。

学校可广泛开展各种学生乐于参与的教育活动,如参观博物馆、文化名胜古迹,编唱新童谣,经典名篇吟咏,观看介绍优秀传统文化的专题片及优秀

影视剧目，探究和学习各种民间手工技艺和民间艺术，阅读适合年龄特征的有关中国优秀文化的课外读物，开经典故事会，搞传统文化知识竞赛、书法比赛等。还可组织学生参加社会公益活动、义务劳动、自我服务活动，以实际行动践行核心价值观。如我国湖北省博物馆、开封市博物馆等，利用寒暑假，培训小讲解员，让他们为观众介绍展品、宣传优秀传统文化。这种做法不仅丰富了学生的寒暑假生活，重要的是培养了他们爱祖国、爱家乡的美好情感，提高了孩子们的综合素质，锻炼了他们与人交流的能力。这些做法值得提倡。

　　简而言之，我们今天培育和弘扬社会主义核心价值观，应当而且可以从中国优秀传统文化中得到启迪，得到资源，得到支撑。这样，我们就有更强的文化自觉意识和文化自信理念，更加有效更加有力地挖掘中国优秀传统文化，弘扬当代社会主义核心价值观。

第五章　新时代中国优秀传统文化的应用

中国优秀传统文化与社会各个领域的结合，是民族文化得以延续和发展的关键环节，是实现中华民族伟大复兴的内在要求。本章分为中国优秀传统文化在教育教学、艺术设计、企业管理、思想政治教育、影视传媒领域的应用五部分，主要内容包括优秀传统文化在教育中的重要意义、艺术设计中传统文化应用的重要性、中国优秀传统文化融入思想政治教育的意义等方面。

第一节　中国优秀传统文化在教育教学中的应用

一、优秀传统文化在教育中的重要意义

中国文化博大精深，这一点在浩如烟海的古老文字中可见一斑。中国传统文化有着自成一体、独树一帜的特质，是东方文明体系的核心。在当今经济社会发展的关键要素中，科学技术尤其彰显其力量，而专业技能尤其表现出其实用。但对软性文化尤其是传统的文化，因其并不能立即创造出可触摸的物质和价值，所以如何在全日制教育中去传承，值得每位教育家和社会人士的深思。一些学者作为业余的传统文化爱好者，平素也对中国的教育做了一些点滴的深思，这里所叙述的内容的目的在于从一个教师的角度去理解中国的传统文化，希望业界有识之士阅读后，对中国的传统文化有一个新的认识，达到认识之、吸收之、应用之和创新之的效果。

（一）传统文化教育可以凝聚民族向心力

人生来是平等的，这是理念上和科学意义上的平等。但平等不代表着没有差异。人种的差异不仅仅体现在基因、肤色、骨架和容貌上，还显著地体现在文化上，体现在语言文字的不同和文化的差异上。中国无论何时，如果要成为

一个大国，必须具备大国特有的要素：广袤的版图、众多的人口、强大的经济和军事，以及独特的文字和语言。中国人应该以古老的汉字感到骄傲，以数千年连续不断的文明和文化传承为自豪。

所以，中国的教育尤其要重点传播自己的文化和文明，在孩子们心里就埋下文化优势和民族自豪感的种子。只有这样，我们伟大民族才能凝心聚德，满怀信心，体现出与众不同的、独树一帜的东方文明特点，一个伟大古国的复兴指日可待。

（二）传统文化教育可以实现以文化人

教化功能是文化的重要功能之一。文化教化功能是指在文化环境中处于核心地位的价值观念、思想信仰以及与此相一致的各种行为规范对社会成员思想的教化和行为的规范。中国传统文化十分重视文化的教化功能，强调"观乎天文，以察时变；观乎人文，以化成天下"（《周易·贲卦》）。这句话的意思是说要治理国家就需要观察自然运行规律，以明了时节变化和耕作渔猎的时序，还需要观察社会人文，了解和把握社会中的人伦秩序，从而引导天下人为人处世能够合乎礼仪，以成"大化"。由此可见，"人文"与"化成天下"具有十分紧密的联系，充分体现了"以文教化"的思想，体现了文化的教化功能。对当代大学生进行传统文化教育的过程也就是用中国优秀传统文化对当代大学生进行文化教化的过程，它势必会对大学生思想和行为产生深刻的积极影响。

第一，大学生传统文化教育有助于大学生树立和坚持正确的历史观、民族观、国家观、文化观，不断增强中华民族的归属感、认同感、尊严感、荣誉感。大学生正处在人生观、价值观形成的关键时期，在这个时期对大学生进行传统文化教育至关重要。1983 年，邓小平提出：教育要面向现代化，面向世界，面向未来。大学生教育也不例外。但需要指出的是，首先，大学教育面向未来，必须立足传统，致力于培养当代大学生正确的历史观。中国传统文化是中华民族历经五千多年的历史发展而来的，对大学生进行传统文化教育必然需要批判继承中国传统文化，传承传统文化中对当今社会发展和大学生自身发展有用的积极成分。大学生传统文化教育的过程就是对传统文化传承的过程，有利于当代大学生正确看待历史和对待历史，树立正确的历史观，不断增强自身的归属感。其次，大学教育面向世界，必须立足传统致力于培养当代大学生正确的文化观。在多元文化相互影响、彼此交流的文化背景下，传统文化教育不仅仅要立足传统，传承中国传统文化中的有益成分，还要吸收借鉴其他民族文化的优秀成分，使大学生在接受传统文化教育的过程中，培养正确的文化观，做到继承传统，博采众长，做到让外来文化的积极成分为我所用，不断推动中国传统文化的发展和创新。最后，大学教育面向现代化，必须立足传统，致力于培养当代大学生正确的国家观和民族观。随着改革开放和社会主义市场经济的发展，各国文化纷纷传入中国，在多种文化相互碰撞、交流、交融、交锋的多元文化环境中，一部分大学生对外来文化情有独钟，而忽视了中国传统文化在社会主义现代化建设中的积极作用。大学生传统文化教育有利于大学生领略中国传统文化的独特魅力，认识到中国传统文化在社会主义现代化建设和中华民族伟大复兴中的重大作用，从而增强大学生对中国传统文化的认同感、尊严感、自豪感和荣誉感。

第二，大学生传统文化教育有利于大学生自身思想道德修养的提升和健全人格的养成。《大学》开篇就讲，"大学之道，在明明德，在亲民，在止于至善"。这里强调的"大学"并非现代意义上的大学，而是儒家倡导的"君子之学"。当代大学生要想达到君子之学，就要遵守君子之德，学会内省，不断审视和完善自我，提高自身道德修养。"在明明德"，这是达到君子之学的关键，是心性光明的彰显，以达到至善至美为终身目标，不断向新向好。大学生应该要弘扬内心正大光明的品性，使本性中的明善部分发扬光大。"在亲民"，就是要求人通过"亲民"，彰显自身的光明品性，彰明德善，不断更新自我，完善自我。最后是"止于至善"，就是追求人性中至善至美的东西，并以此为目标达到完美境界。总而言之，君子之学就在于彰显光明正大的品德，在于使人达到最完善的境界，强调的是人的道德素质以及自身修养问题。此外，孔子提倡"志于道，据于德，依于仁，游于艺"（《论语·述而》）。孔子的意思是说，做事情要立志高远，要有一个境界；为人处世要有"德"，有处世准则，要抓住诚信这条生命线；为人处世彰显"仁"性，对内来说要有爱心，对外来说则是推己及人，"穷则独善其身，达则兼济天下"。自身道德修养达到了，就可以"游于艺"，博学笃行，学习知识，提高专业技能。道、德、仁、艺是为人处世过程中体现出来的自身修养。若非志向高远，只能落得俗气；若非有高尚的德行为依据，处世起来就无根；若非内在有仁，就不会胸怀天下；若非"游于艺"，那何谈知识渊博，修养自然不够。当代大学生通过传统文化教育，有利于志道、据德、依仁、游艺的实现，有利于提升自我修养，做一个德才兼备的社会主义建设的接班人。

改革开放以来，我国逐步确立社会主义市场经济体制，极大地推动了国民经济的发展，在人民生活水平大幅提升的同时，国人的价值观念、思维方式、生活方式等也发生了改变，人们越来越致力于对美好生活的追求。当代大学生，基本上成长于改革开放迅速发展的过程中，相比较于上一代，他们拥有更加富足的物质条件、多元化的价值取向和生活方式，现代化在他们的生活中发挥了不可替代的作用，传统文化逐渐淡化。特别是在全球化日益深入的今天，部分大学生受西方实用主义、享乐主义等文化的影响，其人生观、价值观在一定程度上也发生了改变，很多的传统观念逐渐远去，民族自尊心和自信心受到损害，道德滑坡，甚至出现了拜金主义、享乐主义、极端个人主义的倾向。这不仅对当代大学生自身的发展产生不利影响，对社会的发展进步也产生阻碍作用。"大凡出义则入利，出利则入义，天下之事，惟义利而已。"（《二程遗书》卷十一）在义与利的关系问题上，儒家坚持仁义至上的理念，主张君子爱财取之有道；墨家主张兼相爱，交相利，认为"天下有义则生，无义则死，有义则富，无义则贫，有义则治，无义则乱"（《墨子·天志》），要求义利统一。传统文化中的"义"与"利"的协调延伸到当今社会就是我们所说的精神追求与物质追求的协调。中国传统文化的义利统一观可以帮助当代大学生将精神追求与物质追求协调起来，树立正确的义利观。

第三，大学生传统文化教育有助于大学生从传统文化中获取巨大的精神力量，为中华民族的伟大复兴多做贡献。清末文人龚自珍曾说："灭人之国，必先去其史。"（《古史钩沉论二》）此外，习近平也强调："国内外敌对势力往往就是拿中国革命史、新中国历史来做文章，竭尽攻击、丑化、污蔑之能事，根本目的就是要搞乱人心。"对于一个国家来说，历史文化有着举足轻重的地位，历史文化中所蕴含的巨大精神力量可以转化为物质力量。当今中国正在朝着实现中华民族伟大复兴的目标前进，中华民族的伟大复兴首先是中国传统文化的复兴。中国传统文化中蕴含着巨大的精神能量，是中华民族强大的向心力。中国传统文化中蕴含的中华民族精神是中华民族凝聚力量、团结一致的精神能量，是培养和激发大学生民族自尊心、自豪感的重要因素。当代大学生在接受传统文化教育的过程中，必然要接触到丰富的传统文化资源，在领略中国传统文化独特魅力的同时，潜心学习前人所创造的文化成果，提升自身传统文化素养，增强对传统文化的认同。大学生传统文化教育有利于大学生获取巨大的精神力量，激发自身爱国热情和民族责任感，有利于大学生推动中华文化的复兴，并促使其将这份热情和责任感转化为建设中国特色社会主义的实际行动。

（三）传统文化教育可以提高人文素养和道德水平

人的素质，代表精神面貌。这一点关乎精神、信仰和幸福，甚至与"挣钱能力"有关。我国的传统文化丰富多彩，它们是我们这个民族的精神支柱，个人和民族都不能没有精神。精神文明靠什么，靠的就是老祖宗留下的财富——精神财富。孔子的周游列国不辞艰辛布道游说，许由的淡泊名利，诸葛亮的鞠躬尽瘁，岳飞的精忠报国，文天祥的威武不能屈，每一个历史故事，犹如大浪淘沙，流传至今的都是文化的瑰宝，民族精英的精髓。我们的文化血脉、建筑风格、饮食习惯和道德风尚流淌着祖宗血液，万不能妄自菲薄。

（四）传统文化教育可以实现文化传承与创新

从文化的历史属性来看，文化的传承功能是文化的重要功能。所谓文化的传承功能是指以时间为单位将某种文化持续地传递下去的功能。文化的传承对于民族的延续和国家的发展来说都有不可撼动的地位。中国传统文化的发展过程是曲折的，近代以来就经历了三次大的冲击：1919年的"新文化运动"、历经十年的"文化大革命"和改革开放市场经济大转型。这三次社会大变动，虽然极大地促进了中国经济社会的发展，却也使我们的中国传统文化受到了严重创伤。传统文化传承无法系统，传统观念日渐淡化，传统文化财富日渐减少。当今社会严重的义利失衡现象及政治腐败、学术腐败频发等，都与此有一定的关联。

近年来，习近平在不同场合多次强调中国传统文化的重要价值，他指出："优秀传统文化是一个国家、一个民族传承和发展的根本，如果丢掉了，就割断了精神命脉。""现代高等教育的本质，即积淀并实现文化的传承、融合和创新，在民族传统文化的沃土中汲取智慧和营养，从而获得丰厚的精神资源，形成强健的生命力。"传统文化教育坚持社会主义主流文化的主导地位，引导当代大学生吸收传统文化精髓，内化为自身修为，这有助于中国传统文化的传承和创新。文化的传承与创新是当代大学生传统文化教育的重要使命。

首先，大学生传统文化教育有助于中华民族文化基因的传递。文化是人类与动物相区别的本质特征，不同民族的文化则是不同民族的人们相区别的重要特征。

中国传统文化是中华民族世世发展和中华儿女代代相传的文化基因，中国人之所以是中国人，不在于地域，也不在于肤色，而在于中国人共同创造并时刻遵循着的中国文化。假如标志我们中华民族繁衍生息的文化基因改变或者不在了，那么"中国"和"中国人"这两个概念也就只有地域意义而无文化意义了。

当今世界，文化软实力在国际竞争中的地位和作用越来越突出。作为中华民族的瑰宝，中国传统文化必须为社会主义现代化建设和中国梦的实现提供强大的精神动力。因此，必须通过教育有意识、有计划地将中华民族的文化基因传承下去。加强对大学生的传统文化教育，有助于大学生自觉传承和弘扬中国传统文化，推动中华民族的伟大复兴。

其次，大学生传统文化教育有助于大学生维护中国传统文化的文化安全。随着经济全球化的发展，社会主义市场经济也发展迅速，我们在感慨物质生活和精神生活的条件都大大改善的同时，会发现社会呈现出多元文化共存的局面，外来文化正悄然地进入我们的生活，如西方节日的盛行、西式婚礼的普遍、西式餐饮文化的蔓延等。特别是包括当代大学生在内的年轻一代，受西方思维方式和行为方式的影响较大，渐渐与自己的传统文化越走越远。

中国传统文化源远流长，博大精深，以其独特的包容性在几千年的历史长河中生生不息，这表明传统文化并不排斥外来文化，相反，传统文化可以充分吸收利用外来文化中的优秀成分充实自身。但是，我们应该有文化安全意识，当我们接触的外来文化越来越多，思维方式和价值观念越来越接近外来文化时，这就意味着我们的文化基因正在悄然改变，文化渗透正慢慢发生。大学生传统文化教育有助于当代大学生树立正确的文化观，警惕和抵制外来文化对传统文化的不良侵蚀，使中华文化在世界文化激荡的大环境中站稳脚跟，而不能让自己的文化消失。

最后，大学生传统文化教育有助于推动中国传统文化的创新性转化。习近平强调："独学而无友，则孤陋而寡闻。"文化因交流而多彩，文明因互鉴而丰富。对待外来文化要在警惕文化渗透的同时，秉承海纳百川，有容乃大的心态将各种优秀的外来文化为我所用，特别是那些有益于社会主义现代化建设的外来文化成分，使中国传统文化既有自己的民族特色，又能够把握世界发展潮流。

当代大学生是在多元文化环境中成长起来的，是中华文化与外来文化交流的桥梁和最佳人选。当代大学生传统文化教育有助于引导大学生立足当代中国社会发展的实际，"找回"被遗忘、被忽视的文化传统，批判地继承其中的宝贵资源，并积极吸收外来文化中充满正能量的精华部分，处理好继承和创造性发展的关系，按照时代特点和要求，对那些至今仍有借鉴价值的内涵和陈旧的形式加以改造，赋予其新的时代内涵和现代表达形式，激活其生命力，并按照时代的新发展新进步，加以补充、拓展、完善，最终实现中国传统文化在当代的创新性价值转化。

二、优秀传统文化价值观对现代教育的影响

（一）优秀传统文化价值观概述

中国传统文化的价值观念多种多样，其中居于核心地位的就是中国传统文化核心价值观，它在中国的文化发展过程中发挥着重要的指导作用。其具体含

义主要表现在以下两个方面：一是在中国传统文化中，它属于重要的组成部分，也就是儒道佛三家各自的核心价值观；二是对于集儒道佛三家之长所形成的传统文化而言，它属于其中所重点体现出来的核心价值观。

在儒道佛三家中，各家的核心价值观念都有所不同，其中，儒家为自强不息、厚德载物，道家为道法自然、逍遥齐物，而佛家为道法自然、逍遥齐物。一般来讲，各家往往会以融合会通、和而不同的价值取向为基础进行不同文化传统间关系的处理，从而保证自家文化发展的生机和活力。

（二）对现代教育的影响分析

传统文化是精华与糟粕的结合，如何在现代教育中发挥其精华的一面是教育工作者们要面对的一个问题。儒学作为传统文化的一个代表，为现代教育提供了参考和借鉴。

1.孔子教育思想对现代教育的影响

孔子常常会将"内省不疚"作为教导学生的重点内容，而之所以这样做，最重要的目的就是引导学生端正自己的行为，做人做事要以适宜的道德规范为基准，努力做到无愧于心。

此外，孔子也十分重视因材施教，这对于现代教育而言是值得倡导和学习的。据古籍记载，在教导学生时，孔子总会根据不同学生的性格特点采取不同的教育方式，举例来讲，子路好勇，孔子在教导他时则以批评为主；颜渊好学，孔子在教导他时则以鼓励为主；冉有好商，孔子在教导他时则以提议为主。面对不同的人，教育开导方式自然不能一概而论，而应有所差别，具体分析，因为只有这样，天下大同才有望实现。

我国正处于社会主义和谐社会建设的关键时期，宣传和弘扬孔子合理的教育理念具有十分重要的意义。一方面，要教导学生时时自省、树立恒志，坚持初心不放弃；另一方面，要引导教育工作者牢记因材施教的理念，使用不同的教育方式教导学生，引其向善。若能做到以上几点，和谐社会的建设必将更加顺利，而孔子口中的大同社会也将在今朝实现。

2.孟子教育思想对现代教育的影响

与孔子相比，孟子是有所不同的，因为他更偏向于政治家。但是，他的一些教育理念同样值得现代教育工作者借鉴和学习。

孟子将孔子的仁爱思想向通俗、具体的方向发展，使得更多的人能更好地理解所谓的"仁爱之心"的意义。同时，他所提出的伦理道德原则对于现在诸多道德和伦理问题的解决也有着重要的价值和意义。

在教导学生时，一个重要教育课题就是礼节。若是在处理人际关系时，所有人都能以仁义之心应对，那么社会的稳定与和谐必然能得到有效保障。在当代教育中，一个重大弊端就是片面追求成绩而忽视道德教育的发展。因此，我们应当重视孟子提出的道德原则。

三、深化传统文化教育教学改革的途径

（一）树立科学的教育教学理念

教育理念是人们对教学活动所持的基本态度，集中体现着人们对教育活动的观念和态度，它所包含的内容非常丰富，包括教育宗旨和教育的要求等，是我们进行教育活动的重要指导。而树立优秀传统文化教育的人学理念就是要在教育过程中，树立符合大学生实际需要、能够体现大学生个性和主体性、促进大学生全面发展的教育理念，从而为增强优秀传统文化教育的实效性提供理论指导。

1.秉承"以学生为本"的教育理念

教育的首要目标是育人，"育"的不仅是人的专业技能，更应该是人的道德素质，我们为国家培养的也不仅是技能型人才，更包括思想型人才。以"德"为先是教育的重要任务，以人为本或进一步说以学生为本是应该遵循的教育原则，而传统文化中丰富的人文思想恰好为我们进行教育提供了重要借鉴，因此，高校在此方面承担着不可推卸的责任。

在大学生传统文化教育中，坚持"以学生为本"的教育理念，就是要坚持以学生为中心，时刻关注大学生的思想发展实际，掌握变化规律，做到一切为了学生，为了学生的一切。具体而言，首先，要做到尊重大学生，即尊重学生的主体地位。大学生优秀传统文化教育的灵活性很强，若在进行相关的知识教育时，能以学生为主体，增加他们自主学习的机会，使其做主动学习传统文化的主人，做到教师讲解与自主理解相结合，将会事半功倍。其次，要做到理解大学生，即理解大学生对传统文化知识的需求和态度。优秀传统文化内容丰富多彩，但大学生并不会都感兴趣，如有些学生热衷于传统"孝"观念的研究，而有的学生却对传统"仁"的观念较为感兴趣，每个学生对传统文化的内容需求不尽相同，面对这些情况，高校教育者要试图理解他们的内心想法，从而进行问题的解决就会容易许多。最后，还要做到爱护大学生。每个孩子都渴望被

关注和被关心，尤其是心理较为脆弱的学生，教育者的爱护会对他们将来的发展产生极其积极的影响。传统文化教育的课堂上不免会存在教育者与受教育者之间的矛盾，也会存在学习与生活之间的矛盾，更会存在理想与现实之间的矛盾，这时受教育者的一席暖话或者关爱的行为，将会融化学生的内心，使他们对传统文化的学习充满活力与兴趣。

2. 坚持"个性化"的教育理念

人的发展的最终目标是人的自由个性的解放。个性是心理学中使用频率较高的词语，个体的生理条件、成长生活环境、所受文化水平等都不是完全相同的，即便处在同一时代同一条件下，个体之间也存在较大差异，个体与个体之间的差异是个性的重要表征，我们可以把人的个性规定为个人较为稳定的主体性和差异性的统一。随着社会的发展，社会分工越来越复杂，社会需要具有独特性和个性化的人才来支撑各方面生产的进步，教育是为国家培养人才的活动，自然催生了"个性化"的教育观念。因此在传统文化教育中，我们更应该遵循"个性化"的教育观念，尊重差异，张扬个性，鼓励个性自由发展，拓展创新型思维，从而使其投入优秀传统文化传承与创新的实践中。

在传统文化的教育中坚持"个性化"的教育观念，应注意以下两个方面：

一是教育者要打破自身权威性的传统观念。在受教育者那里，教育者具有绝对的权威，有些新想法和新建议不敢向教育者提出。教育者要正确面对受教育者提出的关于传统文化的质疑和困惑，打破将此视为权威性挑战的观念。

二是要为学生的个性化发展积极创造条件。传统文化内容丰富而复杂，既包含人与自然的关系，也包括人与人、人与社会关系的处理，既包括"天下兴亡，匹夫有责"的家国情怀，也包括"仁和为贵，忠孝为先"的社会关爱，还包括"厚德载物，自强不息"的民族精神。大学生由于自身性格的因素对所学内容有所偏好和侧重，教育者要尊重学生的个性化需求，为他们搭建个性化发展平台，提供个性化展示的平等机会，并针对不同年级的学生"因材施教"，给予他们充分的肯定和包容，真正做到多元多样化教育，从而使共性与个性相结合，给个性发展提供更大的空间。

3. 立足"全面发展"的教育理念

人具有理想性和超越性的特点，人总是在理想与信念的支撑下进行生产生活，一个没有了理想的人就像一个失去了精神灵魂的肉体，奋斗显得枯燥无趣，生活也失去重心和目标。马克思所讲的人的自由全面的发展首先是一种理想状态，它尚未达到和实现，这是当今我们人类努力的目标，是一种人生理想价值目标。但理想总是以现实为基础的，正是因为我们存在实现理想的条件，才使得人的全面发展具有很强的现实性和可行性。教育是国家大计，是我们培养人才的重要途径，只有通过教育，我们才能更加接近全面发展的目标。而人的全面发展不仅是德、智、体、美、劳等方面的发展，还包括人的心理健康和劳动能力、社会交往能力、个性等的发展。因此，在传统文化教育中追求"全面发展"的教育理想不仅仅要注重理论的灌输，更应注意大学生的吸收消化知识的能力、践行传统道德的能力和个性发展的程度等。优秀传统文化教育的主要目标不是培养一个空有满腹传统知识的人，而是培养一个具有健全人格、外化于行的道德的人，在掌握和深刻理解传统道德知识的基础上，成为一个德智并行发展、身心健康、实践动手能力和交往、自控能力强的现代型优秀人才。因此，追求"全面发展"应成为当今教育的理想目标，以此为教育方针，为实现人的自由全面发展创造良好的教育环境。

总之，"以学生为本""个性化"和"全面发展"的教育理念不是毫无关系的，它们都以"人"为核心，都体现出人的重要性，都是在马克思主义人学的指导下进行理念的规划，它们相互联系并支撑着传统文化教育的发展，为人学视野下进行传统文化教育提供了理念指导。

（二）合理设置传统文化教育课程

1. 均衡设置高校传统文化相关课程

传统文化教育的课程要根据各个学校自身的实际情况，理科院校、文科院校和综合类院校齐抓，必修课和选修课双管齐下，并且与学分挂钩，让非相关专业的大学生也可以多多了解传统文化，改善其知识结构。必修课方面可以开设关于中国古典文学鉴赏的课程，提升大学生文学修养；可以开设中国古代哲学思想的相关课程，学习体会为人处世的心态、方式；可以开设中国古代伦理思想的相关课程，引导大学生树立正确的伦理道德观念。选修课的开设应该关注大学生的兴趣爱好，并以此为依据开设中国书法艺术鉴赏课、音乐绘画赏析课等。

2. 增加传统文化教育课程设置比重

就目前来看，高校教育教学体制中国传统文化的教育偏少，特别是理科院校和理科专业。因此，高校需增加传统文化教育课程的开设。我们可以借鉴别国经验，如泰国十分注重公民艺术文化素养的培养，把公民能否认同、欣赏和保护本民族的艺术文化作为评判其基本素质的标准；韩国高度重视本国传统礼仪并将其设为学生必修课。

3.重视中国传统文化教育

除理论教育外，还应该重视实践教育作用的发挥。实践方面，可以定期组织学生参访附近博物馆、艺术馆、传统村落等，使大学生亲身体会传统文化的独特魅力；可以开展与传统文化有关的学术报告会、知识竞赛、辩论赛等，使得大学生在参与各种文化活动的过程中深入了解传统文化，体会传统文化的独特魅力。

（三）正确选择传统文化教育内容

传统文化中蕴含着丰富的教育资源，高校教育工作者在进行大学生传统文化教育时对传统文化教育内容的选择是个大难题。教育工作者应该立足于当代社会发展的需要以及当代大学生自身的特点，科学选择传统文化教育的内容。

大学生传统文化教育的主要内容应该包括以下几点：

第一，爱国主义的民族精神。中国传统文化蕴含着丰富的民族精神，中华民族精神是培养大学生民族自尊心、自信心，树立民族自豪感的重要因素。

第二，自强不息的进取精神。自强不息的进取精神是中华民族受尽磨难而延续至今的精神动力。《周易·乾卦》曰："天行健，君子以自强不息。"大学生传统文化教育应该注重培养大学生群体的自强不息精神，使其在遇到困难和挫折时能够不轻易放弃，发愤图强，努力实现自己的理想和自身价值。

第三，厚德载物的包容精神。《周易·坤卦》曰："地势坤，君子以厚德载物。"中国传统文化之所以流传五千多年，主要得益于其充分发扬厚德载物的包容精神，吸纳外族文化的优秀成分，弥补自身不足，维系和绵延了中华民族的文化血脉。

第四，以人为本的人文关怀。以人为本的人文关怀强调的是"自爱"和"爱人"的结合，孔子"仁者，人也"和"己所不欲，勿施于人"的思想体现了这一点。当前个别大学生漠视生命，倾向于采取极端的方式处理问题，自杀、伤人事件时有发生。对大学生进行以人为本的人文关怀思想教育，有利于大学生培养健全人格，帮助其以仁爱之心对待自己、对待他人。

第五，以和为贵的和谐意识。由于大学生认识水平、脾气秉性等的不同，在长期的交往过程中摩擦碰撞必然不可避免。传统文化中的和谐意识培养有利于大学生以和平的心态去对人对事，以和谐意识为指导正确处理和减少矛盾对于协调人际关系、营造和谐友爱的生活学习环境十分有效。

第六，以孝为本的道德观。当代大学生多为独生子女，部分学生娇生惯养，缺乏感恩意识，这种教育尤为必要。

第七，小康大同的社会发展目标。当代大学生在享受国家和社会发展带来的幸福生活的同时，应该树立正确的理想价值观并认清自己的使命，确立为国家奋斗、为民族争光的志向，努力在全面建成小康社会的道路上贡献自己的一分力量。

第八，崇尚自然的生态理念。"天人合一"思想是中国传统文化生态智慧的精髓和核心。面对当前严重的生态危机，将崇尚自然的生态理念纳入当代大学生传统文化教育，有利于提高大学生生态保护意识，使其尊重和保护自然，对于贯彻落实科学发展观、走可持续发展道路具有重要价值。

（四）创新传统文化教育教学方法

1. 充分利用网络技术开展传统文化教育

当代大学生是在网络大环境中成长起来的，在对当代大学生进行传统文化教育过程中，一方面，教育者应充分利用网络平台，进行传统文化教育。当代大学生每天都会接触网络，几乎大部分时间都在跟网络打交道，所以，在新时期进行大学生传统文化教育时，高校可以借助网络平台，营造传统文化氛围，将传统文化教育与网络结合起来，改变枯燥、乏味、单一的课堂授课。传统文化是古人所创造的，而互联网则是现代的产物，完成传统文化的梳理工作以及将中国传统文化与网络结合要在稳定中缓步前进。所以搭建大学生传统文化教育网络平台需要长时间的磨合，不是一蹴而就的。教育工作者可以与专业人员探讨，建立具有中国特色的传统文化教育网站，并研究开发有关大学生传统文化教育方面的软件，运用新颖的授课方式增强大学生对传统文化的兴趣。

另一方面，充分运用网络舆论，引导大学生接受传统文化教育。互联网创造了地球村，其联通的力量是无穷的，运用网络力量，通过微博、微信等对中国传统文化进行传播，做到虚拟网络与现实教育相呼应，使大学生在接触网络的过程中潜移默化地受到中国传统文化的熏陶，提高大学生对学习传播传统文化的兴趣，提高传统文化素养并落实到行动中，从而达到大学生传统文化教育的目的。要想充分利用网络这个强大的途径推进大学生传统文化教育，教育工作者必须努力掌握相关技术，创造出更多新方式吸引大学生注意力，增强传统文化影响力，以更好地推进大学生传统文化教育的顺利进行。

2. 充分利用校园文化活动进行传统文化教育

传统文化内涵博大精深，除了我们所熟知的儒、道、法、佛等各大学派的思想文化，还有诗词歌赋、民族戏剧、国画书法、棋类、武术等，相对应的传统文化教育可以创新教育活动形式，提高大学生学习传统文化的积极性。例如，现在很多大学都创办了跟传统文化有关的社团：话剧社、京剧社、读书会、影视展、知识达人等。在大学生传统文化教育过程中就可以充分利用这些社团，让学校宣传主办，通过听戏曲、看京剧、读传统文化书籍、进行传统文化知识竞赛、观看《红楼梦》等与传统文化有关的影片等方式来培养大学生对传统文化的兴趣，提升大学生的传统义化素养。

3. 充分利用校外实践活动进行传统文化教育

教育者的教育教学方式以及知识的传授不应仅仅局限于课堂，可以合理组织一些户外活动，比如参观周边文化底蕴深厚的古建筑等。这样，可以增加学生学习传统文化知识的兴趣，使学生在潜移默化中领会到传统文化的魅力，达到"润物细无声"的效果。当然，我们倡导多样化的教育教学方式，抵制单一枯燥的教学模式，并不意味着抛弃课堂授课的方式。课堂授课在大学生传统文化教育中依然占据着主要地位，多样化的教学方式是调味品，可以增强传统文化的吸引力。

（五）坚持教育者主导和受教育者主体相结合

教育实践活动的主体是人，教育者和受教育者都是教育的主体，没有教育者的引导，受教育者在一定程度上会发生对知识认知的偏差，教育效果也很难实现，将正确的课程内容转化为教学内容，教育者在其中起着重要的中介作用。同时，受教育者是学习传统文化的主体，他们能否积极主动地接受传统文化，关系着教育效果的实现。因此，在传统文化教育过程中既要坚持教育者的主导地位，又要坚持受教育者的主体地位，促进教育者和受教育者的交流，加强两者之间的主体协作，正确处理好教育过程中发生的各种问题。

从教育者角度来讲，高校要积极地打造专业的传统文化教育教师队伍，为大学生传统文化教育提供强有力的教学支撑，提升教育质量。一方面，高校要对传统文化教师进行严格的教育培训，考察教育者在传统文化教学中的态度和素养，定期组织教师去参加培训和进修，学习教学技能，并鼓励支持他们申请传统文化课题，打造一支专业、优秀的高校传统文化教学能手队伍。另一方面，传统文化专业的教师必须自觉增强自身的传统文化理论素养，完善自身的传统文化知识结构。时代在不断发展，传统文化知识也要随着时代的发展而不断更新和创新，才能符合大学生们对传统文化的需求。

从受教育者自身来说，大学生学习传统文化的目的是提升自身的道德素质和修养，教育者的"言传身教"固然重要，但最为重要的还是要靠大学生自身的努力。一方面，大学生们要在课前做好相关准备，课上紧跟教师的步伐，积极进行独立思考，做到学与思结合；另一方面，在课后要进行及时复习，自觉完成课下的任务，做到"自省"。通过自我教育唤醒自身的"主体性""自主性""自觉性"，主动而不是被动地接受传统文化，从传统文化中汲取优秀的成分，内化为道德修养，提升文化自信。

传统文化是一种伦理型文化，教育者自身须具有较高的道德素质，做到知行合一、表里如一，教育活动才能对大学生产生说服力，加强传统文化教育的话语权。同时，在传统文化教育的过程中，也要有受教育者的积极配合，主动地接受传统文化，自觉进行学习，实现教育者和受教育者在教育过程中的相互协作，共同为文化复兴提供力量。

（六）关注大学生的虚拟生存方式

当今时代是信息爆炸的时代，互联网技术的发展带来了时代发展的全球化，人们足不出户就可以畅游世界、进行远程交流等，网络以全球性、平等性和超时空性、开放性等特点给人们的学习和工作带来了极大的改变，方便了人们的生活和生产。虚拟生存已经成为当代人们重要的生存方式，相比于现实生存，虚拟生存带给人们相对较多的自由空间，人们得到了不同的体验。

随着社会的快速发展，人们对网络的需求将会越来越大，通过网络进行的社交活动和工作活动也越来越频繁，这也造成了传统与现代之间矛盾的放大。大学生作为独立的个体，是现实中的生活着的个人，是重要的网络主体，他们迅速适应了网络生活，热衷于在虚拟空间进行学习和社交，大多数时间沉浸在网络虚拟空间中。大学生拥有活跃又开放的思维能力和较强的学习能力，当他们面对传统文化知识的学习内容时，短时间内可能找不到兴趣点，而若以网络搭建他们学习的平台，以现代技术为依托进行传统知识的教育，从技术手段和教学载体上改善他们学习的状态，实现教育内容和教育方式的有效结合，将会大大提高大学生学习的积极性和主动性。从现代教育媒介的角度看，传统文化的教育必须关注大学生的虚拟生存方式，关注他们在其中的心理变化，充分利用媒体和网络技术，打造较高质量的传统文化教育网络平台，提高传统文化的网络教育质量，从而突出大学生的网络存在，优化大学生的虚拟生存。

因此，我们在传统文化教育的过程中，要关注当代大学生的虚拟生存方式，将现实与虚拟相结合，实现线上、线下教育相配合。

首先，高校可以创建学习中国优秀传统文化教育的主题网站。将传统道德知识以直观、形象的文字、图像和视频的方式进行展示，并及时更新内容，吸引大学生的眼球。

其次，建立关于中国优秀传统文化的网络论坛和微信公众号等讨论专区，鼓励大学生在其中进行传统文化讨论专题的探讨、提出教育教学意见，使大学生拥有自由平等的发表言论的机会和环境。

最后，可将现实课堂内容转移到虚拟课堂，即通过网络视频接受传统文化教育。高校已经建立起许多网络视频的选修课，将专家或讲师录制的视频课分享给大学生，面对困惑和问题进行课上或课下的交流，共享传统文化教育资源，满足大学生对教育媒介的需求。

（七）实现人性化的教育教学管理

"没有规矩，不成方圆"，制度是由人创造的，人才是制度使用的主体。在教育过程中，以制度管人的优点在于通过规则和准则的约束，使学生敬畏规则，遵守规则，克制和规范自身的行为，做到令行禁止，因此，以制度管人管事能够促使高校教育教学的制度化和规范化。然而，制度仅仅是人们进行管理的手段，人不能被制度所束缚，若教育制度运用不当，作用会大大下降，教育的管理制度一定要体现人性化的特点，实现制度被人所用，为人服务。我国的传统文化理念中，管仲建议齐桓公应"以人为本"，孟子认为"民为邦本"是国家治理的根本等都从一定程度上缓和了君民之间的关系，短时间内保证了国家的安定祥和。教育者不仅仅是传统文化教育的工作者和理论知识的传授者，也是课堂秩序、课后工作的管理者，这就要求他们在传统文化教育的过程中，摒弃自己具有绝对主导性和权威性地位的教学观念，做到关怀学生、服务学生，根据实际情况给予一定的奖励或惩罚，宽严相济，则可避免人人自危。

总之，教育管理者要坚持"以人为本"，体现出管理的人情味，做到科学管理、民主管理和人本管理相统一，实现人性化的教学管理，让制度在潜移默化中融入学生的生活和内心，感觉到制度为人服务的热情，从而真正做到自觉遵守制度和规范。

第二节 中国优秀传统文化在艺术设计中的应用

一个国家或民族要形成既具有时代特色又蕴藏深厚文化内涵的一种艺术设计风格，需要不断地从传统文化中汲取营养。我国优秀的传统文化是一座蕴藏丰富的宝库，它为现代艺术设计领域提供了极其丰富的表现形式和设计素材，为人们所从事的设计活动提供有价值的创作灵感。因而，在艺术实际设计中积极挖掘优秀传统文化素材至关重要。

一、艺术设计中传统文化应用的重要性

（一）传统文化为现代艺术设计提供厚重的艺术底蕴

经济全球化带来的文化交流与互动越来越促成不同区域现代文化发展的趋同或相似。这虽然在一定程度上推动了异域文明间的深度交流，但也使某些领域出现雷同与泛化的频率提升。比如，艺术设计越来越强调个性和创新，因为其背后正有着现代设计文化趋同因素的不利影响。

而繁荣兴盛五千年的中国传统文化则在很大程度上帮助国内现代艺术设计规避了类似的风险。可以说，悠久的中国传统文化如同一个取之不尽用之不竭的艺术宝库和源泉，可供现代艺术设计人士孜孜以求地学习和借鉴。这其中最具代表性的当属北京奥运会（第 29 届夏季奥林匹克运动会）的相关设计。无论是传统印章式的奥运会徽，还是开幕式上光彩夺目的卷轴式舞台，北京奥运会形形色色的艺术设计元素中无不渗透着强烈的中国传统文化因子。

（二）传统文化是现代艺术设计实现创新的动力源泉

在继承的基础上有所创新，这已经成为现代艺术、文化实现发展的热点与焦点。创新驱动不仅体现在工业生产或商业营销层面，而且反映在艺术创作、艺术设计的文化领域。基于传统文化实现现代化创新与创造不仅已成为全球共识，而且传统文化的厚重积淀正在成为现代艺术设计得以创新的动力源泉。

比如，北京奥运会徽设计中的"京"字，参考了传统汉字篆体的书写特点，同时对其进行了动态调整，仿佛一个手执红绸的人正在翩翩起舞，又似一个奔跑者奋力前行。如此一来，传统汉字的沉静典雅融入了现代运动的活跃动力，东方传统文明的含蓄与现代体育文化的奔放间形成了奇妙的交叠。这堪称是继承传统与发展创造的典范之一了。

二、中国传统文化在艺术设计领域的体现

（一）传统绘画在艺术设计中的应用

传统绘画艺术为现代艺术设计所提供的借鉴主要体现在以下两个方面。一方面，传统绘画艺术技法的应用给现代艺术设计提供了借鉴。比如，在中国传统的绘画作品中所应用的艺术表现方法，笔墨以及线条等艺术表现方法得以充分利用，生动有趣，将传统艺术魅力全面地表现出来。

另一方面，在艺术设计中如何应用中国绘画意境给现代艺术设计工作提供了重要的借鉴。比如，在传统的绘画艺术创作中更注重如何营造出艺术所需的创作意境，在艺术作品创作中将墨色与空白相间，从而形成虚虚实实的艺术效果。因而，在现代艺术创作中，为了能够将艺术形象更好地深入欣赏者心中，就要求提升现代艺术作品的文化底蕴，从而营造出更高的艺术作品意境。

（二）传统文化在室内设计中的应用

当前建筑室内设计中所应用的摆设、装饰以及造型等都体现了现代人所形成的审美理念，也足以说明了现代人对幸福生活的渴望。因而，在艺术设计中融入中国优秀传统文化，促使室内设计反映出中国传统文化的价值内涵。比如，国内以前的建筑大部分为木质结构的建筑，给人一种淳朴厚重的感觉，有较强的安全感。

比如，当前部分室内设计师在进行室内工作时应该充分发挥中国传统文化的内涵形象，通过剪纸、刺绣、陶艺等传统文化，努力创造出更为和谐、更为美好的室内景观，促使传统文化元素与室内设计更好地结合在一起。

（三）传统文化在标志设计中的应用

在企业发展中，现代标志已成为企业发展理念以及企业文化传承的重要载体，如何为企业设计出更为简洁、更为直观的企业标志在企业核心价值观提升中发挥着重要的作用。因而，艺术设计工作人员应该深入挖掘传统文化在现代标志设计中的作用，从而为企业赋予更为丰富多样的价值内涵，提升标志在企业发展中的重要作用。

比如，当前部分艺术设计者已开始注意到将中国传统文化元素应用于标志设计中的重要性。国内知名的艺术设计大师都开始注意到将中国传统文化元素应用于现代艺术设计中，往往能够设计出意想不到的标志设计效果。中国银行的企业标志，就是将中国古钱的文化价值内容应用到企业标志设计工作中，从而将中

国银行的管理职能含蓄地表达出来，更好地诠释出中国银行的企业发展价值。

（四）传统纹样在包装设计中的应用

现代传统包装中开始关注并运用传统纹样图案。中国传统吉祥色大多选用色彩鲜艳、浓重且热烈的颜色，比如中国红，而且更多采用对比色，比如红和绿搭配，黄与紫搭配，蓝与橙搭配等，这些颜色对比强烈，搭配在一起被赋予了吉祥富贵的象征意义，对吉祥进行新的定义，体现人们对于美好生活的热切期望，同时也更好地体现出了传统图案的装饰性作用。

当前包装设计的色彩大多借鉴传统吉祥色，如此更容易被大众所接受，特别是当代礼品包装设计，尤为突出。但是随着人们文化水平和审美能力的提升，更注重色彩搭配的系统化设计，认为色彩设计不应该局限在几种固定纯色的搭配和使用上，需要进行更多新的尝试。要敢于打破常规，为包装设计注入新的活力和血液。设计师要敢于自我突破，为作品赋予更多理想色，同时能够根据语境进行合适取舍，找到现代色彩和传统色彩之间最佳融合点，设计出集传统与创新为一体的设计精品。

纹样图案表现手法多变，有抽象的，有具象的，有的寓意富贵吉祥，有的寓意趋吉避邪，有的寓意长命百岁，等等，内涵丰富。如剪纸中鲤鱼代表年年有余、鸳鸯表示夫妻生活和美，都是为迎合消费者对生活和美的愿望。对传统纹样图案进行提取并运用到包装设计中，理念上能与人们心理发展需求相匹配，而且图案表达更加直接、直观，形式上更易被人接受。

三、艺术设计中优秀传统文化的应用策略

（一）找到现代与传统之间的文化契合点、共通处

在漫长的社会发展历程中，艺术设计经年累月形成越来越厚重的文化传统积淀，这既是广大人民群众聪明才智的汇集，也是不同历史时期社会生产与生活特点的点滴集成。对比新旧历史时期中国社会生产生活，我们不难发现，古代社会可以用相对静态的慢生活总结归纳，而现代社会则发生了翻天覆地的变化，已经进入动态的快节奏状态中。新旧社会如此颠覆性的改变对于艺术设计的冲击和挑战不言而喻。要在现代艺术设计领域恰到好处地应用传统文化，就不能满足于表象、形制方面的浅层参与和借鉴，而需要找到现代与传统之间的文化契合点、共通处，从文化的根源着眼。如此才能剥离表象上的粗糙与随意，而在文化思想、设计思路的更深层达成共识。

比如，中国传统文化推崇的"天人合一"理念普遍存在于儒、释、道三家的哲学思想领域。古人追寻的"天、地、人"相合，用现代语言翻译过来正是人与自然和谐共生的环保思想、绿色发展观。古人在传统工艺艺术设计过程中对竹格外偏爱，时常用竹制作茶杯、茶盘、笔管、笔架等小器物，更将竹应用到竹门、竹窗等传统建筑艺术设计领域。至于室内装饰更创造出竹制博古架这类充满文人艺术气息的大型工艺美术作品。将这类极具代表性的环保设计理念应用到现代艺术设计环节，竹材同样可以成为现代美术作品的备选材料。比如，用竹制成台灯基座、灯罩，或者室内装饰用的吊椅、秋千，甚至用竹丝编制挂毯或壁画等。

（二）以实用为基准，兼顾实用与装饰

发展具有中国特色社会主义文化的根本目标在于为人民服务，满足人民群众日益增长的物质文明与精神文明需求。从这一点来说，现代艺术设计就需要深深地植根于基层生产与生活，要以实用为基准，兼顾实用与装饰，如此才能最大限度地发挥传统文化借鉴作用，同时从基层民众的反馈中汲取经验，反哺艺术设计思想和技术。只有形成这种良性循环，传统文化的艺术宝库才能尽其所能地持续产生文化财富，为民所用，为社会所用。比如随着现代城镇化进程的不断加快，越来越多乡村人口进入城镇。这固然为繁荣城市经济提供了强大的人员动力，却也给城镇居住环境带来越来越大的承载压力。随着现代城市建筑小型化渐成大势所趋，狭窄的居住面积要求现代艺术设计不断简洁化、袖珍化，既要实现其使用目标，又需要在有限的空间中适当装饰以增添艺术美感。如此一来，传统工艺艺术设计思想中的繁复、绚丽、铺陈便不再适应当下要求，现代艺术设计者就需要考虑将传统大面积的设计模式划分为块、线、点，或是将传统平面设计向立体、镂空、错位、交叉等转换。

又如，随着流动人口在不同区域间短暂停留比例的增大，能够与人共同流动起来的美术作品才更加适应使用者的客观要求。这就要求现代艺术设计者在传统相对固定、静态的作品上有所突破。比如，增加万向轮设计，当有移动需求时将轮子抽出，而到达目的地后又可将轮子缩回隐藏起来。又如，采取镶嵌式设计，使作品能够层层套入或取出，方便移动与安装。

（三）选择性借鉴，强化创新与创造

历史的车轮滚滚向前，现代艺术设计应用传统文化也瞬息万变。顺应时代潮流的借鉴务必规避刻舟求剑式的呆板与凝滞，而必须有选择地借鉴，强化创新与创造。

比如，在越来越强调环境保护的新形势下，传统文化中大量使用天然材质的设计思想已不再适用，而要突出现代艺术设计中的古典元素，除了利用天然材质外，还可以考虑更多的新材料仿制。例如，使用更易塑形的钢化玻璃模拟天然木材，只需要喷涂恰当的色彩就能既在外形上以假乱真，又可大幅减少对森林、树木的砍伐。

设计思想层面的创新与创造不仅是对时代潮流的顺应，而且是将现代艺术设计的视角投射到更为广泛的空间与范围。这也是实现艺术设计可持续发展的重中之重。

总之，现代艺术设计中应用传统文化，可以继承与发展传统文化，创新艺术设计，丰富现代艺术设计的形式与风格。但现代艺术设计与传统文化的融合并不是简单叠加，而是在理解传统文化元素内涵的基础上进行应用与创新，实现创新现代艺术设计的目的。

第三节　中国优秀传统文化在企业管理中的应用

中国在数千年历史发展过程中，形成了独具特色的优秀传统文化。在今天的企业管理中，很多精神理念行为方式、战略思想都是对中国优秀传统文化的传承和应用。

一、现代企业管理概述

中国改革开放之后，伴随着西方经济学思想和分析范式的大量引入，现代企业管理观念也得到了中国企业的广泛推广和学习。可以说，现代世界上主流的企业管理思想主要源于西方的经济思想。从古至今，企业管理思想大体上经历了三个主要的发展阶段。第一个发展阶段是企业的科学管理阶段，主要代表人物和代表作品分别为费雷德里克·泰勒及其于1911年出版的《科学管理原理》。在此发展阶段中的管理思想主要表现为，重视企业管理中员工办事观念和态度中的规则意识，强调运作之中的科学化、规范化和安排的精细化。第二个发展阶段被称为人际行为阶段，在这一阶段中，企业管理思想更加注重的是管理者和员工的人性理念和行为激励，着重强调对工作积极性的激励行为。第三个发展阶段是现代企业管理阶段，管理理念和管理方式更加细分和更为专业化，目前流传较多的是决策理论、质量管理理论、战略管理理论、企业文化理论等。

二、中国优秀传统文化与现代企业管理之间的关系探究

中国传统文化是中国社会几千年发展历程中政治、经济、军事、社会等各方面现实的集中反映和体现，是浸润在中国人民生活和社会历史进程中的一面镜子和一枚旗帜。而作为从西方经济管理思想中引入的现代企业管理思想与观念，最初展现更多的是西方社会和人民头脑中的自由与平等的处世理念。可以说，中国传统文化与现代企业管理思想来源于两种不同的社会历史发展进程和人民生活状态，必然就存在各自独特的发展经历和社会特点。因此，中国传统文化与现代企业管理之间就既存在着对立的特性，同时又具有互补的特点。

一方面，从对立的角度看，就两种文化的产生背景来说，中国传统文化是中国几千年的传统奴隶和封建社会政治环境、小农背景下自然经济的生活理念以及等级分明、尊卑有序的社会规则下成长和发展起来的，更加注重对人民的精神层面的管理和把控。而从西方崇尚自由、民主、法治文化和社会理念下成长和发展起来的，应用于现代资本主义企业的雇佣劳动制下的现代企业管理思想，强调更多的是科学管理理念，更为注重管理的实际效果和投入产出比例。从一定程度上讲，中国传统文化与现代企业管理思想是存在一定程度的冲突的。

另一方面，从互补的角度来看，尽管源于西方的现代企业管理思想更为注重的是科学的管理体制，以及管理效用之间的投入产出关系，但我们知道，企业管理的对象是人，管理者也是人，而不是冷冰冰的机器，管理者和被管理者、生产者与消费者，在对待企业工作和市场经济的反映时，难免会有情绪化和人性的弱点存在。此时，将中国优秀的传统文化和西方现代的企业管理理念相结合，将能够更好地处理市场经济中出现的盲目性，以及现代企业发展和管理过程中出现的一些不合理的问题。这也说明了近些年，西方尊崇孔子、老子等中国古代优秀代表人物以及学习儒家文化、道家文化等中国优秀传统文化的原因。

三、中国优秀传统文化对企业管理的影响

下面笔者将从精神层面、行为层面、战略层面入手分析中国传统文化对现代企业管理的影响，充分认识中国传统文化的深厚底蕴和思想内涵。

（一）精神层面的影响

企业精神是企业的无形财富，是企业发展的核心动力。健康积极的企业精

神能够使企业持久发展。企业精神主要包括企业核心价值观、道德观、经营理念等方方面面，对企业管理起着重要的引导作用。而企业精神的形成与中国几千年的传统文化思想密不可分。无论是儒家"齐家治国平天下"的主张、道家"无为无不为"的思想或者是兵家、法家的"严谨"理念，都对现代企业管理理念的形成有很大的影响。

（二）行为层面的影响

中国传统文化通过影响企业行为来实现现代企业管理，这种行为影响主要通过两方面来实现。一方面，意识决定行为，中国传统文化通过企业精神来影响企业管理行为，中国传统文化有着数千年的沉淀，在人们心中已经根深蒂固，传统文化影响人们日常价值观、道德观和行为观的形成，影响着企业中所有的管理者和员工行为；另一方面，中国传统文化中蕴含无数的方法论，"凡事预则立不预则废""谋定而后动""三思后行""墨守成规""城门失火殃及池鱼""围魏救赵"等词语里面都有着中国古人行为处事的方法技巧。企业工作人员在日常的工作、生活中频繁接触这些有深厚底蕴的理念，长期在中国传统文化的氛围中成长，耳濡目染，受到影响，从而将其运用到企业管理中。

（三）战略层面的影响

在几千年的中国传统文化中，处处都有战略思维的渗透。兵家孙武在《孙子兵法》里写道："夫未战而庙算胜者，得算多也；未战而庙算不胜者，得算少也。多算胜，少算不胜，而况于无算乎！"还有道家集大成者——庄子提到的"庖丁解牛"，成语"高屋建瓴""高瞻远瞩"等，无不体现了战略思维。当下企业经营管理往往都会制定三年五年计划、年度计划、季度计划、月度计划等，这都体现了战略思想。企业中这种战略管理方式无不是受到中国传统文化的影响，可以说是传承了古人的智慧。

四、中国传统文化思想在现代企业管理中的应用

（一）儒家思想在企业管理中的应用

在中华民族几千年发展的历史长河中，儒家思想作为官方管理的指导思想，在一定程度上展现了中国的政治、经济和社会发展状况。而儒家思想作为官方思想经久不衰，必然是顺应时代潮流不断发展进步的。孔子作为儒家思想的代

表人物，其主要成就在于系统梳理了中国发展史需要的主流传统文化和管理思想，其倡导的"仁政""礼制"以及"中庸"也就成了儒家正统的核心指导思想。在中国的封建历史上，在当时更加崇尚压迫、管制以及惩戒的社会文化下，儒家思想从人性角度出发，特别地谏言中国的封建管理者要施行仁政、德治的管理理念，在朝野和社会历史中落实中庸、以和为贵等柔和的管理思想；倡导社会的官员和人民更加重视人性的善和人际关系的和，并身体力行地通过教育和品行调节和处理邻里之间、官员之间的不和谐关系，倡导形成以和为贵的社会风尚和道德文化。

相比今天的现代企业管理思想，可以说，现代企业管理理念经过二三百年的发展之后，已经不再像初始形成时过分强调严苛的等级管理和追求企业利润的直接产出绩效管理，而是逐渐地将员工——人作为企业管理的核心要素。现代企业的所有者和管理者也逐渐将如何合理有效地调动员工工作的积极性和创造性作为管理的关键要领。

而中国优秀传统文化的代表——"儒家文化"的核心，就在于"民惟邦本，本固邦宁""富民养民""仁者爱人"等处世和施政理念，以及用于劝慰封建统治者的"民为水，君为舟；水能载舟，亦能覆舟"等警示名言。可以说，儒家思想展现的以人为核心的管理理念，是现代企业管理理念展现的"既要以人为本，又要提升员工工作的积极性"的管理工作的最高追求。

（二）道家思想在企业管理中的应用

道家的主要思想是老子提出的"无为而治"，但并不是常人所理解的什么都不去做。道家所提出的"无为"是指遵循万事万物发展的自然规律，不去强行改变它，让它在自由的环境中自然发展，从而使其自我完善。"无为"只是方法，"治"才是企业的目的。而要想"无为"，就需要企业把握一个合适的尺度，知道什么可以"无为"，什么不能"无为"。这一点对于企业来说就是适当的放权给职工，不要把任何事都牢牢地抓在手中。要将职工能够处理的事情交给职工去做，将职工放在主导地位，减少自身对职工的影响，培养职工的创新能力，这样才有利于企业的长久发展。

此外，道家有一句话为"治大国如烹小鲜"，烹调小鱼小虾不能经常搅动它，否则更容易煮烂，比喻统治一个大国应该无所作为。这对于企业来说便是不宜频繁地发号施令，造成职工工作繁忙，更容易出现失误，导致财产损失。总而言之，道家思想在企业中的应用便是顺应自然规律，不去违反它，也不要施加其他的影响因素，更不要拔苗助长。

（三）法家思想在企业管理中的应用

法家提倡依法治国，将法家思想运用到企业管理中，就要求企业管理者制定公平公正的企业管理制度。法家认为，法律一旦颁布，就必须执行，哪怕是皇帝也不能违反已制定的法律。这一思想体现在现代企业管理过程中，即一旦有职工违反了管理制度，就需要依照管理制度惩处，不能因为违反者的身份而免去惩罚，以维持管理制度的稳定，让职工感到公平公正。此外，制定管理制度的人要公正，不能偏向某一方，否则难以服众。

对于人性的讨论自古以来便没有停止过，其中法家认为人性本恶，人人都拥有"就利避害"的本性。管仲就曾说过，商人和打鱼人可以为了利益不顾危险。而有了同样的想法将"就利避害"的本性与国家的兴旺发达有效结合起来。这便要求企业对表现优秀的职工给予奖励，对消极怠工的职工也要实施惩罚。只有明确的奖惩制度才能够有效地激发职工的工作热情。此外，法家反对一成不变的思想，主张根据时代的不同而进行改革。他们认为，历史是前进的，所有已制定的法律和制度都会因为时代的不同出现不同的漏洞，所以要随着时代的发展而发展，不能墨守成规。因此，企业也应根据不同的情况来及时改变已有的管理制度，而不是因循守旧、不懂变通。

（四）墨家思想在企业管理中的应用

墨家的主要思想有我们耳熟能详的"兼爱""非攻""节用""节葬"等。若要将之运用到企业管理中，企业就需要营造一个柔性的工作环境，让职工之间互帮互助，减少摩擦，维持一个人际和谐的大环境，实现共赢。同时，要求企业管理者平等地对待每一个职工。墨家的"尚贤"思想则要求企业提高对人力资源的重视程度，不论出身，只要有能力就有合适的职位。因为人才的数量和质量绝定了一个企业在市场竞争环境下能不能处于领先地位。墨子有针对性地提出"尚同一义"的思想来保证一个组织应该具有相同的价值观念。对于企业，便需要将不同地区、不同学历、不同职位、不同思想、不同习惯的职工汇聚在一起，让职工明白企业的目标、发展方向，并一起努力，这便是企业的"文化建设"。

此外，墨家思想中的精华"节用""节葬"亦是企业中不可或缺的。墨子认为，一个国家的君主更应该关心生产，使物质财富进行有效的增长，而不是将大量的财富用到个人享受和丧葬中。所以企业应去除一些不必要的工作项目，将资金转向能够创造更多价值的项目，实现有效资金价值最大化。

上文通过对"儒家""道家""法家""墨家"四种中国传统文化思想在

企业管理中的具体应用方式的分析与论述，明确了企业管理者需要具备和掌握的中国式传统管理理论。在当前企业管理者普遍运用西方现代化管理理论体系的大环境下，我们不应忽略中国传统文化所带来的积极影响。如果企业管理者能够将中国优秀传统文化思想应用于企业管理当中，并与西方先进管理模式结合，必然能为中国企业的发展创造更大的空间。

第四节　中国优秀传统文化在思想政治教育中的应用

中国传统文化博大精深，学习其中的思想精华，对树立正确的世界观、人生观、价值观，对形成知廉耻、懂荣辱、辨是非的社会环境很有益处。中国优秀传统文化中蕴含着中国人看待世界、看待生命的态度及中国人的价值观、世界观和人生观，有着非常丰富的思想政治教育资源。因此，用中国优秀传统文化来开展思想政治教育，能够增强吸引力和感染力，让群众爱听爱看、产生思想共鸣，充分发挥激励人的作用。

一、中国优秀传统文化融入思想政治教育的意义

（一）可以丰富校园文化建设

校园文化建设关系学生的学习与成长，如果没有良好的校园氛围，学生是很难取得长足发展的。当代学生的价值观并没有极大的稳定性，其会随着外部风气的变化而发生改变，那高校则可以通过校园文化来引导学生形成正确的价值观。优秀传统文化与校园文化在属性上比较接近，比如传统文化中讲究"勤俭节约"，那校园文化也可以在其影响下向这项优秀品质靠拢，并且其中与它形成冲突的文化内容就会逐渐退出校园，进而达到净化风气的目的。正确价值观与错误价值观的区别在于正确的价值观能够丰富人的精神内涵，而错误的价值观则会让人更加迷茫，所以优秀传统文化在校园文化中的融入应该足够及时，进而让学生远离错误价值观的侵袭。

（二）可以培养学生的民族意识

随着科学技术的日渐发达以及世界各国间的交流增加，多种文化、价值观念进入我国，对我国的精神文化建设造成了冲击，尤其一些突出个人享受和自由的文化内容更是受到了大学生群体的追崇，比如享乐主义、拜金主义等，这些文化不仅让大学生迷失了自我，而且还丧失了民族意识。而我国优秀传统文

化中有很多强调自身修养以及服务人民的内容，比如"穷则独善其身，达则兼善天下"（《孟子·尽心上》）中传达出了古代文人对自身的要求，而"先天下之忧而忧，后天下之乐而乐"则是体现出古代文人对天下的责任，这样的品德应该成为当今大学生必修的内容。不仅如此，大学生还能通过学习优秀传统文化来提升文化自信以及培养民族意识，这对完成中华民族的伟大复兴有着重要意义。

（三）可以进一步完善思想政治教育内容

首先，优秀传统文化是凸显我国民族特点的重要内容。在当今时代，如果一个国家和民族丢失了民族特点，那它们会逐渐被这多元文化淹没，所以思想政治教育中必须融入传统文化，这样不仅让学生学习思想政治的理论知识，还能通过具体例子进行巩固。其次，优秀传统文化在我国有着深厚的成长基础，其影响力和作用力是不容忽视的。高校的思想政治教育必须以其为基础进行课程建设，这样才能充分发挥其应有的作用。最后，我国对优秀传统文化的重视程度日渐加深，尤其再提出了建设"中国梦"的伟大构想后，传统文化更是成了"中国梦"的现实写照，这要求高校必须在思想政治教育中突出这一方面的内容，进而与时代要求相符合。

二、中国优秀传统文化中的思想政治教育基本内容

（一）以爱国主义为核心的家国情怀

在长期的生存和发展过程中，中华民族形成了极具凝聚力和向心力的爱国主义思想。5000多年来，如果问为什么中华民族能够经受住无数难以想象的挑战和考验而始终保持强大的生命力，弦歌不辍，薪火相传，延续至今，应该说爱国主义发挥了关键作用。爱国主义精神深深植根于各个民族心中，是中华民族精神的核心，是中华民族之魂，维系着各个民族的团结统一，激励着一代又一代中华儿女为祖国发展繁荣而不懈奋斗。

所有的中国人，不管是哪一个民族，都通过中国传统文化而成为集体的一员，这种对集体的认同，又加固了家国共生的情感。家与国的一体关系在道理上完全是符合逻辑的。当然，在家与国的关系上，有多种利益关系需要人们考虑，其中处于核心位置的是"忠""孝"。自古说忠孝不能两全，其实它们是不可分割的关系，两者结合成具有统摄性的价值理念：孝为忠始，忠以统孝。对自己、对家庭、对国家的忠诚是爱国主义的精神来源。同时，在此文化传统下，对一个有责任感的人来说，"保家"和"卫国"是必须结合而成的统一行为，没有

只"保家"不"卫国"的，反之亦然。同时，这种内在的共同体观念，使我们在价值选择上更多的是舍"小家"保"大家"，这是中华民族和中国文化之所以能够接续发展的伦理基础。

这种精神上的认同经久积淀成集体无意识，在文化上的体现就是，我是中国人，爱国还需要理由吗？因此，我们通常说："爱国主义是一种天然的情感。"情感是信念和行为确立的必经程序。有了天然的爱国主义情感，做出爱国主义行为自然是必然的结果。千百年来，在以爱国主义为核心的家国情怀感召下，一批批优秀的中华儿女谱写了英雄壮歌。爱国主义不但体现为屈原"眷顾楚国，系心怀王"、陆游"死去原知万事空，但悲不见九州同"的忧国忧民情怀，也体现为苏武牧羊十九载初心不改的笃定意志，西汉赵充国七十请战、南宋岳飞精忠报国的壮怀激烈，还体现为蔺相如高义与将和、包拯铁面无私的尽责卫国。这种爱国主义的情怀在近代以来的中国表现得尤为突出，有在鸦片战争中战死的关天培、在甲午战争中战死的邓世昌、在抗日战争中战死的张自忠等人，以及新中国成立后突破阻挠回来搞建设的钱学森、邓稼先等人，新时期的黄大年等人。这些千千万万的中华儿女在国家利益面前不讲条件、不计代价、勇于牺牲的精神真是感人肺腑。

（二）以仁爱精神为核心的社会关爱

"仁"意为"二人"，即处理二人以上关系的道德行为，所以，孔子称之为"仁者，人也"，孟子称之为"仁也者，人也"。作为处理人与人之间关系的"仁"是古代重要的道德思想，其核心内容是"仁者爱人"。仁爱作为人与人之间重要的情感，对人的存在与社会的发展有着重要的价值。依孔子《论语》中的表述来看，"仁"是个极具张力的概念，包括孝、悌、忠、义、礼、勇、恭、敬等多种品德。

如何实现仁爱的精神呢？孔子提供了多种方法，比如"弟子入则孝，出则悌，谨而信，泛爱众，而亲仁"（《论语·学而》），"克己复礼为仁"（《论语·颜渊》）等。但在根本上，这种社会的关爱情怀需要个人去实施，即"为仁由己"。"为仁由己"中的"仁"是一种主体精神的展开，是人从心底里认识到自己必须要采取这样一种爱的行为。也许有人会说，我为什么要去发扬仁爱，我不行仁不可以吗？在传统文化看来，如果不行仁就不能与人交往，就会失去社会的支持系统，自己很难成为一个真正意义上的人，即"不仁爱则不能群，不能群则不胜物，不胜物则养不足"（《汉书·刑法志》）。因此，发扬仁爱精神，是做人的本务。

值得注意的是，传统的仁爱精神并非只是一味强调去爱别人。儒家之仁爱虽有贵贱差等，墨家之爱虽讲无等级差别的爱，但他们一直认为具有仁爱精神的人，必须在人格上首先要尊重自己、爱惜自己，才能去爱别人，比如《荀子·子道》中谈到孔子问颜渊什么是智者和仁者，颜渊说，"知者自知，仁者自爱"；《墨子·大取》中说，"爱人不外己，己在所爱之中。己在所爱，爱加于己。伦列之，爱己，爱人也"。"爱人不外己"是传统仁爱精神的核心内容之一，是传统生命观的重要组成部分，也是现代心理学所证实的内容之一。一个人只有具备了爱自己的情感和能力，才能把这种爱的精神传递出去，一个连自己都不爱的人，如何能有爱别人的高尚情怀呢？长期以来我们忽略了这一点，甚至谈起爱别人先要爱自己时很不好意思。这是我们在今天提倡仁爱精神应十分关注的一点。爱自己是爱别人爱社会爱国家的开始，是仁爱精神的根基之一。

（三）以内圣外王为核心的人格修养

"内圣外王"作为中国传统文化中"主体性生命"的核心概念，是对理想人格的概念化描述。根据李泽厚先生的研究，内圣外王最早起源于氏族时代的王者，氏族首领因为具有高尚道德从而能够凝聚人心得到拥护，也因此能够在王的位置上实现自己的价值。但随着氏族社会的瓦解，内圣外王在大一统社会中并不能以"王者"的身份得以实现。"内圣"始终没有变化，但"外王"却有了更为丰富的含义：能建立惠泽众人的事情，具有广泛的影响力，因而也具有了"王"的特征。"内圣外王"这个由道家提出的命题，逐渐发展成儒家对个人内在修养和外在事功进行衡量的导向，在社会的价值观念系统中具有普遍性的意义。

虽然说内圣和外王是合二为一的人格理想，实现了内圣外王才体现出一个人的价值，但毫无疑问，内圣是"体"和"本"，是外王的前提和统领，外王是"用"，是内圣的结果和表现。如果一个人创立了符合大多数利益事业的话，那么一定是具有内在的美，这就是"善"之花结出的"善"之果。内圣外王是一种理想的人生状态，有学者认为，其在儒、墨、法和道、玄、禅存在不同的表现形式，前者追求的是道德人格，体现了至善；后者追求的是逍遥人格，体现了自由。因此，一个人在得意时追求道德人格，在失意时追求逍遥人格。在现实中，不管是哪一种人格，内圣外王能带给人极强的心理调适、泰然处事的心理状态，这种状态能使我们更好地适应社会的发展。

内圣外王以整体善的形式体现了人格修养。那么"内圣"到底是一种什么样的境界？什么样的道德境界才叫"圣"呢？孔子以外在事功来说明什么是圣，在《论语·雍也》中，子贡问孔子："如有博施于民而能济众，何如？可谓仁乎？"孔子说，这哪仅仅是仁，一定是圣呀。在他看来，能够"博施于民而能济众"本身就是极大的善，是圣人德性的体现。孟子在《离娄上》中认为，"圣人，人伦之至也"，具体表现为"仁且智"，荀子和孟子的认识完全一致，认为"圣也者，尽伦者也"。他们两位大儒都认为圣是道德伦理的最高者。先秦之后，汉儒董仲舒和宋明理学都从天人合一的立场扩充了"圣"的内容，董仲舒认为，"唯圣人能属万物于一而系之元也"（《春秋繁露·重政》）。宋明理学从心性之学上更加丰富了"圣"的内容。从先秦到宋明，作为"外王"呈现的"内圣"含义虽有扩充，但其所倡导的人格的自我完善一以贯之：以诚为内在标准，提升人格的道德力量以其自身及其作用来显现个人的担当与责任。

三、中国优秀传统文化中的思想政治教育理念及教学方法

文化作为一种软实力，是每一个国家发展过程中不可忽视的力量。中国优秀传统文化作为中国的元素与标识，其力量与价值不可忽视。同时，中国优秀传统文化的内在价值与思想政治教育的育人价值有共通点。

（一）中国优秀传统文化中的思想政治教育理念

1. 以人为本的教育理念

在春秋战国时期，儒家思想中便有关于以人为本的论述，即"民惟邦本"。关于为什么民是"本"，荀子给出了解释："传曰：君者，舟也；庶人者，水也，水则载舟，水则覆舟。"（《荀子·王制》）《管子·霸言》提道："夫霸王之所始也，以人为本，本理则国固。"在传统文化中，虽然并非朝代统治者将人民利益置于首位，但是这些关于以人为本人的思想是对帝王的约束，体现出人性的光辉。

现代教育强调尊重人、爱护人、理解人的教育理念。以人为本的教育理念所要求的是在教学中教师应遵循学生的主体地位，同时，让学生认同这一理念。然而，在目前我国的思想政治课程中，以人为本的教育理念并未得到真正的落实，因此，应探究优秀传统文化中的以人为本思想。不管是教师还是学校应真正把学生当作有灵魂、有思想的人，而不是做题的"机器"，让课堂教学真实体现人的精气神与真情实感，以进一步落实现代教育中思想政治课的以人为本教育理念。

2. 注重实践的教育理念

孔子对知与行提出了他的看法，他这样说："生而知之者，上也；学而知之者，次也；困而学之，又其次也；困而不学，民斯为下矣。"（《论语·季氏》）孔子认为自己的知识是在后天的学习中获得的，他说："我非生而知之者，好古，敏以求之者也。"（《论语·述而》）一个人学得好与不好，最重要的就是看他是否在生活中进行了运用，而对于每个人的考察标准不是根据这个言语决定的，而是根据这个人的行为。他说："君子不以言举人，不以人废言。"可见，孔子在教育过程中更看重行动，他的知行思想为后世知行思想的发展奠定了基础。荀子结合孔子、孟子的思想，提出："不闻不若闻之，闻之不若见之，见之不若知之，知之不若行之。"（《荀子·儒效》）而王阳明的"知行统一"思想更是对后世产生了深远的影响。探究知行思想可以发现，现代教育中提倡的生活教育、实践教育便是其缩影，在我国思想政治教学中提倡活动化教育，其目的便是让学生通过活动及实践的形式，让学生在行动中、在实践中有所收获，有所成长，以实践的形式检验所学所感。

3. 平等发展的教育理念

春秋战国时期，官学只招收贵族子女，平民百姓无法接受教育。在这样的背景下，孔子提出了"有教无类"的教育思想。关于有教无类思想有两种解释：一是不管是什么阶层，什么资质的学生都应该受教育，二是智力、品性发展不同的人通过教育可以让他们智力得到发展，道德品质得到提升。"有教无类"思想常和"因材施教"理念结合，学生因为出身背景和成长环境的差异，在成长中便有所差异，但是，教师在教学中应该针对学生的差异进行有针对性的教学，使得有差异的学生都能德才兼备地发展。在思想政治课教学中，教师要注意教学的平等性，因为城乡之间的差距随着时代的发展不断加大，部分偏远地区学生的受教育权并未真正实现。针对来自贫困家庭的子女，在思想政治课上要加强引导，尊重孩子的差异性，真正实现无论高低贵贱、智愚善恶都能接受到无差等教育。

（二）中国优秀传统文化中蕴含的思想政治教学方法

随着时代的发展，学生的生活环境在不断改变，所见的新事物也较为丰富，学情的多变性与复杂性要求教师不断更新教学方法，既要寻求新的方法，又要总结传统文化中的优秀教学方法。我国五千多年的优秀传统文化中有许多值得思想政治课借鉴的教育方法。

1. 循序渐进的教学方法

在传统教学中既有学段的划分，也强调教学过程要遵循学生的发展规律，循序渐进地开展教学。朱熹就对教育的阶段进行了划分，他认为教育可以分为两个阶段："大学者，大人之学也，古之为教者，有小子之学，有大人之学。"朱熹认为教学中针对小孩和大人其教学应该是不同的。以孔子为代表的儒家思想家对于教学过程也有其独到的见解，颜回曾在《论语·子罕》中这样描述孔子对他的教诲："夫子循循然善诱人，博我以文，约我以礼，欲罢不能。"孔子在教学过程中通过一步步的引导，用丰富的典籍知识和各种礼节约束其言行，使学生用尽全力去学习。

《学记》中总结教学规律时指出："大学之法，禁于未发之谓豫，当其可之谓时，不陵节而施之谓孙，相观而善之谓摩，此四者，教之所由兴也。"在时代发展中有人将其概述为"豫时孙摩"四大教学原则："豫"就是预防的意思，在教学中要对学生可能的表现做出预测；"时"便是及时施教，到了该学习的时候就要及时施教；"孙"即循序渐进，"不陵节而施之谓孙"，在教学过程中要根据学生年龄特征和心理发展情况进行教学；"摩"即学习观摩，在学习过程中要相互合作。《学记》作为中国历史上第一部论述教育的著作，要求在教学过程中要遵循学生身心发展规律循序渐进地进行教学。可见，中国传统教学对循序渐进教学提出了要求，高中思想政治课的教学也强调根据学生的情况安排教学内容、设定教学目标开展教学。

2. 学思结合的教育方法

孔子以不同的言语表达了学习中思考的重要性，孔子说："见贤思齐焉，见不贤而内自省也。"在学习过程中，遇到贤与不贤的人都要学会思考："博学之，审问之，慎思之，明辨之，笃行之。"学习是一个广泛学习、不断质疑思考并实践的过程。教师在教学中要通过启发教育，使学生独立思考，通过思考学生才会有所收获。思想政治课是一门理论性较强的课程，教学中如何使学生接受这些理论知识存在一定的难度，而在教学中"满堂灌"的理论说教现象依然存在，因此，思想政治教师要从传统的教学方法中寻求适合新时代学生的教学方法，在教学中教师应根据教材中的理论知识，设置合理的问题引导学生思考，不仅要让学生知道是什么，更要让学生反思为什么。通过广泛的学习和独立的思考，学生在学习这一门课程时必然会产生兴趣，使其真正有所收获、有所成长。

3.榜样示范的教育方法

思想政治课承担着帮助学生形成正确的人生观、价值观、世界观的任务，教学中仅仅通过书本理论知识的传授是无法真正引导学生成长的，因此在理论教学中引入合适的情境非常重要。而榜样示范的教学方法是历史继承并发展至今的，具有重要作用。

一方面，教师应该是榜样示范教育的第一人，"学高为师，身正为范"，这是自古以来对教师的要求。教师自身应该具备充足的知识和高尚的品德，只有教师自身具备高尚正直的品格，教师的要求学生才会遵从。在教学中，学生会在潜移默化中受到老师人格魅力的影响，保持对教师的尊敬并努力学好学科知识。

另一方面，他人的正确示范或者错误警示都是帮助学生成长的重要推力，孔子说："三人行，必有我师焉，择其善者而从之，其不善者而改之。"面对同伴、朋友要虚心学习他们的优点，根据他人存在的缺点改正自身存在的不足。古代的蒙学教材中也常用典故来启发学生向他人学习，如南宋《三字经》，其中用"香九龄，能温席，孝于亲，所当执""融四岁，能让梨，弟于长，宜先知"，教导学生懂得孝悌之礼。榜样示范教学的方法自古以来都非常被重视，中国优秀传统文化中也有许多值得学习的历史伟人及故事，在思想政治课教学中不仅可以列举时代的楷模，也可以追溯历史、引导学生在学习中树立正确的社会主义核心价值观。

四、中国优秀传统文化在思想政治教育中的应用策略

（一）发挥课堂教学作用，加强传统文化与教学内容融合

日常课堂教学是传授知识、弘扬文化、提升素养的最有效、最直接的途径，也是促进中国优秀传统文化应用到思政教育的有效阵地。首先，各大院校应全面促进优秀传统文化与思政课程教材和课堂的有机结合。应合理运用思政基础理论教学，推进思想基础理论课堂教育与优秀传统文化的紧密结合。在理论教学中，充分利用优秀传统文化的思想理念、中心主旨及名人名言等元素，来深入解析思政教材中的基本观点。这样既能够提高思政理论教学的文化内涵，还能更好地帮助大学生正确把握马克思主义与优秀传统文化之间的关系。其次，应科学有效地将优秀传统文化中的重要内容纳入教学规划中，增设古诗宋词朗读必修课程，同时还要将优秀传统文化应用到通识教育中，引导并鼓励教师开

展经典名著阅读、汉字书写训练、民俗文化等选修类的课程。最后，利用邀请著名传统文化研究专家亲临院校进行传统文化知识解析、名人课堂、走进传统文化等专题讲座活动，向当代大学生全面地揭示优秀传统文化的内涵，让他们对此能够形成系统化的认知。

（二）发挥实践培养作用，拓展传统文化的实践教学载体

实践教学活动是日常课堂教学的有效拓展与补充，对当代大学生全面了解社会、提升他们的社会责任感具有重要作用，同时也是中国优秀传统文化应用到思政教育中的有效途径之一。各大院校应将与优秀传统文化相关的社会实践活动纳入院校实践教学的整体规划中，大力提倡当代大学生在实践过程中加强传承优秀传统文化的自觉意识与强烈责任意识。可积极运用当地的博物馆、抗战遗址、纪念馆、民俗文化村以及历史人物故居等各方面的社会资源，引导大学生进行探索革命遗迹、参观革命故居、走进传统民族文化村落等主题社会实践活动，通过探寻红色足迹、高唱红歌、缅怀抗战英雄、重读入党誓言等形式，让当代大学生充分接受更加深刻的传统文化教育，以此来增强他们的爱国主义精神，坚定民族信仰。其次，应将志愿者活动及社会公益服务作为拓展优秀传统文化实践教学的重要载体，积极鼓励广大学生主动参与关爱老人、关心残疾儿童、帮助困难家庭等活动，切实有效地提高当代大学生的道德素养。

（三）通过媒体传播作用，建设传统优秀文化的宣传平台

当代大学生是网络社会中最重要、最敏感、最前卫的新媒体使用群体，想要进一步促进中国优秀传统文化与高校思政教育的有机融合，就需要充分借助新媒体的力量，将其作为引导当代大学生思想进步的有效载体，充分运用新媒体自身的互动性、便利性及开放性等特征，构建宣传优秀传统文化的专题网站，根据新媒体的有效渠道不断促使当代大学生全面学习、自觉践行、主动弘扬优秀传统文化。

首先，各大院校应努力拓展符合当代大学生学习需求及特征的网络教学平台，基于易班等成熟的在线学习平台建立优秀传统文化培育专刊，并积极运用微信、微博等深受大学生喜爱的社交软件，组织继承与发扬中国优秀传统文化的系列活动。其次，可深入探究并开发与优秀传统文化贴近的网络单机游戏，吸引更多大学生的关注与加入，比如汉字拼写、象棋竞赛等，通过比赛让大学生在无形中对优秀传统文化有了更加全面深入的认知与理解。再次，可尝试通过歌词、古诗及电影片段等方式来宣传优秀传统文化，将原本不易理解的文化

内容通过现代媒体的方式，重现经典作品的魅力，便于广大学生的接受与认可。最后，思政教师可制作以中国优秀传统文化为主题的网络教学视频，通过开放与及时共享的网络党校及团体组织等，利用文字、照片、声音等元素生动形象地向广大学生讲解中华民族传统文化的起源、主要内容及对我国发展的重要意义。

（四）依托校园文化作用，开展丰富的传统文化专题活动

校园文化有着至关重要的育人作用，是促进中国优秀传统文化有效渗透到高校思政教育中的主要载体。对此，首先，应将优秀的传统文化与校园基础设施及人文景观的建设有机结合到一起，运用校园相关建筑物的墙体、各个教学楼的走廊、学生宿舍、校园宣传栏等粘贴各种优秀传统文化的著名历史人物、经典故事、名人名言等内容，让学生在潜移默化中心灵能够受到净化，思想能够得到熏陶与提升。其次，要将优秀的传统文化与校园文化建设有机整合起来，将我国优秀传统文化中的精神品质与深刻内涵融入校园德育活动中，利用重大传统节日、历史事件所蕴含的思想理念，来强化当代大学生对优秀传统文化的认同与理解。比如重阳节、端午节、中秋节以及清明节等重要的文化节日，组织学生亲自制作月饼、包粽子以及欣赏菊花等，举办民族风俗文化展览，将爱国情怀、感恩思想、尊老爱幼等中华传统美德融入校园文化活动中，促使广大学生主动继承与弘扬我国优秀传统文化，自觉践行社会主义核心价值观，真正实现内化于心，外化于行。最后，基于校园丰富多彩、形式各异的第二课堂活动，组织爱国、孝顺、文明、继承等主题性的教育活动，开展优秀传统文化艺术演出与经典影视作品播放等，让大学生能够切实感受到优秀传统文化对自身未来发展的重要性，在文化的不断熏陶与影响下，进一步提高大学生的思想境界与文化素养。

第五节　中国优秀传统文化在影视传媒领域中的应用

影视作品是传播速度比较快、传播范围比较广的一种艺术形式。从几岁幼儿到耄耋老人，都会有自己喜欢的影视作品，也都喜欢将看电视作为业余生活之一。而影视作品又不仅仅具有娱乐功能，还应该具备文化传播功能、教育功能。在建设文化强国的背景下，我国传统文化元素与影视作品的结合越来越紧密，这不仅使优秀传统文化迎来发展和创新的机遇，同时也丰富了影视作品的内容。因此，影视传媒行业应该重视传统文化的传播，要在作品中加入中国传统文化元素，从而成为优秀传统文化的重要传播载体。

一、影视传媒概论

（一）影视传媒的内涵

丹尼斯·麦奎尔等人在《大众传播模式论》一书中提出，大众传播媒介"由一些机构和技术所构成，专业化群体凭借这些机构和技术，通过技术手段（如报纸、广播、电影和电视）向为数众多、各不相同而又分布广泛的受众传播符号的内容"。传播媒介是指用于传播信息的载体，是沟通传播者同受众之间的桥梁和纽带。本节所提传播媒介主要指的是影视传媒。由于高科技为其提供了现代化的传播手段和传播方式，影视兼容了语言、音乐、绘画等多种艺术特征，并把它们有机地融合在自身的形态之中。它是一种如文学、音乐、美术、雕塑、舞蹈、建筑、戏剧一样的艺术形式，同时又超越艺术的、美学的领域而渗透在整个社会文化中，渗透到了人们日常生活的各个角落，影响到人们的生活方式、语言方式和思维方式，构成对人类生活无所不及的影响和控制。影视传媒以其独特的形象性和直观性的视听语言使人类从文字语言抽象概念的桎梏中解脱出来，重新激活了自身的感性。

（二）影视传媒的主要特点

与传统媒介相比，影视传媒具有鲜明的现代性质和无与伦比的优势，是当代最流行的大众传播媒介。其特点主要有：

第一，生动形象，现场感、真实感强。影视集音响、图像、动作、色彩于身，能同时通过视觉和听觉来抓住人们的注意力，引发人们的兴趣，这是报纸杂志和广播不可比拟的。

第二，覆盖面广。无论是繁华的大都市，还是偏僻的乡村，电影电视在现今已基本普及。

第三，时效性强。电视可进行现场直播，电影也可以进行全球同步发行。

以上影视传媒的特点，使影视传媒成为现代社会中具有重要意义的传播力量。随着现代科学技术的发展，影视传媒正以其特有的优势渗透到各个社会文化领域并且能够影响不同文化层次的观众，因而大大改变和提高了人类的感知能力，提高和扩展了文化的渗透能力和参照系数，从而在很大程度上打破了国家、民族和语言的界限，形成了一种世界性的文化交流。

（三）影视传媒的基本功能

著名传播学家罗伯特·默顿认为，对于某一大众传播媒介，（它的）任何有利于一个社会系统的适应与调整的结果，皆谓之为功能。众多学者在研究之后公认，影视传播媒介具有宣传引导、教育服务、艺术审美以及消遣娱乐等功能。

1. 宣传引导功能

影视功能定位于宣传引导，意味着影视生产与传播将围绕着国家主流意识形态以及当下人们普遍认同及需要的某种或某些理念来予以表达，尤为重要的是当下的政治理念和道德理念。一般来说，在青少年的社会化进程中，引导的作用是毋庸置疑的。由于丰富多彩的社会生活导致青少年群体的个性差异日趋明显，影视传媒在引导青少年方面的功效正面临巨大的挑战。因此，影视传媒的宣传引导功能只有不断深化主题和创新形式才能有效地发挥作用。比如，针对加强青少年爱国主义教育，曾在全国掀起百部影片放映活动，青少年通过观看百部爱国主义影片充分了解到了中国的历史和文化。在一项调查中已经发现，在大多数青少年回忆中小学时代曾接受过的十多种形式的爱国主义教育时，"观看爱国主义影片"和"参观纪念馆、博物馆"是他们最喜欢的形式。因此，我们可以大胆地说在这方面，影视传媒依然大有可为。

2. 教育服务功能

无论多么强调影视传媒的教育功能都不为过。影视传媒在推进生活方式改变和传播新鲜思想方面的功能是其他渠道无法替代的。有人说，影视传媒教我们如何生活、如何学习、如何工作，甚至如何花钱、如何支配休闲时间。在众多技术发明和现代化、城市化进程的推动下，人与实际环境之间的关系疏远了，影视传媒所营造的虚拟环境多少成了我们适应真实环境的"地图"。从正面来说，在针对文盲人群的扫盲运动中，常规的教育方式在一些偏远的乡村难免不足，比如教师和教育设施不够。这时传媒的"教育者"功能就可以得到充分发挥。而从反面来说，科学研究的结果不断表明，青少年特别容易受到传媒中的负面内容的影响。在现今的信息时代，许多有文化的人成天受到信息的轰炸和包围，其中有许多信息是无用的，甚至是欺骗性的。我们似乎了解得越来越多，但我们的"可靠知识"越来越少。

在这个信息时代，影视传媒面对的是文化程度有限、媒介素养有限的受众。因此影视传媒还分担着另一个任务，那就是教育公众，使他们懂得分辨什么是一般的信息，什么是真正的知识，什么是宝贵的智慧。如果主流媒体也加入以虚假信息误导受众的行列，后果将不堪设想。这一切都要求我们重新审视和界定影视传媒作为教育者的角色。

3. 娱乐消遣功能

心理学家威廉·斯蒂芬森在《传播的游戏理论》中提出大众传播媒介的一个显著功能是娱乐，是一种满足感和快乐感的游戏行为。施拉姆在 1949 年 9 月发表于新文学季刊的《新闻的性质》指出，就整体而言，大众传播对人是一种享乐是理所当然的事情。娱乐就是享受生活，是人类生存发展的重要动力和内容。影视传媒是人类传播交流的载体，以其声情并茂传播的广泛性、冲击力赢得上亿观众。其娱乐的实现有两种基本方式：一种是传播，从小孩的"嬉戏"到成人的"玩笑"，从原始歌舞到现代文艺，都是为了满足娱乐的需要；另一种方式是活动，通过像游艺、体育比赛等活动来满足娱乐。与其他功能相比，影视传媒的娱乐功能可以有多种可能的走向：它们或者可以迎合受众的低级趣味，或者可以"与受众一般见识"，或者可以选择在娱乐受众的同时感动受众。古代哲学家们教导我们要"寓教于乐"，这可谓娱乐的最高境界。

4. 艺术审美功能

观看电影、电视节目都包含有一种审美活动，有些电视节目，如 MTV、纪录片、电视剧、综艺节目，甚至广告都具有一定的艺术审美特性，在影视作品中，有"良田、美池、桑竹之属；阡陌交通，鸡犬相闻"的桃花源美景可以直接地展现在人们面前，给人以美的享受，日常的生活美中融入了人性、哲学和文化，由此使感官视觉的美升华成一种精神的美。正因为如此，黑格尔说："艺术美高于自然。因为艺术美是由心灵产生和再生的美，心灵和它的产品比自然和它的现象高多少，艺术美也就比自然美高多少。……心灵和它的艺术美'高于'自然，这里的高于却不仅仅是一种相对的或量的分别。只有心灵才是真实的，只有心灵才涵盖一切，所以一切美只有在涉及这较高境界而且由这较高境界产生出来时，才真正是美的。"影视传媒创造的美境呼唤着彻底的人类精神，荡涤着腐恶和污浊。

二、优秀传统文化与影视传媒之间的关系

（一）影视传媒对优秀传统文化具有传播作用

中国传统文化历史悠久，具有丰富的文化内涵，是值得我们每一个中华儿女去弘扬，去学习的。要想使中国文化屹立在世界前端，就需要影视传媒的不断宣传和发扬。影视传媒对中国传统文化的传播有着极大的推动作用，可以扩大民族影响力，让中华民族的优秀文化深入每个中华儿女的内心。因此影视传

媒对于中华文化的传播具有非常重要的影响。综观现代的一些优秀的影视作品，大多结合了我国古代传统建筑的一些符号，将民族舞蹈、武术融入其中，让观众感受中华文化的博大精深。运用影视媒介可以将中国传统文化的精华展现给观众。影视媒介是非常有用的储存工具，随着社会的不断发展和进步，一些优秀的传统文化逐渐被人们遗忘，而利用影视传媒可以将这些优秀的传统文化保存下来，让它们得以代代相传。现代我国也拍摄了不少关于少数民族的纪录片，记录少数民族特有的生活方式和民族特性，而通过影视媒介对这些纪录片进行传播，可以推动民族的发展。

科技在进步，经济在发展，影视传媒更要与时俱进。中国的国际地位在不断上升，国际影响力也在不断扩大。当然，实力提升的同时文化软实力也要跟上，要不断加大宣传我国优秀民族文化的力度。利用影视传媒，通过一些优秀的影视作品将中国优秀文化展示给全世界人民。不同国家有着不同的文化，每一种文化都有自身的特点，影视传媒使得中国的影视作品在国外市场产生了潜移默化的影响，对于宣传中国传统文化具有非常重要的作用。因此，在推广中国传统文化的时候，不仅要考虑中国传统文化在国外的接受度，还要具有创新意识。只有不断创新，取其精华，去其糟粕，才能创作出精致的作品，才能将中国优秀文化展示给全世界，才能得到世界人民的认同。

（二）我国传统文化元素对影视作品的作用

1.传统文化元素为影视作品提供素材

我国传统文化犹如一座取之不尽的宝藏，为影视艺术创作提供了丰富的素材。如电影《刮痧》就是以中国人的传统文化与西方文化的碰撞为故事主线的。刮痧是我国中医重要的治疗手段，然而在西方社会常被误解为虐待。影片上映对我国中医的正名和推广起到非常重要的作用。影片同时渲染了中国人传统的家庭观和亲情观，剧情先抑后扬，温暖备至。又如电视剧《红楼梦》《三国演义》等。将我国文学名著进行改编、呈上银幕，其高质量的制作不仅使电视剧画风优美、人物性格突出，更将我国传统文化中的戏曲、饮食等进行了很好的展示。近年来，许多影视作品如《卧虎藏龙》《英雄》《咱爸咱妈》《大哥》等对侠士风骨、孝道等进行表现，不仅使观众获得视觉冲击，更唤起他们的内心共鸣。这些传统文化元素为影视艺术在情节设计、内涵建构、色彩设计等方面提供了素材。

2.传统文化元素提升影视作品的审美价值

传统文化元素的应用为影视艺术奠定了基调，为环境渲染、叙事推进和人物设计打下了基础，不仅有利于突出影视艺术主题，更有利于提升其审美价值。传统文化包罗万象，以传统服饰文化为例，能够为不同的影视作品提供所需的服装造型。电影《红河谷》以我国藏族传统文化为背景，将藏族的服饰、歌舞通过凄美的爱情故事进行表达，令观众耳目一新。电影《满汉全席》《食神》以我国传统饮食文化为背景，通过情节设计，将传统饮食文化中对食材的定位、烹调的过程、菜品的鉴赏方式等内容展现给观众，并对我国传统饮食文化进行了升华，使影视艺术与我国传统文化得到很好的结合。

三、优秀传统文化在影视传媒领域的应用途径

影视制作有很多的形式，比如，有电影制作、电视剧制作、动画片制作、综艺节目制作、纪录片制作等。这么多的形式，其实都可以融入传统文化元素。具体而言，要在影视制作中融入传统文化需要创造性地渗透和融合优秀的传统文化元素，通过文化类电视节目宣传与传承传统文化，通过电视纪录片渗透传统文化元素、去粗取精，使人们关注影视制作中传统文化的时代性、革故鼎新，关注传统文化内涵的提升。

（一）创造性地融入优秀传统文化符号

当前，国内一些影视作品对优秀传统文化的表达还存在一些不足。有的影视作品生搬硬套历史故事，机械堆砌传统文化符号，没有体现出优秀传统文化的精髓，未根据观众的欣赏能力和观看心理进行创新，观众在观看时会出现脱节或理解困难的问题，脱离了公众共同的期待。为此，在影视剧制作过程中应该积极地、创造性地渗透和融合优秀的传统文化符号，这对于影视作品来说也是一个很好的提升自身内涵的机会。很多影视作品由于融入了传统文化符号，而获得了内涵的提升，也获得了观众的追捧。

传统文化符号是传统文化中某一部分的表达。文化符号对反映文化价值有着不可替代的意义，承载着传统文化中的文化信息，人们看到文化符号就能理解其代表的含义。将传统文化符号应用于影视艺术，观众可以从历史角度审视和理解，也可以从娱乐角度去欣赏。例如，在电影《功夫熊猫》中，阿波的鸭子爸爸常提的"Tofu"不单单是指豆腐，也代表中国传统饮食文化。电影《红高粱》中的黄土高坡和酒、《大红灯笼高高挂》中的灯笼等文化符号，直接服务于或

者表达出影视艺术的内喻。影视作品中，常见的传统文化符号还有龙、凤凰等，这些文化符号凸显了影视作品的文化价值和艺术价值

（二）通过文化类电视节目宣传与传承传统文化

现如今，很多电视台都推出了一系列文化类的电视节目，受到了观众的欢迎。比如，《百家讲坛》《中国诗词大会》《经典咏流传》《中华好诗词》《朗读者》《中国成语大会》《国家宝藏》等。这些文化类的节目具有非常广泛的传播范围和非常快的传播速度，能够非常快速、有效地传播与传承传统文化，点燃了大众对于传统文化的热忱，也使得节目本身更有文化内涵，更有生命力。

（三）通过电视纪录片渗透传统文化元素

电视纪录片相对于影视剧来说，具有投资低、回报率高、非虚拟的特点，其具有很强的承载能力，可以承载很多类型的文化元素，如民间艺术、手工艺、民间传说、文化古迹、饮食文化、茶文化等。由于具有绝对的真实性和一定的文化内涵，所以电视纪录片有一大批忠实的观众。比如，非常火爆的纪录片《我在故宫修文物》，重点记录了故宫的书画、青铜器、宫廷钟表、木器、宫廷织绣等稀世文物的修复过程和修复者的故事。其不仅呈现了古代的文物，也呈现了文物修复技术，展现了工匠精神，呈现了文物修复者的信仰。

中国的影视行业要想创新发展，必须以中国的优秀传统文化和精神为基础，吸收中华民族优秀文化中满足大众需求的元素，致力于创造富有中国特色的优质影视传媒作品。例如，《舌尖上的中国》《经典咏流传》等作品，或是立足中国饮食文化，或是立足诗词文化，充分融入了中国的传统习俗和家国情怀，获得国内外观众的一致好评。

（四）革故鼎新，关注传统文化内涵的提升

传统文化传承至今，已有几千年的历史，在这几千年中传统文化并非一成不变的，而是一个不断成长、不断变革的过程。作为影视制作方来说，也要有厚重的历史文化积淀，要有丰厚的传统文化给养，因为如果没有厚重历史文化的支撑，再贴合实际再新颖的表达也成就不了经典。与此同时，影视制作方必须要关注传统文化内涵的提升。仅仅是单纯地呈现传统文化是不足以成就优秀作品的，我们更需要的是对优秀传统文化思想的挖掘、革故鼎新和对传统文化内涵的提升。

比如，电视剧《平凡的世界》改编自路遥的同名小说，讲述了来自农村的孙少安、孙少平兄弟在面对生活中的困难与磨难时，承受苦难、坚持梦想的故

事。电视剧《平凡的世界》为观众展现了陕北文化，也展现了在陕北地区潜藏着的根深蒂固的儒家思想。孙少平和孙少安身上的不屈不挠，秉承本心，以及他们身上的厚重的知识分子的情怀，对于传统文化来说都是一个很好的传承。而传统儒家思想的渗透，儒家思想在孙少平、孙少安身上的体现，在一定程度上提升了传统文化的内涵。又如，影片《黄土地》由柯蓝散文《深谷回声》改编，影片中的大片黄土地不仅是故事情节铺陈需要，中华儿女素有炎黄子孙的称号，黄土地更寄托了国人的特殊情感。因此说革故鼎新，具有时代性的文化元素、文化象征可以使影视作品增加文化底蕴与内涵。

四、影视作品中优秀传统文化的艺术化表达

（一）从意象到影像

传统文化元素在影视作品中的应用主要表现为精神内核和文化符号。如果单纯把这两种元素在影视作品中进行体现，只能使影视作品中存在传统文化，而无法进行艺术化的表达。传统文化的意象若要进行艺术化表达，最好的手段是利用影视作品的艺术性进行影像表达。例如，在《功夫熊猫》中，乌龟师傅和浣熊师傅对功夫的理解不是以暴制暴，而是通过功夫达到内心世界的平和。正如影片中常讲的"Inner Peace"，在影片中的"Inner Peace"不是说出来的，而是通过言传身教使主人公阿波进行体悟。我国传统文化中，道家所言"恬淡"正是如此。影片剧情发展中的打斗过程、人物刻画无不体现"Inner Peace"的真谛，这就将传统文化中"道可道，非常道"的意象转化为影像进行艺术化的表达。

此外，传统文化中许多细小的元素通过艺术加工，可以成为影视作品中不可或缺的背景设计。例如，传统青铜器上的回纹、太极鱼图案、中国结、剪纸艺术等，在影视艺术中可进行变形、嫁接，成为影视作品的重要组成部分。需要注意的是，传统文化元素的意象转化为影视作品的影像，要与影视作品的内容、主题相契合，与环境设置、人物特征、场景设计等融为一体，将传统文化的时空性与影视作品中镜头的转换、运动以及音乐的搭配等结合，实现传统文化意象的直观影像艺术表达。

（二）从想象到视听

就我国传统文化中的书法和绘画艺术而言，含蓄美是其重要的艺术形式。"留白技法"在我国传统书法和绘画中往往营造出让人意犹未尽的意境。笔者认为，可将这一重要技法应用于影视作品中，将"心领神会"的艺术意蕴通过

影视作品进行表达。一是叙事留白。例如,在电影《英雄》中,残剑与无名在九寨沟湖面上的"意念之战",导演选择被重山环抱的平静湖面作为他们的比武场,背景得到纯化处理,以达到"以实当虚"的目的。残剑和无名的比剑场景仿佛一幅灵动的山水画,虚化的背景更加强化了两位主角的比剑动作,而静谧的氛围反衬出这场在意念中开展的比武的激烈程度。然后,配合悠远的音乐和激昂的鼓点,使想象中的比武画面跃然于屏幕。在影视作品中,留白技法的处理还可以使用空镜头,通过镜头的转换使人转换到物,进而通过物来表达人的情感。例如,在《红高粱》中,导演把高粱地的情感戏处理为远处的唢呐声与高粱叶摇曳相融合的视听形式,更符合我国观众的审美情趣。二是音乐留白。在影视作品中,音乐是烘托气氛、渲染情绪的法宝。音乐留白,即配合影视艺术中的情节发展,以简胜繁,增加影视艺术的韵味。三是叙述留白。这种方式通常出现在影视作品的开放式结尾中,通过空镜头和音乐的转换,将故事结尾留给观众想象,为影片增添艺术情趣。例如,在电影《湄公河行动》结尾处,缉毒警察方新武是否活着,并没有直接展开表述,而是通过其他人的对话、照片和音乐使观众思考。

　　总而言之,在影视制作中加入传统文化元素,能够进一步扩大传统文化的宣传力度,提升传统文化的影响力,也能够使影视作品更加丰富有内涵。现如今,中国传统文化占据了非常重要的地位,而影视作品中所渗透的传统文化元素,又着实让传统文化"火"了一把,中国风在短时间内就刮遍了全国,甚至刮出了国门。

参考文献

[1] 陈守聪，王珍喜．中国传统文化的价值与现代德育构建 [M]．北京：光明日报出版社，2013.

[2] 田广林．中国传统文化概论 [M]．北京：高等教育出版社，2011.

[3] 张岱年，方克立．中国文化概论 [M]．北京：北京师范大学出版社，2004.

[4] 张岂之．中国传统文化 [M]．北京：高等教育出版社，1995.

[5] 李广龙．当代教育中的中国传统文化研究 [M]．长春：东北师范大学出版社，2018.

[6] 汪受宽，屈直敏．中华优秀传统文化精要 [M]．兰州：甘肃人民出版社，2018.

[7] 张忠纲．中华优秀传统文化：小学一年级 [M]．济南：山东文艺出版社，2017.

[8] 钱海．中华传统文化当代价值论 [M]．贵阳：孔学堂书局，2019.

[9] 曲文军．中国传统文化与现代化 [M]．济南：山东人民出版社，2011.

[10] 王璐，尤铮．看英国如何进行传统文化教育 [J]．教育家，2017（9）：40-43.

[11] 杨翰卿，李保林．论中国传统文化的当代转换 [J]．中国社会科学，1999（1）：80-89.

[12] 王学伟．中国优秀传统文化研究 30 年 [J]．中州学刊，2014（4）：91-97.

[13] 肖珍．新时代中华优秀传统文化的历史定位、价值指向与实践路径 [J]．昌吉学院学报，2020（4）：29-33.

[14] 卢小丽．中国优秀传统文化的时代价值与传播路径 [J]．党政干部论坛，2020（6）：43-45.

[15] 秦继伟.夯实中华优秀传统文化传承的价值基础 [J]. 现代交际，2020（11）：232-233.

[16] 韩卫东.论中国传统文化的现代价值 [J]. 理论前沿，2007（2）：2.

[17] 赵海月，王瑜.中国传统文化中的生态伦理及其现代性 [J]. 理论学刊，2010（4）：73-77.

[18] 王雅琴.影视艺术中的中国传统文化元素：以武侠影视作品为例 [J]. 许昌学院学报，2013，32（1）：67-69.

[19] 贺吉琴.浅析弘扬中华优秀传统文化与践行社会主义核心价值观 [J]. 现代交际，2018（2）：209.

[20] 丁恒星.中国传统文化的开掘与思想政治教育的创新 [D]. 徐州：中国矿业大学，2018.